ABHANDLUNGEN DER AKADEMIE
DER WISSENSCHAFTEN DER DDR

Veröffentlichungen der Wissenschaftlichen Räte

W 3
1978

Zur planmäßigen Entwicklung der sozialistischen Produktionsverhältnisse

Akademie-Verlag · Berlin

ABHANDLUNGEN
DER AKADEMIE DER WISSENSCHAFTEN DER DDR
Abteilung Veröffentlichungen der Wissenschaftlichen Räte

Jahrgang 1978 · Nr. W 3

23. Tagung des Wissenschaftlichen Rates
für die wirtschaftswissenschaftliche Forschung
bei der Akademie der Wissenschaften der DDR
am 1. 11. 1977

Zur planmäßigen Entwicklung der sozialistischen Produktionsverhältnisse

Zur planmäßigen Entwicklung der
sozialistischen Produktionsverhältnisse
bei der weiteren Gestaltung der entwickelten
sozialistischen Gesellschaft in der DDR

AKADEMIE-VERLAG · BERLIN · 1978

Herausgegeben im Auftrage des Präsidenten
der Akademie der Wissenschaften der DDR
von Vizepräsident Prof. Dr. Heinrich Scheel

Verantwortlich für dieses Heft:
Akademiemitglied Prof. Dr. sc. oec. Helmut KOZIOLEK
Vorsitzender des Wissenschaftlichen Rates
für die wirtschaftswissenschaftliche Forschung
bei der Akademie der Wissenschaften der DDR

Redaktionsschluß: 30. 12. 1977

Erschienen im Akademie-Verlag, 108 Berlin, Leipziger Str. 3–4

Lizenznummer: 202 · 100/42/78
Gesamtherstellung: IV/2/14 VEB Druckerei »Gottfried Wilhelm Leibniz«,
445 Gräfenhainichen · 5256
Bestellnummer: 753 592 6 (2001/78/3/W) · LSV 0325
Printed in GDR
DDR 16,– M

Inhaltsverzeichnis

* schriftlich eingereichter Beitrag

* schriftlich eingereichter Beitrag

1. Thesen*

* Unter Berücksichtigung der Diskussion überarbeitet. Ausgearbeitet von einem Autorenkollektiv unter Leitung von Prof. Dr. Gerhard Schulz und Dr. Erhard Dörschel. An der Ausarbeitung war beteiligt: Prof. Dr. Ottomar Kratsch.

Zur planmäßigen Entwicklung der sozialistischen Produktionsverhältnisse bei der weiteren Gestaltung des entwickelten Sozialismus in der DDR

Einleitung

Im Programm der SED wird die Aufgabe gestellt, zur weiteren Gestaltung der entwickelten sozialistischen Gesellschaft „die Produktionsverhältnisse als Beziehungen kameradschaftlicher Zusammenarbeit und gegenseitiger Hilfe zwischen den Werktätigen und zwischen den Arbeitskollektiven weiterzuentwickeln und zu vervollkommnen, die Kollektivität in den gesellschaftlichen Beziehungen zu verstärken"[1].

Dieser Prozeß ist darauf gerichtet, eine hohe soziale Aktivität der Werktätigen bei der Erfüllung der Hauptaufgabe in ihrer Einheit von Wirtschafts- und Sozialpolitik zu erreichen. Die wachsende soziale Aktivität der Massen ist eine grundlegende Triebkraft der gesellschaftlichen Entwicklung und ein entscheidender Faktor, die Leitung, Planung und ökonomische Stimulierung der Wirtschaftstätigkeit auf allen Ebenen weiter zu vervollkommnen. Damit „beschreiten wir den einzig menschlichen, den sozialistischen Weg der Produktion, der Steigerung der Effektivität und der Beschleunigung des wissenschaftlich-technischen Fortschritts, bei dem sich jede neue Errungenschaft auch für ihre Urheber auszahlt und bei dem das Wissen um diesen Nutzen wiederum den besten Antrieb zu neuen Ideen und Leistungen bildet".[2]

Mit der weiteren Entwicklung sozialistischer Produktionsverhältnisse ist eine Vielzahl theoretisch wie praktisch bedeutsamer Fragen und Probleme verbunden: Worin bestehen zum Beispiel Grundrichtung und Hauptprozesse ihrer Vervollkommnung? Wie ist ihre Vervollkommnung in die planmäßige Entwicklung der Gesellschaft einzuordnen? Welche Rolle spielen dabei die Prognostizierung und Planung der Produktionsverhältnisse? Die Lösung dieser und anderer Fragen erfordert die theoretische Analyse des Systems der sozialistischen Produktionsverhältnisse, der Wechselbeziehungen zwischen Produktivkräften und sozialistischen Produktionsverhältnissen und zwischen diesen und dem Überbau der Gesellschaft. Zu wichtigen ausgewählten Aspekten dieser Problematik sollen die Thesen einen Beitrag leisten.

I. Zum System der sozialistischen Produktionsverhältnisse

1. Wichtige Voraussetzungen für das richtige Erfassen der Entwicklungsprozesse im System der sozialistischen Produktionsverhältnisse bestehen in der Analyse des realen Inhalts dieses Systems durch Untersuchung seiner vielfältigen Erscheinung, in der Bestimmung des Reifegrades seiner Bestandteile und Elemente sowie in der Erklärung ihres inneren Zusammenhangs und ihrer dialektischen Wechselbeziehungen. Damit werden zugleich die langfristigen Perspektiven der Entwicklung des Sozialismus, die ökonomischen Gesetzmäßigkeiten seines allmählichen Hinüberwachsens in den Kommunismus Gegenstand der Forschung.

Ihrem Wesen nach sind die Produktionsverhältnisse Beziehungen der Menschen in der Produktion ihres materiellen Lebens, gerichtet auf die Aneignung der Natur durch den Menschen. Ihr spezifischer Charakter wird bedingt durch die jeweiligen Eigentumsverhältnisse an den Produktionsmitteln. Als sozialistische Produktionsverhältnisse sind sie deshalb von Ausbeutung befreite Verhältnisse der kameradschaftlichen Zusammenarbeit und gegenseitigen Hilfe und der Kollektivität in der Gesellschaft. Diese Verhältnisse und Beziehungen in der Produktion, die zugleich Beziehungen zwischen befreundeten Klassen und Schichten sind, verkörpern die soziale Bewegungsform des Reproduktionsprozesses und die Interessen des einzelnen, der Kollektive und der ganzen Gesellschaft.

In den Produktionsverhältnissen wurzeln die Vorzüge des Sozialismus, sie prägen das Ziel der sozialistischen Produktion und die Wege und Methoden zu dessen Verwirklichung, sie bestimmen das Profil der gesamten Gesellschaft, in ihnen liegt damit der fundamentale Unterschied zwischen den verschiedenen Gesellschaftssystemen. Wie die Existenz der Sowjetunion, der sozialistischen Länder beweist, sind die sozialistischen Produktionsverhältnisse die entscheidende gesellschaftliche Grundlage für soziale Sicherheit, Geborgenheit und Glück der Menschen im Sozialismus. Demgegenüber ist das Leben in der Welt des Kapitals labil und unsicher. Arbeitslosigkeit und Kurzarbeit, Bildungsnotstand, Inflation und Preistreibereien, grenzenloser Mietwucher, Firmenbankrotte, Abbau der demokratischen und sozialen Rechte und Freiheiten, verbunden mit demütigender sozialer Diskriminierung, enorme Arbeitshetze, das Geschäft mit der Gesundheit, keine Gleichberechtigung der Frauen im Arbeitsprozeß und im gesellschaftlichen Leben – das ist es, was der Imperialismus der Menschheit bietet. Die Ursachen für die sozialen Gebrechen liegen im Ziel der kapitalistischen Produktion, in der Jagd nach Profit. Elementare Menschenrechte wie das Recht auf Arbeit, auf Bildung, auf Erholung und gesundheitliche Betreuung, die Gleichberechtigung der Frauen und die Förderung der Jugend sind nur im Sozialismus garantiert und im Leben verwirklicht.

„Der Sozialismus ... entwickelt seine Potenzen in Übereinstimmung mit den sozialen Interessen der Massen. Die sozialistischen Produktionsverhältnisse fesseln nicht die Entwicklung der Produktivkräfte, sondern schaffen ihnen breiteste Entfaltungsmöglichkeiten. Jeder Zuwachs an Wirtschaftskraft, jede wissenschaftlich-technische Leistung, jedes Prozent Steigerung der Arbeitsproduktivität findet seinen Umschlag in höherer sozialer Lebensqualität. Der Mensch steht bei uns im Mittelpunkt. Darin liegt, wie wir bereits auf dem VIII. Parteitag erklärt haben, ja der Sinn des Sozialismus: durch unsere sozialistische Volkswirtschaft und ihre weitere kontinuierliche Entwicklung alles zu tun für das Wohl des Volkes, für eine stete Steigerung des materiellen und kulturellen Lebensniveaus."[3]

Es entspricht zutiefst der Entfaltung des Wesens sozialistischer Produktionsverhältnisse, dem Sinn des Sozialismus auf ständig höherer Stufe gerecht zu werden und damit zugleich die Herausbildung der Wirtschaft des entwickelten Sozialismus zu fördern, welche durch folgende Kriterien[4] gekennzeichnet ist:

Das erste und wichtigste Kriterium für den Aufbau der Wirtschaft des entwickelten Sozialismus und ihre weitere Ausprägung ist – wie auch im Programm der SED begründet – die *Einheit von höchstem Ziel der sozialistischen Produktion und den Mitteln, diesem Ziel immer besser zu entsprechen.* Dieser dem ökonomischen Grundgesetz des Sozialismus entsprechende objektive Zusammenhang kommt in der Einheit von Wirtschafts- und Sozialpolitik und der formulierten Hauptaufgabe zum Ausdruck.

Auch für unsere Partei gilt die Erkenntnis, die Genosse L. I. Breshnew auf dem XXV. Parteitag der KPdSU formulierte: „Wie jede Strategie beginnt die Wirtschaftsstrategie der Partei mit der Aufgabenstellung, mit der Festlegung der grundlegenden Ziele auf lange Sicht. Das höchste von ihnen war und bleibt der stetige Aufschwung des materiellen und kulturellen Lebensniveaus der Bevölkerung. Die Wirtschaftsstrategie umfaßt auch eine genaue Bestimmung der Mittel und Wege, die zu den gestellten Zielen führen. Das sind die dynamische und proportionale Entwicklung der gesellschaftlichen Produktion, die Steigerung ihrer Effektivität, die Beschleunigung des wissenschaftlich-technischen Fortschritts, die Erhöhung der Arbeitsproduktivität, die größtmögliche Verbesserung der Qualität der Arbeit in allen Bereichen der Volkswirtschaft."[5]

Die sozialistische Wirtschaft ist zum Wohl des Volkes stets leistungs- und wachstumsorientiert. Deshalb ist das *sozialistische Leistungsprinzip* ein grundlegendes Prinzip des ökonomischen und sozialen Lebens sowie der Verteilung im Sozialismus. Seine konsequente Verwirklichung setzt neue Triebkräfte für den ökonomischen und sozialen Fortschritt bei der weiteren Lösung der Hauptaufgabe frei.

Zweitens ist eine leistungsfähige *materiell-technische Basis des Sozialismus* zu schaffen.

Drittens ist die *planmäßige proportionale Entwicklung der Volkswirtschaft* zu gewährleisten, die bei Wahrung von Stabilität und Dynamik der ökonomischen Entwicklung hohe Effektivität der Produktion in Übereinstimmung mit dem Bedarf in Einheit von Qualität und Quantität zu sichern hat. Anzustreben ist eine ausgewogene, optimal proportionale Entwicklung der Produktion und der nichtproduzierenden Bereiche und Zweige. Eingeschlossen ist die notwendige Vorrangigkeit der Entwicklung bestimmter Wirtschaftszweige (zum Beispiel jener, die den wissenschaftlich-technischen Fortschritt beschleunigen helfen), ohne andere Bereiche zu vernachlässigen. Wichtig ist die kontinuierliche und ausgewogene ökonomische Entwicklung als notwendige Bedingung für die Beschleunigung des wissenschaftlich-technischen Fortschritts.[6]

Viertens ist die *vorwiegend intensiv erweiterte Reproduktion* jener Reproduktionstyp, der auf der Grundlage der Beschleunigung des wissenschaftlich-technischen Fortschritts dem entwickelten Sozialismus entspricht. Die Intensivierung der gesellschaftlichen Produktion ist der Hauptweg der wirtschaftlichen Entwicklung und der Erhöhung der *Arbeitsproduktivität und Effektivität* der Produktion.

Fünftens führt die *sozialistische ökonomische Integration* zur besseren Nutzung der Vorzüge und Triebkräfte des Sozialismus über die Grenzen eines Landes hinaus.

Sechstens ist die Wirtschaft des entwickelten Sozialismus durch einen hohen Grad der *Vergesellschaftung der Produktion und Arbeit* gekennzeichnet. Die Vergesellschaftung wird vor allem durch die Vertiefung der *gesellschaftlichen Arbeitsteilung und Kooperation* charakterisiert. Die Kooperation sozialistischer Produzenten auf allen Ebenen der Volkswirtschaft und zwischen ihren Elementen schließt das gemeinsame Wirken im sozialistischen Wettbewerb organisch ein.

Siebentens wird ein *hoher Reifegrad sozialistischer Produktionsverhältnisse* in der internationalen Diskussion selbst als Kriterium der Wirtschaft des entwickelten Sozialismus hervorgehoben. Zugleich üben die sozialistischen Produktionsverhältnisse den entscheidenden Einfluß auf das Wachstumstempo, die gesellschaftliche Art und Weise der Entwicklung und Nutzung der Produktivkräfte aus, womit sie als gesellschaftliche Triebkräfte dahin wirken, allen genannten Kriterien in der Wirtschaftspraxis immer mehr zu entsprechen. Die Produktionsverhältnisse bringen das System ökonomischer Gesetze hervor und bilden die Gesamtheit jener gesellschaftlichen Beziehungen, auf deren Grundlage sich das Schöpfertum und die Initiative der Werktätigen entwickeln. Die sozialistischen Produktionsverhältnisse über einen bestimmenden Einfluß auf die Entwicklung der Interessen und Bedürfnisse der Menschen aus, die selbst Triebkraft der Produktion sind.

Diese Kriterien der Wirtschaft des entwickelten Sozialismus sind zugleich langfristige Aufgabenstellungen. Daraus resultieren höhere Anforderungen an die bewußte Ausnutzung der ökonomischen Gesetze des Sozialismus. Zugleich belegen diese Kriterien die wachsende Führungsrolle der marxistisch-leninistischen Partei und die Verstärkung der ökonomischen Rolle des sozialistischen Staates auf der Grundlage der weiteren Vervollkommnung des demokratischen Zentralismus.

Aus dem Wesen der sozialistischen Produktionsverhältnisse ergibt sich weiter, daß auf der Grundlage gesteigerter Wirtschaftskraft solche sozialen Prozesse wie die allmähliche Überwindung wesentlicher Unterschiede zwischen Stadt und Land, zwischen industrieller und landwirtschaftlicher Arbeit und damit die Annäherung von Stadt und Land in jeder für das Leben der Menschen bedeutsamen Beziehung bewußt vollzogen werden. Die Überwindung der wesentlichen Unterschiede zwischen körperlicher und geistiger Arbeit und die Annäherung der Klassen, Schichten und sozialen Gruppen prägen entscheidend mit die Herausbildung der sozialistischen Lebensweise. Die sozialistischen Produktionsverhältnisse verkörpern die Einheit zwischen der Entwicklung der sozialistischen Persönlichkeit und des Kollektivismus in den gesellschaftlichen Beziehungen des Reproduktionsprozesses.

Die Forderung nach Analyse, Prognostizierung und Planung der sozialistischen Produktionsverhältnisse erwächst objektiv aus der Notwendigkeit, mit der Gestaltung des entwickelten Sozialismus einen einheitlichen sozialen Organismus herauszubilden, langfristig und komplex die Entwicklung aller Gesellschaftsbereiche zu gewährleisten. Die Planung der weiteren Entwicklung der sozialistischen Produktionsverhältnisse ist in die Gesamtheit der auf lange Sicht geplanten wissenschaftlich-technischen, ökonomischen, sozialen und kulturellen Entwicklungsprozesse organisch einzuordnen. Es geht bei der kontinuierlichen Entwicklung der sozialistischen Produktionsverhältnisse stets um die Vervollkommnung all ihrer Seiten und Elemente, damit ihre Vorzüge und Triebkräfte immer vollständiger und wirksamer entfaltet werden können.

Mit der weiteren Vervollkommnung der sozialistischen Produktionsverhältnisse wird ihr internationalistischer Charakter weiter ausgeprägt. Diese Tatsache ergibt sich aus der Allgemeingültigkeit der ökonomischen Gesetze des Sozialismus, die bei der planmäßigen Gestaltung der sozialistischen Planwirtschaft bewußt ausgenutzt werden, aus der Entwicklung des sozialistischen Weltwirtschaftssystems und aus der Vertiefung der sozialistischen ökonomischen Integration. Die beim Aufbau des Sozialismus und auf dem Weg zum Kommunismus von der Sowjetunion gesammelten grundlegenden Erfahrungen und theoretischen Erkenntnisse tragen allgemeingültigen Charakter. Sie waren und sind für die anderen sozialistischen Länder eine entscheidende Hilfe beim Vorwärtsschreiten zur entwickelten sozialistischen Gesellschaft, womit grundlegende Voraussetzungen für den allmählichen Übergang zum Kommunismus entstehen.

Der Aufbau der entwickelten sozialistischen Gesellschaft erfordert die allseitige Entfaltung der sozialistischen Produktionsverhältnisse. Er schließt ihre internationale Entfaltung durch die sozialistische ökonomische Integration ein. „Natürlich bildet sich das primäre System der Produktionsverhältnisse in den Grenzen der sozialistischen Staaten heraus . . . Die sozialistischen Staaten nehmen untereinander eine zwischenstaatliche

Zusammenarbeit auf. Die Produktionsverhältnisse, welche sich zwischen ihnen herausbilden, treten als sekundäre (abgeleitete) Verhältnisse auf."[7]

Die staatlichen Grenzen zwischen den sozialistischen Ländern sind keine Grenzen für die sozialistischen Produktionsverhältnisse und für die Wirkung der ökonomischen Gesetze des Sozialismus. Gegenwärtig zeigt sich immer deutlicher, daß der historische Prozeß der sich vertiefenden ökonomischen Integration der RGW-Länder zunehmend zu einer internationalen Entfaltung der sozialistischen Produktionsverhältnisse führt, die eine aktive Bewegungsform der Produktivkräfte ist. Sie ermöglicht eine hohe Dynamik der ökonomischen Entwicklung. In immer stärkerem Maße werden die gegenseitigen ökonomischen Beziehungen der Länder der sozialistischen Staatengemeinschaft von der internationalen Entfaltung der sozialistischen Produktionsverhältnisse bestimmt. Sie beruht auf der sozialökonomischen Gleichheit der Produktionsverhältnisse in diesen Ländern.[8] Bereits Marx vermerkte das „Einspielen . . . internationaler Verhältnisse" in die Betrachtung der Produktionsverhältnisse als notwendig.[9] Für die Analyse sind die internationalen Wirtschaftsbeziehungen zwar sekundär gegenüber den inneren Beziehungen, üben jedoch zugleich einen aktiven Einfluß auf diese aus.[10]

2. Die theoretischen Ausgangspunkte für die Betrachtung des Systems der sozialistischen Produktionsverhältnisse, seiner inneren Struktur und seiner Entwicklung finden sich im Gedankengut der Klassiker des Marxismus-Leninismus, unter anderem in folgender Aussage Lenins: „Jedes System der Produktionsverhältnisse bildet nach der Theorie von Marx einen besonderen sozialen Organismus, der in seiner Entstehung, seinem Funktionieren und seinem Übergang zu einer höheren Form, seiner Verwandlung in einen anderen sozialen Organismus, besonderen Gesetzen folgt."[11] Diese objektiven ökonomischen Gesetze wiederum sind das „Produkt der materiellen Produktionsverhältnisse"[12], die aus der Vielfalt und Komplexität der Gesamtheit der Produktionsverhältnisse die stabilen, dauerhaften, sich ständig wiederholenden und den Charakter der Gesellschaft bestimmenden Zusammenhänge widerspiegeln. Deshalb ist eine Trennung oder Gegenüberstellung von Produktionsverhältnissen und ökonomischen Gesetzen unzulässig.

Bezüglich der inneren Struktur des Systems der Produktionsverhältnisse kommt Marx zu folgender Feststellung: „Das Resultat, wozu wir gelangen, ist nicht, daß Produktion, Distribution, Austausch und Konsumtion identisch sind, sondern sie alle Glieder einer Totalität bilden ... Eine bestimmte Produktion bestimmt also bestimmte Konsumtion, Distribution, Austausch und *bestimmte Verhältnisse dieser verschiednen Momente zueinander*. Allerdings wird auch die Produktion, *in ihrer einseitigen Form*, ihrerseits bestimmt durch die anderen Momente."[13]

Bei Marx finden sich auch die wesentlichen Aussagen über die beständige Reproduktion der Produktionsverhältnisse, über die ununterbrochene innere Bewegung des Systems. Er schreibt in seinen „Theorien über den Mehrwert": „Jede Voraussetzung des gesellschaftlichen Produktionsprozesses ist zugleich sein Resultat und jedes seiner Resultate erscheint zugleich als Voraussetzung. Alle die Produktionsverhältnisse, in denen sich der Prozeß bewegt, sind daher ebensowohl seine Produkte als seine Bedingungen."[14]

Aus diesen Bemerkungen der Klassiker folgt, daß die sozialistischen Produktionsverhältnisse als ein in steter Bewegung befindliches, einheitliches Ganzes zu verstehen sind, das sich in ununterbrochener Entwicklung vom Niederen zum Höheren befindet. In diesem Prozeß entwickelt sich die sozialistische Produktionsweise

- als Unterordnung aller Elemente der Gesellschaft bzw. als Schaffung noch fehlender Organe aus ihr selbst heraus;

– gemäß den objektiven ökonomischen Gesetzen;
– als Entstehung, Entfaltung und Lösung nichtantagonistischer Widersprüche.[15]

Damit gibt Karl Marx eine grundlegende Orientierung für die theoretische Analyse der Bewegungs- und Entwicklungsquellen der sozialistischen Produktionsverhältnisse, wozu noch intensive interdisziplinäre Forschung zu leisten ist. Die Entfaltung der sozialistischen Produktionsweise resultiert aus dem Wirken des Widerspruchs von Produktivkräften und Produktionsverhältnissen, dessen grundlegende Bedeutung für die Entwicklung der Gesellschaft ihren Ausdruck im allgemeinen Gesetz der Übereinstimmung der Produktionsverhältnisse mit dem Charakter und Entwicklungsniveau der Produktivkräfte findet. Als allgemeiner Widerspruch nimmt er im Sozialismus spezifischen Charakter an und prägt damit den Charakter aller anderen Widersprüche in der sozialistischen Wirtschaft. Der spezifische Charakter der Widersprüche und ihrer Lösung im Sozialismus besteht darin, daß

– sie auf der Grundlage des gesellschaftlichen Eigentums an den Produktionsmitteln nichtantagonistischen Charakter tragen und die Werktätigen die ökonomischen Widersprüche ihrer wirtschaftlichen Tätigkeit in Produktionsverhältnissen der kameradschaftlichen Zusammenarbeit und gegenseitigen Hilfe realisieren,
– die Lösung der ökonomischen Widersprüche im Interesse der Arbeiterklasse und aller anderen Werktätigen liegt und ihr Resultat entsprechend dem ökonomischen Grundgesetz des Sozialismus in der Realisierung von Ziel und Mittel der sozialistischen Produktion besteht,
– die Bewegung der Widersprüche planmäßig und nicht spontan erfolgt, weil die sozialistische Planwirtschaft den Erfordernissen des Zusammenhangs und der Wechselwirkung der Gegensätze entspricht und die Partei durch ihre Wirtschafts- und Sozialpolitik die Veränderung der Produktionsverhältnisse nach den Erfordernissen der Produktivkräfte planmäßig organisiert.

Der dialektische Widerspruch zwischen den *Produktivkräften* (als „Hauptkriterium der gesamten gesellschaftlichen Entwicklung"[16]) und den *Produktionsverhältnissen* ist die Hauptquelle der Bewegung der sozialistischen Produktionsverhältnisse. Diesem Widerspruch bei der weiteren Gestaltung der Wirtschaft des entwickelten Sozialismus bewußt zu entsprechen verlangt eine solche Vervollkommnung des Systems der sozialistischen Produktionsverhältnisse, die die Beschleunigung des wissenschaftlich-technischen Fortschritts und die Erhöhung seiner ökonomischen und sozialen Wirksamkeit sichert. Die Beschleunigung des wissenschaftlich-technischen Fortschritts ist nicht nur das Hauptproblem der Entwicklung der Produktivkräfte. Vielmehr bestätigen die Erfahrungen der jüngeren Vergangenheit, daß der Gesamtfortschritt der sozialistischen Gesellschaft direkter und zwingender von der Höherentwicklung der materiell-technischen Basis, von der Beschleunigung des wissenschaftlich-technischen Fortschritts abhängt.

Die Gestaltung der sozialistischen Produktionsverhältnisse muß gewährleisten, daß ökonomischer und sozialer Fortschritt sich wiederum in gesellschaftlicher Aktivität, in soziale Energie umwandeln. Sie muß sichern, daß sich diese soziale Energie im Schöpfertum der Werktätigen bei der weiteren Beschleunigung des wissenschaftlich-technischen Fortschritts niederschlägt. Darin besteht das Hauptmoment der aktiven Rolle der Produktionsverhältnisse innerhalb der dialektischen Wechselbeziehungen zwischen Produktivkräften und Produktionsverhältnissen.

Auf der Grundlage des Widerspruchs zwischen Produktivkräften und Produktionsverhältnissen erweisen sich als weitere Quellen der Bewegung und Entwicklung der sozialistischen Produktionsverhältnisse

- der Widerspruch zwischen den sich beständig entwickelnden Bedürfnissen und den jeweiligen Möglichkeiten der Produktion zu ihrer Befriedigung,
- die ökonomischen Interessen der Werktätigen und deren Übereinstimmung mit den Interessen der Gesellschaft, aus denen die spezifischen, nur dem Sozialismus eigenen Triebkräfte für die Entwicklung von Produktivkräften und Produktionsverhältnissen erwachsen,
- die Entwicklung der Eigentumsverhältnisse als Kern der Produktionsverhältnisse und grundlegendes Produktionsverhältnis des Sozialismus, das alle anderen Seiten der Produktionsverhältnisse durchdringt und ihnen das sozialökonomische Gepräge gibt,
- das objektive Wirken der ökonomischen Gesetze des Sozialismus und ihre bewußte Ausnutzung, die als wesentliche innere Zusammenhänge des ökonomischen Lebens der Gesellschaft die Grundlinie der Entwicklung der Produktionsweise bedingen,
- die Rückwirkung aller anderen Bereiche der Gesellschaft auf die Wirtschaft sowie des Überbaus auf die ökonomische Basis als Ausdruck der Anforderungen, die die allseitige Entwicklung der Gesellschaft an die Ökonomie stellt,
- der Widerspruch zwischen Akkumulation und Konsumtion als Ausdruck des Verhältnisses von gegenwärtigen und künftigen Interessen der Gesellschaft und der Individuen,
- die sich vertiefende sozialistische ökonomische Integration als Moment von wachsender Bedeutung für die Entwicklung der Volkswirtschaft,
- der Widerspruch zwischen Gebrauchswert und Wert, der sich aus dem in der sozialistischen Planwirtschaft existierenden Doppelcharakter der warenproduzierenden Arbeit ergibt.

Genosse Erich Honecker analysierte unlängst jene *äußeren* Faktoren[17], die für den weiteren Verlauf des sozialistischen Aufbaus in der DDR bedeutungsvoll sind. Als Frage aller Fragen hob er die Erhaltung des Friedens hervor und betonte, daß es in der Welt von heute zur Politik der friedlichen Koexistenz keine akzeptable Alternative gibt.

Die Durchsetzung der friedlichen Koexistenz schränkt einerseits den Spielraum der aggressiven Kräfte des Imperialismus ein, andererseits entstehen damit günstigere äußere Bedingungen für den Aufbau des Sozialismus und Kommunismus, für den Kampf um internationale Sicherheit und Abrüstung, für die Entfaltung des Kampfes aller revolutionären und friedliebenden Kräfte um Frieden, Demokratie und gesellschaftlichen Fortschritt.

Der Entwicklungsprozeß der sozialistischen Produktionsverhältnisse ist der Prozeß der beständigen Ausprägung ihres Systemcharakters und der Entfaltung ihrer Wesensmerkmale, den Karl Marx mit dem Begriff des „Werdens zur Totalität" umschrieb: „Es ist zu bedenken, daß die neuen Produktivkräfte und Produktionsverhältnisse sich nicht aus *Nichts* entwickeln ..., sondern innerhalb und gegensätzlich gegen vorhandne Entwicklung der Produktion und überlieferte, traditionelle Eigentumsverhältnisse. Wenn im vollendeten bürgerlichen System jedes ökonomische Verhältnis das andre in der bürgerlich-ökonomischen Form voraussetzt und so jedes Gesetzte zugleich Voraussetzung ist, so ist das mit jedem organischen System der Fall. Dies organische System selbst als Totalität hat seine Voraussetzungen, und eine Entwicklung zur Totalität besteht eben [darin], alle Elemente der Gesellschaft sich unterzuordnen, oder die ihm noch fehlenden Organe aus ihr heraus zu schaffen. Es wird so historisch zur Totalität. Das Werden dieser Totalität bildet ein Moment seines Prozesses, seiner Entwicklung."[18]

Dieses „Werden zur Totalität", die beständige Vervollkommnung und Höherentwicklung ist der entscheidende Aspekt für die Systemanalyse der sozialistischen Produktionsverhältnisse bei der Gestaltung des entwickelten Sozialismus. Es vollzieht sich ununterbrochen und kontinuierlich innerhalb des gesellschaftlichen Reproduktionsprozesses. In untrennbarer Einheit mit der Reproduktion des gesellschaftlichen Gesamtprodukts und der Hauptproduktivkräfte werden zugleich ununterbrochen die gesellschaftlichen Beziehungen der Menschen in der Produktion – die Produktionsverhältnisse – reproduziert.

Mitunter wird die Auffassung vertreten, daß diese „Totalität" der Produktionsverhältnisse erst im Kommunismus erreicht sein wird und der Sozialismus durch unvollständige Produktionsverhältnisse gekennzeichnet sei. Wie es sich bei Sozialismus und Kommunismus um Reifestufen der dem Wesen nach einheitlichen kommunistischen Gesellschaftsformation handelt, kommen diese Reifestufen auch in den sozialistischen und kommunistischen Produktionsverhältnissen zum Ausdruck, wobei die Entfaltung sozialistischer Produktionsverhältnisse und ihr allmählicher Übergang in kommunistische sich als planmäßiger Prozeß des immer vollkommeneren Reifens sozialistischer Produktionsverhältnisse, der vollen Ausprägung ihres Wesens, der allseitigen Ausprägung der Vorzüge und Triebkräfte des Sozialismus vollzieht.

Die von der Sowjetunion als Bahnbrecher der neuen Gesellschaft gesammelten Erfahrungen und allgemeingültigen Erkenntnisse besagen: „In dieser Etappe (entwickelter Sozialismus – d. Verf.), in der sich der Sozialismus auf seiner eigenen Grundlage entwikkelt, kommen die schöpferischen Kräfte der neuen Ordnung und die Vorzüge der sozialistischen Lebensweise immer umfassender zur Geltung, genießen die Werktätigen in zunehmendem Maße die Früchte der großen revolutionären Errungenschaften."[19] Da sich gegenwärtig der Sozialismus *auf eigener Grundlage* entwickelt, halten wir es für gerechtfertigt, den Begriff der Totalität auch auf das System sozialistischer Produktionsverhältnisse anzuwenden (natürlich im Sinne der Dialektik beider Phasen der einheitlichen kommunistischen Gesellschaftsformation).

3. Zur Struktur des Systems sozialistischer Produktionsverhältnisse gibt es nach wie vor Meinungsverschiedenheiten. Einerseits wird der Standpunkt vertreten, daß die Produktionsverhältnisse in ihrer Gesamtheit breiter sind als die Eigentumsverhältnisse. Andererseits werden die Eigentumsverhältnisse mit der Gesamtheit der Produktionsverhältnisse identifiziert. Die Vertreter der letztgenannten Auffassung beziehen sich dabei meist auf die folgenden Aussagen von Marx: „Auf die Frage, was dies sei (das bürgerliche Eigentum – d. Verf.) konnte nur geantwortet werden durch eine kritische Analyse der *politischen Ökonomie,* die das Ganze jener *Eigentumsverhältnisse,* nicht in ihrem *juristischen* Ausdruck als *Willensverhältnisse,* sondern in ihrer realen Gestalt, d. h. als Produktionsverhältnisse umfaßte."[20]

Diese und ähnliche Bemerkungen von Marx zwingen aber keinesfalls dazu, die Eigentumsverhältnisse mit der Gesamtheit der Produktionsverhältnisse zu identifizieren. Wo liegen die Konsequenzen dieser Aussagen von Marx für die ökonomische Forschung?

Erstens ist das Eigentum an den Produktionsmitteln im ökonomischen Sinn von seiner juristischen Fixierung als Eigentumsrecht zu unterscheiden (wie es im Verfügungs-, Besitz- und Nutzungsrecht zum Ausdruck kommt). Der ökonomische Inhalt des Eigentums an den Produktionsmitteln besteht in den Prozessen und Beziehungen der Menschen bei der realen Aneignung dieser Produktionsmittel in der Produktion, wodurch – vermittelt durch Verteilung und Austausch – die Aneignung der materiellen Güter und Leistungen in der Konsumtion bestimmt wird.

Aus der Unterscheidung zwischen ökonomischem Inhalt und juristischer Fassung sozialistischer Eigentumsverhältnisse ergibt sich – ohne die Widerspiegelung zu eng zu fassen –, daß der juristische Ausdruck weitgehend den realen ökonomischen und sozialen Veränderungen in den Produktionsverhältnissen zu entsprechen hat, wobei diese wiederum vom erreichten Niveau der Produktivkräfte abhängen. Deshalb wenden sich sowjetische Ökonomen dagegen, beispielsweise eine Verschmelzung von genossenschaftlichem Eigentum und Volkseigentum künstlich zu forcieren.

Zweitens läßt sich aus den Bemerkungen von Marx der Schluß ziehen, daß das Eigentum an Produktionsmitteln weder ein besonderes Element neben den Produktionsverhältnissen noch schlechthin ein Element neben vielen im System der Produktionsverhältnisse ist. Mit der Feststellung, daß das Eigentum die Gesamtheit der Produktionsverhältnisse bestimmt, ist keineswegs gesagt, daß die Gesamtheit der Produktionsverhältnisse umgekehrt gleich der ökonomischen Kategorie Eigentum sein muß.

Drittens ergibt sich daraus wiederum der Schluß, wonach das sozialistische Eigentum an den Produktionsmitteln grundlegendes Produktionsverhältnis und zentrale ökonomische Kategorie der politischen Ökonomie des Sozialismus ist, worauf sich alle ökonomischen Kategorien zurückführen lassen und auf dem das gesamte theoretische Gebäude der politischen Ökonomie des Sozialismus aufgebaut ist.[21]

Ausgehend vom gesellschaftlichen Charakter des sozialistischen Eigentums an den Produktionsmitteln, von der neuen Qualität des sozialistischen Aneignungsprozesses, erfolgt die Analyse der ökonomischen Gesetze des Sozialismus und ihrer Wirkungsbedingungen, ist der neue Charakter der Arbeit und ökonomischen Interessen zu erklären, werden die Phasen des Reproduktionsprozesses, die ökonomischen Kategorien, ihre gebrauchswert- und wertmäßigen Erscheinungsformen in ihren Wechselbeziehungen analysiert. So werden zum Beispiel solche Kategorien des Produktionsprozesses[22] wie gesellschaftliches Gesamtprodukt, gesellschaftliches Endprodukt, Nationaleinkommen, notwendiges Produkt und sozialistisches Mehrprodukt, Arbeitsproduktivität und Effektivität bis hin zu den Kategorien der wirtschaftlichen Rechnungsführung in ihrem Charakter geprägt durch das gesellschaftliche Eigentum und sind damit Ausdruck sozialistischer Produktionsverhältnisse.

Die Rolle des gesellschaftlichen Eigentums als Kern der sozialistischen Produktionsverhältnisse wird auch in der Verfassung der UdSSR hervorgehoben. Am Beginn der Charakteristik des sozialistischen Wirtschaftssystems heißt es im Artikel 10: „Das sozialistische Eigentum an den Produktionsmitteln in Form des staatlichen (dem ganzen Volke gehörenden) sowie des kollektivwirtschaftlichen und anderen genossenschaftlichen Eigentums ist die Grundlage des Wirtschaftssystems der UdSSR."[23]

Gerade wegen der fundamentalen Bedeutung des gesellschaftlichen Eigentums an den Produktionsmitteln als ökonomische Grundlage der politischen Macht der Arbeiterklasse und ihrer Verbündeten konzentrieren bürgerliche und revisionistische Ideologen seit eh und je ihr Feuer darauf. Ob es um ihr Anpreisen des „Gruppeneigentums", des „Markt- oder Konkurrenzsozialismus", um ihre Unterstellung einer „Untauglichkeit" der zentralen Leitung und Planung, um den „Nachweis" angeblicher Bedeutungslosigkeit des Eigentums an den Produktionsmitteln oder um das Lobpreisen der Segnungen des kapitalistischen Privateigentums geht, stets verfolgen sie die Absicht, in den

Ländern des Kapitals die revolutionäre Ablösung kapitalistischer Eigentumsverhältnisse zu verhindern und in sozialistischen Ländern die ökonomische Grundlage der politischen Macht zu unterhöhlen und letztlich zu beseitigen.

Zusammengefaßt kann das System der sozialistischen Produktionsverhältnisse wie folgt charakterisiert werden:

Den Kern der sozialistischen Produktionsverhältnisse bildet das gesellschaftliche Eigentum an den Produktionsmitteln als gesellschaftliches Verhältnis der Menschen zueinander in bezug auf ihre Stellung zu den Produktionsmitteln. Das sozialistische Eigentum bestimmt das Wesen, die sozialökonomischen Merkmale der von Ausbeutung freien Arbeit und aller Seiten der Produktionsverhältnisse. Darin, daß die sozialistischen Eigentumsverhältnisse die Prozesse und Beziehungen der Menschen bei der realen Aneignung der Produktionsmittel in der Produktion und der materiellen Güter und Leistungen in der Konsumtion (durch Verteilung und Austausch vermittelt) umfassen, kommt zugleich ihr Klassencharakter zum Ausdruck, das heißt, sie schließen die Stellung der Klassen und sozialen Gruppen und ihr Verhältnis zueinander ein. Durch die zielstrebige Bündnispolitik der SED sind mit der Entfaltung der sozialistischen Macht- und Eigentumsverhältnisse sowie des sozialistischen Bewußtseins der Werktätigen enge und dauerhafte Beziehungen der kameradschaftlichen und schöpferischen Zusammenarbeit und gegenseitige Hilfe zwischen der Arbeiterklasse, der Klasse der Genossenschaftsbauern, der Intelligenz und den anderen Werktätigen entstanden. Im Prozeß der ununterbrochenen erweiterten Reproduktion der sozialistischen Produktionsverhältnisse wächst bei der Gestaltung des entwickelten Sozialismus die führende Rolle der Arbeiterklasse und ihrer marxistisch-leninistischen Partei sowie die Bedeutung der Gewerkschaften in allen Bereichen des gesellschaftlichen Lebens.

Zu den sozialistischen Produktionsverhältnissen gehören weiterhin

- die ökonomischen Beziehungen, die aus der gesellschaftlichen Arbeitsteilung und aus der Organisation der Produktion resultieren,
- die in der gesellschaftlichen Reproduktion existierenden Leitungsbeziehungen, die objektiv aus dem arbeitsteiligen Prozeß erwachsen,
- die gesellschaftlichen Verhältnisse der Verteilung, einschließlich der materiellen Interessiertheit an hohen Arbeitsergebnissen bei der Entwicklung der materiellen Produktion und der anderen Sphären des volkswirtschaftlichen Reproduktionsprozesses,
- die Verhältnisse des Austausches der Arbeit und der Produkte zwischen den Produzenten,
- die Verhältnisse der Konsumtion, wobei die Konsumtion Ziel und Endzweck der sozialistischen Produktion ist und sowohl die Verhältnisse der individuellen wie der gesellschaftlichen als auch der produktiven wie der nichtproduktiven Konsumtion erfaßt.

Das sind in ihrer Gesamtheit Beziehungen, die alle vier Phasen des gesellschaftlichen Reproduktionsprozesses umfassen. Bei der planmäßigen Vervollkommnung der sozialistischen Produktionsverhältnisse lassen sich Partei und Staat von den Erfordernissen der ökonomischen Gesetze leiten. Dieser Prozeß ist darauf gerichtet, günstige gesellschaftliche Bedingungen für die Lösung der Hauptaufgabe und die Verwirklichung der Einheit von Wirtschafts- und Sozialpolitik zu schaffen.

4. Bei der Charakteristik der sozialistischen Produktionsverhältnisse ist die Analyse der *Wechselbeziehungen zwischen Produktionsverhältnissen und Wirtschaftsleitung* unerläßlich, weil die Vervollkommnung der Produktionsverhältnisse durch die planmäßige

Leitung von Wirtschaft und Gesellschaft zu gewährleisten ist. Diese ist selbst wiederum von Partei und Staat ständig weiterzuentwickeln, damit die Leitung, Planung und Stimulierung dem Entwicklungsniveau der Produktivkräfte und der sozialistischen Produktionsverhältnisse entspricht. Darin kommt die grundlegende Aufgabe des sozialistischen Staates zum Ausdruck, die Höherentwicklung der Produktivkräfte und Produktionsverhältnisse und ihre dialektischen Wechselbeziehungen bewußt zu gestalten.

Der sozialistische Staat ist das Hauptinstrument der Arbeiterklasse und ihrer Partei für die planmäßige Leitung von Gesellschaft und Wirtschaft.[24] Die Partei lenkt und orientiert die Tätigkeit der staatlichen Organe, der Kollektive der Werktätigen und ihrer gesellschaftlichen Organisationen. Der sozialistische Staat setzt – ausgehend von den ökonomischen Gesetzen des Sozialismus – die ökonomische Politik auf dem Wege der planmäßigen Leitung der Wirtschaft, des komplexen unmittelbaren Regulierens aller Seiten des ökonomischen Lebens, aller Phasen des Reproduktionsprozesses bewußt durch. Er nimmt durch Leitung, Planung und Stimulierung unmittelbar Einfluß auf den Produktionsprozeß, legt Struktur, Proportion und Tempo des Wachstums fest und entspricht damit den grundlegenden Interessen der Werktätigen. Indem sich der sozialistische Staat auf das werktätige Volk stützt, die Entwicklung der Wirtschaft zentral lenkt und große revolutionäre Wandlungen erreicht, erlangt er eine gewaltige ökonomische Kraft, und es erhöht sich außerordentlich die Rolle des subjektiven Faktors in der Wirtschaft. Zugleich ergeben sich daraus hohe Anforderungen an die bewußte und vollständige Ausnutzung der ökonomischen Gesetze des Sozialismus.

Mit der wachsenden Rolle der staatlichen Wirtschaftsleitung gibt es seit einigen Jahren Diskussionen über ihren Charakter und ihre Beziehungen zu den Produktionsverhältnissen. Die unterschiedlichen Positionen lassen sich wie folgt zusammenfassen:

- Die staatliche Leitung der Wirtschaft ist politische Leitung zur Realisierung ökonomischer und sozialpolitischer Interessen der Arbeiterklasse und ihrer Verbündeten und trägt damit *Überbaucharakter*. Weiterhin ist die Entwicklung der Volkswirtschaft und ihr Funktionieren undenkbar ohne eine dem Entwicklungsniveau der Produktivkräfte und den sozialistischen Produktionsverhältnissen entsprechende Leitung, Planung und Stimulierung. Damit trägt sie als objektive Produktionsbedingung (Marx) produktiven Charakter, ist also zugleich den *gesellschaftlichen Produktivkräften* zuzurechnen. Zwischen den Leitungen und den Produktionskollektiven bzw. den Arbeitskollektiven in anderen Phasen des Reproduktionsprozesses bestehen weiterhin ökonomische Beziehungen, die eine *spezifische Seite der Produktionsverhältnisse* sind, weil sie sich objektiv aus dem arbeitsteiligen Reproduktionsprozeß ergeben und deshalb nicht aus der Sicht der dialektischen Wechselbeziehungen von Basis und Überbau zu erklären sind. Diese komplizierten Leitungsverhältnisse bilden in der Wirtschaftspraxis eine vielschichtige untrennbare Einheit, die in allen ihren Seiten und Ebenen von der sozialistischen Demokratie geprägt ist.
- Im Sozialismus führe die wachsende ökonomische Rolle des Staates dazu, daß er bei der Realisierung seiner ökonomischen Aufgaben den Überbaucharakter verliere, womit der Wirtschaftsleitung ihr politischer Charakter abgesprochen wird. Damit gehe die Wirtschaftsleitung in der Basis auf bzw. verschmelze mit ihr. Damit verwandt ist die Auffassung, wonach nur die zentrale staatliche Wirtschaftsleitung Überbaucharakter trage, während die betriebliche Leitung ausschließlich ökonomischer, jedoch nicht staatlicher Natur sei.

Die Verfasser vertreten die erstgenannte Position, wobei zur tieferen theoretischen Durchdringung noch umfangreiche interdisziplinäre Forschung zu leisten ist.

Daß die Wirtschaftsleitung eine notwendige Funktion des produktiven Gesamtarbeiters ist, über alle Elemente der Produktivkräfte wirksam wird und selbst Element des Systems gesellschaftlicher Produktivkräfte ist, wurde von den Klassikern eindeutig nachgewiesen. Die Leitung der Produktion als Glied des Gesamtarbeiters kann dabei dem unmittelbaren Produktionsprozeß „näher oder ferner stehn" (Marx).[25]

Wenn mit fortschreitender Vergesellschaftung der Produktion die Komplexität der politischen, ökonomischen und sozialen Beziehungen anwächst und sich alle Bereiche des gesellschaftlichen Lebens immer intensiver durchdringen und miteinander verflechten, so ändert das nichts an dem Tatbestand, daß der ganze Komplex gesellschaftlicher Verhältnisse in letzter Instanz einen ökonomischen, das Ganze bedingenden Inhalt hat und daß die politischen, staatlichen und ideologischen Formen davon abgeleitet sind.[26]

Die neuen ökonomischen und sozialpolitischen Aufgaben des Staates im Sozialismus und das enge Wechselverhältnis von Politik und Ökonomie sind kein Grund dafür, das Verhältnis von Basis (Gesamtheit der materiellen Produktionsverhältnisse) und Überbau (politische und ideologische Verhältnisse) zu verwischen oder gar dem Staat bei der Lösung ökonomischer Aufgaben den Überbaucharakter und damit den politischen Charakter der Wirtschaftsleitung abzusprechen. Gerade eine solche Vermischung von materiellen Produktionsverhältnissen einerseits und Maßnahmen des Staates als Subjekt der Wirtschaftsleitung andererseits verwischt die Unterschiede von Objektivem und Subjektivem, von Sein und Bewußtsein und fördert den Subjektivismus in der ökonomischen Politik. Subjekt des Wirtschaftens im Sozialismus sind das werktätige Volk und der sozialistische Staat, wobei der Staat als Interessenvertreter des gesamten Volkes fungiert.

Zwischen ökonomischen Beziehungen und ihrer staatlichen Regulierung besteht keine Identität. Die Verbannung des Staates in die Basis führt zum Beispiel unseres Erachtens zu einem Gleichsetzen des objektiven Gesetzes der planmäßigen, proportionalen Entwicklung der Volkswirtschaft mit der Planung als wirtschaftsleitender Tätigkeit des Staates, es fiele Wirken und Ausnutzung ökonomischer Gesetze zusammen, womit die bewußte Ausnutzung objektiviert werden würde. „Damit würden dem Subjektivismus und Voluntarismus in der Wirtschaft Tür und Tor geöffnet, denn jede wirtschaftliche Maßnahme würde als objektives ökonomisches Verhältnis gelten, und der Staat brauchte nicht mit den ökonomischen Realitäten zu rechnen."[27]

5. Die politische Ökonomie des Sozialismus kann ihren schöpferischen Beitrag für Theorie und Wirtschaftspraxis nur leisten, wenn sie die Erforschung des objektiven Wirkungsmechanismus der ökonomischen Gesetze mit der Analyse der konkret-historischen Wirkungsbedingungen der ökonomischen Gesetze des Sozialismus verbindet, die den jeweiligen objektiv-realen Entwicklungsstand widerspiegeln, unter denen die ökonomischen Gesetze wirken. Zu den Wirkungsbedingungen der ökonomischen Gesetze des Sozialismus gehören vor allem

- die sozialistischen Produktionsverhältnisse in ihrem konkreten Reifegrad,
- das konkrete Entwicklungsniveau der materiell-technischen Basis des Sozialismus,
- die Naturbedingungen und -reichtümer, die von der sozialistischen Gesellschaft genutzt und erschlossen werden,
- die Zusammenarbeit mit den sozialistischen Bruderländern, der erreichte Entwicklungsstand des sozialistischen Weltwirtschaftssystems, vor allem der sozialistischen

ökonomischen Integration, die zugleich zu einer Erweiterung der Wirkungssphäre der ökonomischen Gesetze des Sozialismus führt,
- die erreichte Lebensweise und darin eingeschlossen das Lebensniveau,
- die internationale Situation (Kräfteverhältnis zwischen Sozialismus und Kapitalismus, Formen des Klassenkampfes zwischen beiden Systemen).

Die Analyse des objektiven Wirkungsmechanismus der ökonomischen Gesetze und ihrer Wirkungsbedingungen geschieht zu dem einzigen Zweck, die Entwicklung der sozialistischen Gesellschaft in Übereinstimmung mit den erreichten objektiven Bedingungen und den im Sozialismus wirkenden objektiven Gesetzen bewußt zum Wohle der Werktätigen zu lenken. Die Praxis des Sozialismus beweist, daß die ökonomischen Gesetze von den Menschen bewußt ausgenutzt werden können, daß, infolge des gesellschaftlichen Eigentums an den Produktionsmitteln und der politischen Macht der Arbeiterklasse, die Dialektik von objektiven Bedingungen und subjektivem Faktor eine neue Qualität erlangt. Die Funktion des subjektiven Faktors findet ihren prägnantesten Ausdruck in der allgemeinen Gesetzmäßigkeit von der führenden Rolle der Arbeiterklasse und ihrer marxistisch-leninistischen Partei beim sozialistischen Aufbau. Die Wirksamkeit des subjektiven Faktors hängt entscheidend davon ab, wie es die Menschen verstehen, den objektiven Erfordernissen der ökonomischen Gesetze in der Wirtschaft zu entsprechen.

Damit wird deutlich, daß aus theoretischer Sicht zwischen der objektiven Wirkung der ökonomischen Gesetze und ihrer bewußten Ausnutzung zu unterscheiden ist. Es gibt konkret-historische Bedingungen, die den Reifegrad des subjektiven Faktors charakterisieren und aus den politisch-ideologischen Verhältnissen sowie der fachlichen Qualifikation der Werktätigen entspringen. Zu diesen Bedingungen für die bewußte Ausnutzung der ökonomischen Gesetze des Sozialismus gehören vor allem
- die führende Rolle der Arbeiterklasse und ihrer Partei in Gesellschaft und Wirtschaft,
- die ökonomische Rolle des sozialistischen Staates, die Vertiefung des demokratischen Charakters der planmäßigen Leitung,
- die Bewußtheit, Initiative und Qualifikation der Arbeiterklasse, der Klasse der Genossenschaftsbauern, der Intelligenz wie aller anderen Werktätigen, was sich vor allem im sozialistschen Wettbewerb zeigt,
- das erreichte Niveau wissenschaftlicher Erkenntnisse über die ökonomischen Gesetze.

Die bewußte Ausnutzung der ökonomischen Gesetze des Sozialismus umfaßt also die planmäßige Gestaltung und Anwendung der Gesamtheit von Formen, Methoden und Prinzipien der Leitung, Planung und ökonomischen Stimulierung der Wirtschaft, die zielgerichtete Arbeit des Volkes zur Verwirklichung der Pläne, die Formen und Methoden der Masseninitiative der Werktätigen.

Mit der Möglichkeit bewußter und planmäßiger Ausnutzung der ökonomischen Gesetze ist zugleich die Möglichkeit bewußter und planmäßiger Vervollkommnung der sozialistischen Produktionsverhältnisse gegeben. Deshalb erscheint es uns überflüssig, neben dem Wirkungsmechanismus der ökonomischen Gesetze und den Bedingungen ihrer Ausnutzung einen „Funktionsmechanismus der sozialistischen Produktionsverhältnisse" zu konstatieren, der sowohl objektive als subjektive Momente einschließe. Nicht zuletzt könnte eine solche Betrachtung der sozialistischen Produktionsverhältnisse und ihrer Entwicklung die Gefahr der Vermischung von Objektivem und Subjektivem fördern.

In der Gesamtheit der Wirkungsbedingungen der ökonomischen Gesetze des Sozialismus nimmt der *Reifegrad der sozialistischen Produktionsverhältnisse* eine zentrale Stellung ein. Der Reifegrad der Produktionsverhältnisse und der Entwicklungsstand der Produktivkräfte in ihrer Einheit bestimmen die Struktur des Leitungssystems, die Prinzipien, Formen und Methoden des sozialistischen Wirtschaftens und damit die Art und Weise der konkreten Anwendung des demokratischen Zentralismus.

Erstens, ein Kriterium für die Einschätzung des Reifegrades der sozialistischen Produktionsverhältnisse ist der erreichte Leistungsstand der Volkswirtschaft. Das Wachstum und das Entwicklungsniveau der Produktivkräfte ist die entscheidende materielle Grundlage des gesellschaftlichen Fortschritts. Die Produktivkräfte als revolutionärstes Element der Produktionsweise entwickeln sich aber in untrennbarer Wechselwirkung mit den sozialistischen Produktionsverhältnissen als ihrer gesellschaftlichen Bewegungsform. Je reifer die sozialistischen Produktionsverhältnisse sind, um so aktiver beeinflussen sie die Entwicklung der Produktivkräfte. Eine entscheidende Frage ist deshalb, ob die Produktionsverhältnisse den Produktivkräften ungehinderten Raum bieten und ihrer Entwicklung wirksame Impulse verleihen. Das aber schlägt sich letztlich im Produktivitäts- und Effektivitätsniveau, im Leistungsstand der Volkswirtschaft nieder.

Zweitens ist der Reifegrad der Produktionsverhältnisse an der Wirkung einzelner ihrer Bestandteile und Elemente auf bestimmte, besonders bedeutsame Entwicklungsprozesse innerhalb der Wirtschaft einschätzbar. So ist der Reifegrad der sozialistischen Produktionsverhältnisse daran zu messen, wie weit sie in ihrer konkreten Gestaltung alle qualitativen Faktoren der Intensivierung, vor allem den wissenschaftlich-technischen Fortschritt fördern. Eingeschlossen ist die hohe Wirksamkeit der sozialistischen Rationalisierung, deren Kernaufgabe darin besteht, durch hohes technologisches Niveau Arbeitsplätze in großem Maße einzusparen und dadurch Werktätige für die volle Ausnutzung der Maschinen und Anlagen zu gewinnen. Zweifellos wirken die fortschreitende Vergesellschaftung der Produktion, die planmäßige Gestaltung der arbeitsteiligen und Kooperationsbeziehungen, die bessere Nutzung der Ware-Geld-Beziehungen und anderes darauf ein, den wissenschaftlich-technischen Fortschritt zu beschleunigen, Qualität und Effektivität der Arbeit wesentlich zu erhöhen. Inwieweit diese Wirkung eintritt oder inwieweit stimulierende Impulse ausbleiben, ermöglichen verbale und auch konkrete Aussagen über den erreichten Entwicklungsstand der Produktionsverhältnisse und darüber, in welcher Richtung die einzelnen Elemente der Produktionsverhältnisse systemhaft aufeinander abgestimmt zu entwickeln sind.

Drittens ist der erreichte Stand der schöpferischen Aktivität und der Masseninitiative der Werktätigen und ihrer Kollektive auf der Basis der kameradschaftlichen Zusammenarbeit und gegenseitigen Hilfe im Kampf um hohe Arbeitsergebnisse und um die Persönlichkeitsentwicklung jedes Werktätigen Ausdruck des Reifegrades sozialistischer Produktionsverhältnisse. Schöpferisches, aktives und bewußtes Handeln ist das Resultat der Identifikation des einzelnen Werktätigen und seines Kollektivs mit den Entwicklungszielen der Gesellschaft. In diesem Sinne ist die Erziehung zu sozialistischer Arbeitsdisziplin, zum Schutz und zur Mehrung des sozialistischen Eigentums untrennbarer Bestandteil der Ausprägung sozialistischer gesellschaftlicher Beziehungen im Produktions- und Arbeitsprozeß, was die enge Verbindung zwischen objektiven Produktionsverhältnissen und politisch-ideologischen Aufgaben zu ihrer bewußten Vervollkommnung und weiteren Ausprägung unterstreicht.

Viertens treten im Verlaufe des Aufbaus des Sozialismus in den einzelnen Etappen qualitative Wandlungen im Entwicklungsniveau der Produktionsverhältnisse auf, die in ihrer Bedeutung und in ihrer Wirkung auf die Entwicklung der Gesellschaft von großem Gewicht sind. Solche Einschnitte waren in der DDR zum Beispiel der Sieg der sozialistischen Produktionsverhältnisse zu Beginn der sechziger Jahre im Ergebnis der sozialistischen Umgestaltung der Landwirtschaft, die gesellschaftliche Umwandlung ehemaliger halbstaatlicher und privater Industrie- und Baubetriebe in Volkseigentum im Jahre 1972, der Übergang von der einzelgenossenschaftlichen Produktionsweise in der Landwirtschaft zu den kooperativen Abteilungen Pflanzenproduktion als Übergangsstadium zu künftigen großen spezialisierten Genossenschaften oder volkseigenen Gütern.

Fünftens läßt sich der Reifegrad und das Entwicklungsniveau der Produktionsverhältnisse an vielfachen Niveauvergleichen gegenüber früheren Zeitpunkten bestimmen. Dazu lassen sich Momente und Seiten aus allen vier Phasen des Reproduktionsprozesses heranziehen, die mit bisher üblichen Kennziffern und Kriterien aus dem Planungsinstrumentarium erfaßbar sind. Das gilt zum Beispiel für die Zahl der umgestalteten Arbeitsplätze bzw. der Arbeitsplätze mit schweren und gesundheitsschädigenden Arbeitsbedingungen, für die Zahl der mit Handarbeit Beschäftigten, für den Mechanisierungs- und Automatisierungsgrad und andere wichtige Kriterien des Niveaus der Produktionsprozesse. Es gilt für das Verhältnis zwischen Akkumulation und Konsumtion, zwischen produktiver und nichtproduktiver Akkumulation, zwischen individueller und gesellschaftlicher Konsumtion, für das Verhältnis zwischen Verteilung nach der Arbeitsleistung und Verteilung aus gesellschaftlichen Konsumtionsfonds und für viele andere Niveauvergleiche.

Die Schaffung eines umfassenderen Systems von Kriterien und Kennziffern für die Einschätzung des Entwicklungsstandes und für die Planung der Vervollkommnung der sozialistischen Produktionsverhältnisse würde die Möglichkeit derartiger Niveauvergleiche auf Beziehungen innerhalb des Systems der Produktionsverhältnisse ausdehnen, die heute dadurch noch nicht erfaßbar sind.

Sechstens schließlich findet das Entwicklungsniveau der Produktionsverhältnisse im System der Leitung, Planung und ökonomischen Stimulierung seinen Niederschlag. Die Übereinstimmung des Systems der Leitung der Wirtschaft mit den Produktionsverhältnissen ist vor allem eine Frage der Realisierung der Übereinstimmung zwischen den drei Interessenebenen. Eine direkte Aussage über den Reifegrad der Produktionsverhältnisse läßt sich unseres Erachtens aus der konkreten Gestaltung des Leitungssystems aber nicht ableiten. Einerseits ist das Leitungssystem als die subjektive Widerspiegelung objektiver Bedingungen nicht mit diesen deckungsgleich, andererseits hat das System der Leitung eine abgewandelte Struktur gegenüber der der Produktionsverhältnisse.

Neben der Analyse des Systems der sozialistischen Produktionsverhältnisse, der Erforschung seiner Bestandteile und Elemente und deren Bewegung obliegt der politischen Ökonomie auch die spezifische Wesensbestimmung, die qualitative Charakteristik der sozialistischen Produktionsverhältnisse und die Beantwortung der Frage nach der diesem System eigenen Bewegungsform. Kameradschaftliche Zusammenarbeit und gegenseitige Hilfe, Kollektivität im gesellschaftlichen Maßstab machen die sozialökonomische Qualität der sozialistischen Produktionsverhältnisse aus. Der Entwicklungsstand der sozialistischen Produktionsverhältnisse offenbart sich letztlich darin, wie weit diese Wesensmerkmale entwickelt sind und an der Oberfläche des gesellschaftlichen Lebens sichtbar werden.

Die Bewegungsform der sozialistischen Produktionsweise und damit auch der Produktionsverhältnisse ist die Planmäßigkeit. Sie ist objektive Notwendigkeit und einzige Möglichkeit der gesellschaftlichen Entwicklung unter den Bedingungen sozialistischen Eigentums an den Produktionsmitteln. Es erscheint sinnvoll, die innere Struktur des Systems, die besondere sozialökonomische Qualität und die ihr entsprechende Bewegungsform der sozialistischen Produktionsverhältnisse als drei voneinander zu unterscheidende, aber untrennbar verbundene Fragestellungen zu behandeln.[28]

II. Zur Grundrichtung und zu den Hauptprozessen der Entwicklung der sozialistischen Produktionsverhältnisse bei der weiteren Gestaltung des entwickelten Sozialismus in der DDR

6. Aus den Materialien des IX. Parteitages, besonders aus dem Bericht des Zentralkomitees, dem Programm der SED und der Direktive zum Fünfjahrplan für die Entwicklung der Volkswirtschaft der DDR in den Jahren 1976 bis 1980 lassen sich die grundlegenden Aufgaben zur weiteren Vervollkommnung der sozialistischen Produktionsverhältnisse ableiten.

Bei der Festlegung der zur Realisierung dieser Aufgabenstellungen erforderlichen Schritte und Maßnahmen ist der jeweils erreichte Reifegrad der sozialistischen Produktionsverhältnisse sorgfältig zu berücksichtigen, um die Harmonie der Gesamtbewegung der Produktionsweise als Voraussetzung für die rasche Erhöhung der Leistungskraft der Volkswirtschaft zu sichern.

Übereinstimmend mit den historischen Dokumenten des XXV. Parteitages der KPdSU rücken folgende Aufgaben der Entwicklung der sozialistischen Produktionsverhältnisse in den Vordergrund:

- die weitere Vergesellschaftung von Produktion und Arbeit,
- die Entwicklung des sozialistischen Eigentums an den Produktionsmitteln infolge des fortschreitenden Vergesellschaftungsprozesses,
- die weitere Entwicklung des sozialistischen Charakters der Arbeit,
- die weitere Entwicklung des sozialistischen Wettbewerbs,
- die weitere Entwicklung der sozialistischen Verteilungsverhältnisse,
- die weitere Entwicklung der Zirkulationsverhältnisse und
- die weitere Entwicklung der Konsumtionsverhältnisse.

Diese Entwicklungsprozesse der Produktionsverhältnisse sind untrennbar verbunden mit der Entfaltung der sozialistischen Demokratie in Wirtschaft und Gesellschaft.

Die weitere Vergesellschaftung von Produktion und Arbeit als Prozeß der dialektischen Wechselwirkung von Produktivkräften und Produktionsverhältnissen[29] wird sichtbar in tiefgreifenden qualitativen und quantitativen Veränderungen der ökonomischen Beziehungen innerhalb und zwischen den verschiedenen Ebenen der Volkswirtschaft. Immer größeren Einfluß darauf gewinnt die sozialistische ökonomische Integration.

W. I. Lenin bezeichnete es als „die Hauptaufgabe des Proletariats . . . in jeder sozialistischen Revolution . . . die positive oder auch schöpferische Arbeit, die darin besteht, ein außerordentlich kompliziertes und feines Netz von neuen organisatorischen Beziehungen herzustellen, die die planmäßige Produktion und Verteilung der Produkte erfassen, wie sie für die Existenz von Dutzenden Millionen Menschen notwendig sind . . . Die Hauptschwierigkeit liegt auf ökonomischem Gebiet: überall die strengste Rechnungsführung und Kontrolle über Produktion und Verteilung der Produkte durchzuführen, die Arbeitsproduktivität zu steigern, die Produktion *tatsächlich zu vergesellschaften.*"[30]

Ausgehend von dieser Aufgabenstellung W. I. Lenins und weiteren Aussagen zur Charakteristik der Vergesellschaftung[31], kann dieser Prozeß wie folgt bestimmt werden:

Die Vergesellschaftung der Produktion ist allgemein gekennzeichnet durch größere Dimensionen, qualitativ höheres Niveau und wachsende Differenziertheit des Reproduktionsprozesses, durch fortschreitende Zunahme des Wirkungsgrads, der gegenseitigen Abhängigkeit und Verflechtung aller Elemente der Produktion und ihrer Resultate im Betrieb wie in der Volkswirtschaft. Die ständige Verstärkung des gesellschaftlichen Charakters der Reproduktion ist mit einem höheren Niveau der Arbeitsproduktivität und der Effektivität der Produktion verbunden. Zugleich ist der Vergesellschaftungsprozeß ausgerichtet auf eine höhere Qualität der Arbeit im umfassenden Sinne, wobei die höhere Qualität der Endresultate der Produktion (bei effektivster Nutzung von Roh- und Werkstoffen) eine ständig bessere Befriedigung der Bedürfnisse der Gesellschaft und ihrer Mitglieder zu gewährleisten hat. Gesellschaftliche Arbeitsteilung, Spezialisierung, Kooperation und Kombination bei gleichzeitiger Entwicklung der Konzentration der Produktion bilden die Grundformen der Vergesellschaftung der Produktion, die mit der sozialistischen ökonomischen Integration neue Dimensionen annehmen. Diese Grundformen sind Ergebnis, Kennzeichen und zugleich Entwicklungsmoment des Vergesellschaftungsprozesses. Sie sind Resultate des Wachstums der Produktivkräfte und zugleich ein bedeutsamer Faktor für ihre weitere Entfaltung. Sie schließen zudem bestimmte ökonomische Verhältnisse in sich ein, die Beziehungen zwischen den Produzenten und Kollektiven, und gehören somit zur Gesamtheit der Produktionsverhältnisse; sie fördern den Kollektivismus im Arbeitsprozeß.

Die Vergesellschaftung von Produktion und Arbeit in ihrer ganzen Komplexität stellt die Grundrichtung der Vervollkommnung der sozialistischen Produktionsverhältnisse dar. Alle anderen Entwicklungsprozesse im System der sozialistischen Produktionsverhältnisse werden durch die Vergesellschaftung von Produktion und Arbeit entscheidend geprägt.[32] Damit wird deutlich, daß die Leninsche Aufgabe der „tatsächlichen Vergesellschaftung" mit der revolutionären Umwandlung der Produktionsmittel in gesellschaftliches Eigentum nicht abgeschlossen, sondern mit der Entwicklung der Produktivkräfte und Produktionsverhältnisse ein ununterbrochener Prozeß der planmäßigen Höherentwicklung ist. Die dabei jeweils zu lösenden Aufgaben ergeben sich sowohl aus den Gegebenheiten und Erfordernissen der Entwicklung der Produktivkräfte als auch aus dem Reifegrad der sozialistischen Produktionsverhältnisse und den Anforderungen der Gesellschaft an die Ökonomik des Landes. In wachsendem Maße sind auch Überlegungen darüber erforderlich, wie die Beziehungen der Gesellschaft und des einzelnen zur natürlichen Umwelt zu gestalten sind und welche Konsequenzen das für den weiteren Vergesellschaftungsprozeß hat, damit wir die Lebensgrundlagen künftiger Generationen auch in dieser Beziehung erhalten, festigen und erweitern.

Revisionistische und bürgerliche Ideologen konstruieren bewußt einen Gegensatz zwischen der Vergesellschaftung der Produktionsmittel (als Bedingung für den Vergesellschaftungsprozeß in der Produktion) und der Verstaatlichung der wichtigsten Produktionsmittel. So behaupten sie in konterrevolutionärer Absicht, Marx und Engels wären zwar für die Vergesellschaftung der Produktionsmittel, nicht aber für deren Verstaatlichung gewesen. Für Marx und Engels war jedoch die Überführung der wichtigsten Produktionsmittel in das Eigentum des sozialistischen Staates immer mit deren Vergesellschaftung identisch. Schon im Kommunistischen Manifest schrieben sie, daß das Proletariat seine politische Macht dazu benutzen wird, der „Bourgeoisie nach und nach alles Kapital zu entreißen, alle Produktionsinstrumente in den Händen des Staates, d. h. des als herrschende Klasse organisierten Proletariats zu zentralisieren und die Masse der Produktionskräfte möglichst rasch zu vermehren".[33]

Es sei in diesem Zusammenhang an die Polemik von Friedrich Engels mit Dühring erinnert, der direkt die Frage stellte, ob denn nicht auch im Sozialismus die „Kommunen" völlig selbständig sein sollten und ihre Geschäfte über den „freien Verkehr", den Konkurrenzmechanismus, untereinander abwickeln sollten. Engels stellte dazu nur ironisch fest: Es geht dann alles vor sich „ganz im alten Stil, nur daß an die Stelle des Kapitalisten die Kommune tritt"[34], daß es aber darauf ankommt, die alte Art des Produzierens von Grund auf umzuwälzen, damit die Gesellschaft tatsächlich von der Gesamtheit der Produktionsmittel Besitz ergreifen kann.[35]

Das staatliche Eigentum ist im Sozialismus wegen des demokratischen Charakters des sozialistischen Staates als politische Organisation der Werktätigen in Stadt und Land unter Führung der Arbeiterklasse und ihrer marxistisch-leninistischen Partei seiner Natur nach allgemeines Volkseigentum. Und umgekehrt: Unter den Bedingungen, unter denen sich die Macht der Arbeiterklasse im Bündnis mit den anderen werktätigen Klassen und Schichten als Staatsmacht organisiert und über den sozialistischen Staat wirksam wird, kann allgemeines Volkseigentum nur in Form des staatlichen Eigentums existieren.

Lenin wies darauf hin, daß genossenschaftliches Eigentum nicht a priori sozialistisches Eigentum sei. Erst wenn die Arbeiterklasse die politische Macht ausübt und über die entscheidenden Produktionsmittel (als staatliches Eigentum) verfügt, ist das Wachstum der Genossenschaften mit dem Wachstum des Sozialismus identisch.[36]

Die führende Rolle der Arbeiterklasse und ihrer Partei, die führende Rolle des Volkseigentums und die führende Rolle der modernen Industrie (nicht nur als Volkswirtschaftszweig, sondern als Verkörperung moderner Produktionsmethoden) bilden dabei eine untrennbare Einheit: Sie sind das politische, ökonomische und materiell-technische Rückgrat der sozialistischen Ordnung.

7. Welche Aspekte charakterisieren die Vertiefung und Beschleunigung des Vergesellschaftungsprozesses bei der planmäßigen Gestaltung der Wirtschaft des entwickelten Sozialismus?

Erstens: Starke Impulse für die Vertiefung und Beschleunigung des Vergesellschaftungsprozesses von Produktion und Arbeit resultieren aus der Notwendigkeit, die *Errungenschaften der wissenschaftlich-technischen Revolution* für die Erfüllung der Hauptaufgabe effektiv zu nutzen. Dieser Prozeß ist entscheidend für die weitere Gestaltung der materiell-technischen Basis. Eine grundlegende Bedingung dafür ist die Herausbildung des Zyklus Wissenschaft–Technik–Produktion, den L. I. Breshnew als „Integration von Wissenschaft und Produktion"[37] bezeichnete. Erich Honecker betonte auf dem IX. Parteitag der SED: „Es ist erforderlich, bei wichtigen volkswirtschaftlichen Prozessen den gesamten Zyklus von der Forschung und Entwicklung über die Einführung neuer Erzeugnisse bis zur Vorbereitung und Durchführung der Investitionsvorhaben zu den festgelegten Terminen ihrer Inbetriebnahme einheitlich zu planen und zu leiten. Davon ausgehend ist zu sichern, daß jedes Investitionsvorhaben zu den geplanten Terminen fertiggestellt und in Betrieb genommen wird. Maßstab ist immer der geplante ökonomische Leistungszuwachs und seine Überbietung bei gleichzeitiger Einhaltung der vorgesehenen Investitionskosten."[38]

Der Zyklus Wissenschaft–Technik–Produktion wird als untrennbarer Bestandteil des Reproduktionsprozesses und zugleich als entscheidende Quelle seiner ständigen Erweiterung auf höherer Stufenleiter und seiner Intensivierung planmäßig formiert. Er darf also keinesfalls als ein ausschließlich naturwissenschaftlich-technischer Prozeß gesehen oder auf die Lösung einer wissenschaftlich-technischen Aufgabe beschränkt werden. Es geht darum, daß sich die wissenschaftlich-technische Arbeit auf den kontinuierlichen Verlauf der Reproduktion und deren ständige Intensivierung einstellt.

Im Fünfjahrplanzeitraum 1976 bis 1980 setzt unsere Gesellschaft für die Entwicklung von Wissenschaft und Technik 4,2 Prozent des Nationaleinkommens ein. Das sind rund 35 Milliarden Mark, 10 Millarden Mark mehr als im vergangenen Fünfjahrplanzeitraum. Das Wachstumstempo der Aufwendungen für Wissenschaft und Technik ist damit höher als das Wachstumstempo des Nationaleinkommens. In der Direktive zum Fünfjahrplan für die Entwicklung der Volkswirtschaft in den Jahren 1976 bis 1980 sind die Hauptrichtungen der wissenschaftlich-technischen Arbeit und die Ziele und Aufgaben von Wissenschaft und Technik für die einzelnen Zweige und Bereiche der Volkswirtschaft festgelegt.

Die Orientierung der 6. Tagung des Zentralkomitees, „mit der Vervollkommnung der Leitung der wissenschaftlich-technischen Arbeit entsprechend den volkswirtschaftlichen Erfordernissen *höhere Ziele für Forschung und Technik zu stellen* und zu ihrer Realisierung das wissenschaftlich-technische Schöpfertum der Werktätigen breit zu entfalten“[39], macht eine allgemeingültige Aufgabe deutlich, die gegenwärtig für die Gestaltung des Zyklus Wissenschaft–Technik–Produktion zu lösen ist.

Mit den Beschlüssen zur Entwicklung der Elektronik, besonders zur raschen Förderung von Wissenschaft und Technik auf dem Gebiet der Mikroelektronik, gab die 6. Tagung des Zentralkomitees zugleich eine grundlegende inhaltliche Orientierung für die Gestaltung des Zyklus Wissenschaft–Technik–Produktion, die für viele Zweige der Volkswirtschaft prinzipielle Bedeutung hat.

Im Zyklus Wissenschaft–Technik–Produktion vereinigen sich alle Forschungs- und Produktionsprozesse, die auf die qualitative Erneuerung der sachlichen Produktionsbedingungen gerichtet sind. Er verkörpert einen sich ständig wiederholenden Kreislauf der Gesamtheit der auf die qualitative Veränderung der Produktion gerichteten Arbeiten vom planmäßigen Hervorbringen von Ideen bis zur breiten Anwendung der Ergebnisse der wissenschaftlich-technischen Arbeit in der Produktion. Er ergibt sich aus der Aufeinanderfolge, dem Nebeneinander und dem Zusammenwirken der verschiedenen wissenschaftlich-technischen Maßnahmen zur Erhöhung des wissenschaftlich-technischen Niveaus der einzelnen Glieder, Elemente und Teilprozesse der Produktion in ihrer kausalen und zeitlichen Abhängigkeit mit dem Ziel der ständigen Intensivierung des Gesamtprozesses der Reproduktion auf ihren verschiedenen Ebenen.

Zweitens: Der Vergesellschaftungsprozeß wird wesentlich charakterisiert durch die *weitere planmäßige Gestaltung der Konzentration, Spezialisierung und Kooperation der Produktion in der Industrie der DDR.* Den bisher erreichten Stand der Konzentration in der Industrieproduktion sollen aus quantitativer Sicht die Tabellen 1 und 2 verdeutlichen (siehe Seite 28).

Zur Rolle des Kombinats hob Erich Honecker auf dem IX. Parteitag folgendes hervor: „Die Verwirklichung der großen und anspruchsvollen Aufgaben, die der VIII. Parteitag stellte, war auch eine Bewährungsprobe für die neugebildeten Kombinate als wichtige Glieder im gesamten Organismus der Leitung. Die Kombinate mit ihren Betrieben haben sie insgesamt gut bestanden. Die Kombinate sind zu einem Hauptbestandteil des gesamten Leitungsaufbaus in der Industrie im gegenwärtigen Entwicklungs-

Tabelle 1

*Index der Betriebe, Arbeiter und Angestellten und industrielle Bruttoproduktion (1960 = 100)**

Jahr	Betriebe	Arbeiter und Angestellte (ohne Lehrlinge)	industrielle Bruttoproduktion
1955	111	91	65
1960	100	100	100
1965	87	100	133
1970	72	103	182
1974	53	106	233
1975	48	106	247
1976	41	107	262

* *Quelle:* Statistisches Jahrbuch der DDR 1977, Berlin 1977, S. 112.

Tabelle 2

*Entwicklung der Konzentration in der Industrie der DDR**

Zahl der Arbeiter und Angestellten im Betrieb	Anzahl der Betriebe			Arbeiter u. Angestellte (ohne Lehrlinge) Anteil in %			industrielle Bruttoproduktion Anteil in %		
	1965	1973	1975	1965	1973	1975	1965	1973	1975
bis 50	7 723	4 905	3 567	6,6	4,4	3,2	5,4	3,6	3,3
51 bis 500	4 923	4 195	3 764	26,8	20,1	19,4	27,6	9,9	19,6
501 bis 2500	889	972	905	34,3	33,3	34,2	33,5	42,1	31,8
über 2500	180	228	241	32,3	42,2	43,2	33,5	44,4	45,3
zusammen	13 715	10 200	8 477	100,0	100,0	100,0	100,0	100,0	100,0

* *Quelle:* Statistisches Jahrbuch der DDR 1967, Berlin 1967, S. 137;
Statistisches Jahrbuch der DDR 1975, Berlin 1975, S. 113 und
Statistisches Jahrbuch der DDR 1977, Berlin 1977, S. 120.

abschnitt geworden."[40] Mit der weiteren Festigung und Entwicklung der Kombinate wird der objektiven Gesetzmäßigkeit der Vergesellschaftung der Produktion entsprochen, die in allen Ländern des RGW die Grundtendenz zur Entwicklung sozialistischer Großbetriebe sowie zur Gestaltung großer Wirtschaftskomplexe unter direkter einheitlicher Leitung hervorbringt.[41]

Die Grundorientierung des IX. Parteitages der SED für die weitere Festigung der Kombinate besteht darin,

- den Reproduktionsprozeß in den Kombinaten so zu entwickeln, daß alle Effektivitätspotenzen dieser Wirtschaftorganisation voll ausgeschöpft werden können,
- sie zu solchen Wirtschaftseinheiten zu entwickeln, die noch besser in der Lage sind, die Grundfragen ihrer erweiterten Reproduktion vorausschauend und im Komplex zu lösen,
- alle grundlegenden Erfahrungen in der rationellen Organisation der Arbeit der Kombinate und ihrer Betriebe systematisch mit dem Ziel zu verallgemeinern, die Leitungstätigkeit effektiver zu gestalten.

Die Kombinate bilden in der Industrie und im Bauwesen eine wirtschaftsorganisatorische Grundform der Vergesellschaftung der Produktion, die bessere Bedingungen für die schnelle Steigerung der Arbeitsproduktivität, für die Beschleunigung des wissenschaftlich-technischen Fortschritts, die Erhöhung des Wachstumstempos der Produktion, die bessere Nutzung der Fonds und damit für die Vertiefung der Intensivierung besitzen als der einzelne sozialistische Industriebetrieb.[42] Veränderungen in der Unterstellung, Zusammenführungen von Betrieben in Kombinaten *allein* führen noch nicht zu höherer Effektivität. Sie schaffen nur Voraussetzungen, um über die inhaltliche Konzentration innerhalb des Kombinats, über die konsequente Vermeidung der Zersplitterung der Kräfte jene Effekte zu realisieren, die den Anforderungen der intensiv erweiterten Reproduktion entsprechen.

Auf der 5. Tagung des Zentralkomitees wurde die Aufgabe gestellt, neue, direkt unterstellte Kombinate zu bilden, wodurch auch eine gewisse Vielstufigkeit in der Leitung überwunden werden kann. Es geht dabei zugleich um die stärkere Einbeziehung der Zulieferungen in das Kombinat.

Dabei gilt es folgende Grundsätze zu beachten:

1. Forschung und Entwicklung sind mit der Produktion und dem Absatz der Erzeugnisse organisch zu verbinden. Die Kräfte der Industrie für Forschung und Entwicklung werden in den Kombinaten konzentriert. Um einen hohen Leistungszuwachs durch die Steigerung der Arbeitsproduktivität zu gewährleisten, benötigen die Kombinate leistungsfähige Abteilungen für die Projektierung, den Bau von Rationalisierungsmitteln und eigene Bauabteilungen.
2. Die Kombinate haben einen direkten Beitrag zur Verbesserung der Versorgung der Bevölkerung zu leisten und deshalb eine eigene Konsumgüterproduktion auszubauen.
3. Effektiver und zuverlässiger sind die Zulieferungen zu sichern, vor allem jene, die die Qualität der Endresultate bestimmen. Eine höhere Qualität der Leitung erfordert auch, die Leitungsarbeit rationeller zu organisieren und den Verwaltungsaufwand zu senken.
4. Die zum Kombinat gehörenden Betriebe sind ökonomisch und juristisch eigenverantwortliche Betriebe mit ihren traditionellen Namen. Sie haben einen staatlichen Plan, bilanzieren ihre Fonds und rechnen selbständig auf der Grundlage der wirtschaftlichen Rechnungsführung ab.

Die weitere Vergesellschaftung der Produktion wird in der Wirtschaft des entwickelten Sozialismus nicht zur Liquidierung der Klein- und Mittelbetriebe führen. Es geht um ein ausgewogenes Verhältnis von Groß-, Mittel- und Kleinbetrieben, wobei die Großbetriebe dominieren. Klein- und Mittelbetriebe können bei rationeller Spezialisierung und Kooperation ebenfalls die Vorzüge der Großproduktion nutzen. Ihre Rolle wächst mit der zunehmenden Differenziertheit der Nachfrage bei Konsumgütern. Gerade die bezirksgeleiteten Betriebe in Industrie, Landwirtschaft und Verkehrswesen üben einen großen Einfluß auf die Versorgung der Bevölkerung aus. Auf der 2. Tagung des ZK der SED hob Erich Honecker hervor: „Sie sind gerade auch für die Produktion der sogenannten tausend kleinen Dinge unentbehrlich." Erich Honecker wendet sich dagegen, diese Betriebe lediglich als Arbeitskräftereservoire der Großbetriebe zu betrachten. „Veränderungen in der Unterstellung und insbesondere der Anschluß kleinerer Betriebe an bestehende sollten nur in sorgfältig begründeten Ausnahmefällen vorgenommen werden."[43] Die Einbeziehung der Klein- und Mittelbetriebe in den Vergesellschaftungsprozeß erfolgt in bewährter Weise weiterhin über die planmäßige Erzeugnisgruppenarbeit, über die Vertiefung der Spezialisierung und Kooperation der Produktion zwischen ihnen und den Kombinaten und innerhalb der VVB.

„Wir sind dafür, daß die Erzeugnisgruppenarbeit im Interesse der einheitlichen Leitung der Zweige verstärkt wird. Aber das muß zu tatkräftiger Hilfe für die Rekonstruktion der Betriebe der bezirksgeleiteten Industrie führen. Es geht darum, diese Betriebe leistungsfähiger zu gestalten. So sollte eine bessere gemeinsame Arbeit von Bezirkswirtschaftsräten und Industrieministerien organisiert werden. Das reicht von der Unterstützung mit qualifizierten Kadern bis zum Einsatz bestimmter Ausrüstungen, die in der zentralgeleiteten Industrie frei werden, in manchen örtlichen Betrieben aber noch nützlich sein können. Schließlich ist es doch auch für ein zentrales Wirtschaftsorgan von großem Wert, wenn man weiß, daß es in einem Bezirk einen gut geleiteten Betrieb gibt, der eine bestimmte spezielle Produktion für die Versorgung der Bevölkerung in hoher Qualität und stabil realisiert. Da lohnt es sich auch, mehr Hilfe und Unterstützung zu geben."[44]

Große Bedeutung für den Prozeß der weiteren Konzentration der Produktion hat die Entwicklung der zentralen Fertigungen. Schätzungsweise beträgt der bisher erreichte Anteil zentraler Fertigungen an der Produktion in der metallverarbeitenden Industrie (je nach Zweigen) etwa 2 bis 10 Prozent. Damit ist das Niveau hochindustriell entwickelter Länder noch nicht erreicht. Eine Ursache dafür ist die mangelhaft durchgesetzte Standardisierung und Typisierung, woraus die vorhandene Zersplitterung der Produktion bei der Fertigung von Einzelteilen und Baugruppen resultiert. Der systematische Ausbau zentraler Fertigungen ist eine für den Sozialismus typische Form der Konzentration und Spezialisierung der Produktion. Sie entspricht den aus dem gesellschaftlichen Eigentum an den Produktionsmitteln erwachsenden Möglichkeiten gesellschaftlicher Leitung und Organisation und zahlt sich auch ökonomisch schnell aus. Da es nach Erfahrungen der Praxis eine lineare Abhängigkeit zwischen der Größe der zentralen Fertigung und ihrer Effektivität gibt, sollte sie in der Regel über Kombinats- und Zweiggrenzen hinausreichen, damit größere Effektivitätsmöglichkeiten ausgeschöpft werden können. Nach dem gegenwärtigen Stand ist die Effektivität der überzweiglichen zentralen Fertigungen um ein mehrfaches höher als die der zweiglichen. Voraussetzung für das reibungslose Funktionieren der Produktion in den zentralen Fertigungen und vor allem bei ihren Abnehmern sind stabile und zuverlässige Kooperationsbeziehungen. Bis 1990 ist durch Standardisierung und Typisierung eine wesentliche Verringerung des Teilesortiments vorgesehen. Die zentrale Fertigung im Maschinenbau wird wesentlich erhöht. Dadurch wird eine beachtliche Erhöhung der Arbeitsproduktivität und Senkung des Materialeinsatzes sowie die Erhöhung des Automatisierungsgrades erreicht.

8. *Drittens:* In der Landwirtschaft vertieft sich die *Arbeitsteilung, Konzentration, Spezialisierung und Kooperation bei der weiteren Intensivierung und der schrittweisen Einführung industriemäßiger Produktionsmethoden.*

Die fortschreitende Intensivierung und die Einführung industriemäßiger Produktionsmethoden in der Landwirtschaft verlangen vor allem die Vertiefung der Kooperationsbeziehungen, die im Programm der SED als ein Wesenszug der Agrarpolitik charakterisiert wird.[45] Bei der weiteren planmäßigen Gestaltung des Vergesellschaftungsprozesses der landwirtschaftlichen Produktion stützt sich die Partei auf die Ergebnisse der Landwirtschaftspolitik im gesamten zurückliegenden Zeitraum. 1960 gab es in der Landwirtschaft der DDR insgesamt 19 313 LPG, davon waren 6 337 LPG vom Typ III (32,8 Prozent) und 12 976 LPG vom Typ I und II. Bis 1974 hatte sich die Gesamtzahl der LPG durch Zentralisation der Produktion auf 5 764 verringert, von denen 5 066 LPG vom Typ III (87,9 Prozent) und nur noch 698 LPG vom Typ I und II waren.[46]

Anfang der siebziger Jahre begann mit weiteren Fortschritten beim Übergang zur industriemäßigen Produktion in der Landwirtschaft die grundsätzliche Spezialisierung auf Pflanzen- oder Tierproduktion in den Landwirtschaftsbetrieben und die Herausbildung von Einrichtungen für spezielle produktive Leistungen und andere Aufgaben. Mit dieser Entwicklung der Arbeitsteilung erlangte auch die Kooperation objektiv eine höhere Stufe. Dadurch erreicht der Vergesellschaftungsprozeß in der Landwirtschaft eine neue Qualität. Der Weg der sozialistischen Landwirtschaft in der DDR führt von den im Ergebnis der sozialistischen Umgestaltung der Landwirtschaft entstandenen landwirtschaftlichen Produktionsgenossenschaften und volkseigenen Gütern, die in der Regel Pflanzen- und Tierproduktion zugleich betrieben und weitgehend auf traditionelle Weise produzierten, zu spezialisierten Produktionseinheiten, die zunehmend industriemäßig produzieren werden, das heißt zu LPG und VEG einer neuen Entwicklungsstufe der sozialistischen Landwirtschaft.

Mit den kooperativen Abteilungen Pflanzenproduktion (KAP) entstand eine Übergangsform auf dem Wege von den einstigen LPG und VEG zu den neuen, größeren LPG und VEG mit spezialisierter Produktion. Bestanden im Jahre 1971 283 KAP, die 14,1 Prozent der landwirtschaftlichen Nutzfläche der sozialistischen Landwirtschaft bewirtschafteten, so waren es im Jahre 1975 1189 mit einem Anteil von 88,0 Prozent. Diese kooperativen Einrichtungen sind noch keine neuen selbständigen Betriebe, besitzen jedoch jeweils eine eigene Leitung, einen eigenen Plan und eigene Fonds.

Auf dem IX. Parteitag wurde betont: „Die gesetzmäßigen Prozesse der Arbeitsteilung, Konzentration, Spezialisierung und Kooperation führen planmäßig zur Weiterentwicklung der kooperativen Abteilungen Pflanzenproduktion zu landwirtschaftlichen Produktionsgenossenschaften Pflanzenproduktion.“[47] Inzwischen sind die ersten LPG und VEG Pflanzenproduktion entstanden. Im November 1976 gab es in der Landwirtschaft der DDR:

1 024 Kooperative Abteilungen Pflanzenproduktion (KAP),
156 LPG Pflanzenproduktion,
287 gärtnerische Produktionsgenossenschaften,
12 VEG Pflanzenproduktion,
12 zwischenbetriebliche Einrichtungen Pflanzenproduktion (ZBE).[48]

Diese VEG, LPG, KAP und ZBE weisen heute eine durchschnittliche Größe von etwa 5000 ha auf, die von Kollektiven bearbeitet werden, welche etwa 350 bis 400 Werktätige umfassen. Sie sind fähig, die notwendigen Schritte zur Einführung industriemäßiger Produktionsmethoden zu gehen, besonders den landwirtschaftlichen Produktionsprozeß weiter zu intensivieren, den wissenschaftlich-technischen Fortschritt wirkungsvoll anzuwenden und auf der Basis intensiver Kooperationsbeziehungen ihre erweiterte Reproduktion planmäßig zu vollziehen. „Es ist also kein Grund vorhanden, die LPG und die volkseigenen Betriebe auf dem Lande weiter zu vergrößern.“ Es geht vielmehr darum, „die Vorteile der Konzentration voll auszuschöpfen und die Kooperation zu vertiefen“.[49]

Der Spezialisierungsprozeß wird sich innerhalb der Pflanzenproduktionsbetriebe fortsetzen. Er wird zu einer Einschränkung der Produktionsarten in den einzelnen Betrieben führen, die aus ökonomischen und agrotechnischen Erwägungen abgeleitet ist, jedoch keinesfalls bis zur Monokultur führen wird.

Der kooperative Einsatz großer Maschinenkomplexe durch benachbarte Pflanzenproduktionsbetriebe in Zusammenarbeit mit den Agrochemischen Zentren und den Kreisbetrieben für Landtechnik wird zu einer Organisationsform, die in den nächsten Jahren an Bedeutung gewinnt. Dieser konzentrierte Einsatz der Technik unter einer einheitlichen

Leitung bringt den beteiligten Pflanzenproduktionsbetrieben Zeitgewinn, vermindert die Verluste und sichert eine bessere Einhaltung der agrotechnischen Termine. Das kooperative Zusammenwirken der Pflanzenproduktionsbetriebe erstreckt sich auch darauf, die für den kooperativen Einsatz erforderlichen Maschinensysteme und Ausrüstungen gemeinsam anzuschaffen und zu diesem Zwecke gemeinsame Investitionsfonds zu bilden.

Mit der Vereinigung ihrer Pflanzenproduktion in KAP orientierten sich jene VEG und LPG auf die Tierproduktion und spezialisierten sich weiter in dieser Richtung. Zugleich fanden auch weitere Zusammenschlüsse dieser Produktionseinheiten statt. Im Bereich der Tierproduktion bestanden im November 1976:[50]

3 401 LPG Tierproduktion, darunter 7 LPG Milchproduktion,
30 Kombinate industrielle Mast (KIM),
418 VEG Tierproduktion
360 zwischengenossenschaftliche bzw. zwischenbetriebliche Einrichtungen Tierproduktion.

Zwischen den Betrieben der Pflanzen- und der Tierproduktion bestehen enge Kooperationsbeziehungen zum gegenseitigen Vorteil. Die auf Vertragsbasis zu Vereinbarungspreisen erfolgende Futterlieferung durch die Pflanzenproduktion schafft die Hauptvoraussetzung für die plan- und bedarfsgerechte Tierproduktion. Zugleich sind diese Kooperationsbeziehungen bedeutsam für die Entwicklung der Pflanzenproduktionsbetriebe, denn etwa 70 Prozent ihrer Gesamtproduktion werden für Futterzwecke eingesetzt. Andererseits bilden die Abprodukte aus der Tierproduktion eine wichtige Grundlage für die Erhöhung der Bodenfruchtbarkeit und damit der Erträge der Pflanzenproduktion.

Intensive und wachsende Kooperationsbeziehungen ergeben sich auch zwischen den Tierproduktionsbetrieben infolge der verbreiteten und sich weiter entwickelnden Spezialisierung nach Produktionsstufen, wie zum Beispiel Färsenaufzucht – Milchproduktion oder Läuferaufzucht – Schweinemast. Noch haben über 90 Prozent aller Tierproduktionsbetriebe mehrere Produktionsrichtungen. Der Spezialisierungsprozeß wird auch hier weitergehen und zur Überwindung einer uneffektiven Vielzahl von Produktionsarten in den einzelnen Betrieben führen.

Durch den fortschreitenden Prozeß der Arbeitsteilung bildeten sich seit den 60er Jahren verschiedene Arten volkseigener Betriebe oder zwischengenossenschaftlicher und zwischenbetrieblicher Einrichtungen heraus, die auf bestimmte produktive Leistungen im landwirtschaftlichen Produktionsprozeß oder in vor- und nachgelagerten Stufen spezialisiert sind. So gab es 1975 208 Trockenwerke, 153 Kreisbetriebe für Landtechnik, 23 landtechnische Instandsetzungswerke, 14 volkseigene Landbaukombinate, 14 volkseigene Meliorationskombinate und 183 Meliorationsgenossenschaften.[51] Nach dem Stand von Januar 1976 gab es insgesamt 292 agrochemische Zentren und 310 zwischenbetriebliche Bauorganisationen.

Eine entwickeltere Form der Kooperation, die einen höheren Grad der Vergesellschaftung ausdrückt, ist die Agrar-Industrie-Vereinigung (AIV). Auf dem IX. Parteitag wurde dazu ausgeführt: „Mit dem Voranschreiten von Wissenschaft und Technik und dem Wachstum der Produktivkräfte bilden sich folgerichtig und gesetzmäßig neue Formen der Kooperation heraus. Eine solche neue Form ist die Zusammenarbeit mehrerer landwirtschaftlicher Produktionsgenossenschaften und volkseigener Güter Pflanzenproduktion mit agrochemischen Zentren, Kreisbetrieben für Landtechnik, Meliorationsbau- und Verarbeitungsbetrieben in Agrar-Industrie-Vereinigungen der Pflanzenproduktion.

Diese Agrar-Industrie-Vereinigungen ermöglichen es, den zunehmend arbeitsteiligen Reproduktionsprozeß in der Pflanzenproduktion immer effektiver zu gestalten ..."[52]

Die in den AIV vereinigten LPG, VEG und anderen volkseigenen Betriebe sowie zwischenbetrieblichen Einrichtungen (ZBE) sind ökonomisch und juristisch selbständig. Sie arbeiten als gleichberechtigte Partner auf der Grundlage gleicher Interessen zur Verwirklichung aufeinander abgestimmter Produktions- und Arbeitsprozesse.

Auch durch die Entwicklung in der sozialistischen Landwirtschaft bestätigt sich praktisch, daß jeder neue Schritt zur Vertiefung der gesellschaftlichen Arbeitsteilung es erforderlich macht, die arbeitsteiligen Glieder der Produktion auf höherer Stufe zu verflechten. Dem entspricht auch die Vertiefung der Kooperation zwischen LPG, VEG, Verarbeitungsbetrieben und Handel in Kooperationsverbänden wie auch ein Zusammenwirken in anderen Vereinigungen und Verbänden.

Sowohl die Agrar-Industrie-Vereinigung als auch die Zusammenarbeit in Kooperationsverbänden sind entwickelte Formen der agrar-industriellen Kooperation, die dazu beitragen, den volkswirtschaftlichen Agrar-Industrie-Komplex weiter herauszubilden.

Mit der konsequenten und vielseitigen Arbeit an der Vertiefung der Kooperationsbeziehungen entstehen wirksame Voraussetzungen für die Entwicklung der spezialisierten Produktionseinheiten. In den neuen Musterstatuten der LPG Pflanzen- bzw. Tierproduktion werden Fragen der zwischenbetrieblichen Kooperation erstmals in einem eigenen Hauptabschnitt behandelt. Die Entwicklung der Produktionsverhältnisse auf dem Wege der Kooperation verleiht dem genossenschaftlichen Eigentum selbst wesentlich die Fähigkeit sich weiterzuentwickeln.

Die Entwicklung der Kooperation ist verbunden mit der weiteren Entfaltung der innerbetrieblichen Demokratie und mit dem Entstehen neuer demokratischer Organe der zwischenbetrieblichen Kooperation. Alle grundlegenden Fragen der Gestaltung der Kooperationsbeziehungen sind in den Vollversammlungen der Genossenschaften zu beschließen. Zwischenbetriebliche Organe zur Leitung der Kooperationsbeziehungen sind die Kooperationsräte mit ihren Aktivs und Kommissionen.

Viertens: Ein weiteres Merkmal des fortschreitenden Vergesellschaftungsprozesses besteht in der ***komplexen Lösung grundlegender volkswirtschaftlicher Aufgaben,*** die Einfluß auf das Niveau der gesamten Volkswirtschaft und auf die effektive Verwirklichung bedeutender sozialer Aufgaben haben.

Diese komplexen Aufgabenstellungen verlangen einerseits die Konzentration großer gesellschaftlicher Potenzen aus dem produktiven und den anderen Bereichen und haben andererseits umfassende und komplexe Wirkungen auf viele Sphären des gesellschaftlichen Lebens. Sie bedingen und bewirken auf vielfältige Weise auch die Entwicklung der sozialistischen Produktionsverhältnisse.

In der UdSSR ist neben den großen komplexen Programmen zur Entwicklung bestimmter Regionen des Landes (zum Beispiel in Sibirien und im Fernen Osten) vor allem das „Komplexprogramm des wissenschaftlich-technischen Fortschritts und seiner sozialökonomischen Folgen" für den Zeitraum 1976 bis 1990 zu nennen.

In der DDR sind zum Beispiel folgende Programme bzw. Dokumente auf komplexe Lösungen in Wirtschaft und Gesellschaft gerichtet:
- das Wohnungsbauprogramm bis 1990,
- die langfristige Brennstoff- und Energiebilanz bis 1990,
- die Konzeption zur Entwicklung von Naturwissenschaft und Technik im Zeitraum bis 1990 für wichtige Bereiche der Volkswirtschaft,

– das Dokument über die planmäßige Entwicklung der naturwissenschaftlichen und mathematischen Grundlagenforschung bis 1990 sowie
– das Programm für die Entwicklung der Hauptstadt der DDR, Berlin, bis 1990.

Als Bedingungen für die weitere Vertiefung der sozialistischen ökonomischen Integration werden hervorgehoben:
– die langfristigen Zielprogramme der Länder der sozialistischen Gemeinschaft,
– die Abkommen und Vereinbarungen für den Zeitraum nach 1980 über die Hauptrichtungen der wissenschaftlich-technischen und ökonomischen Zusammenarbeit im nächsten Planjahrfünft und
– das Programm der Spezialisierung und Kooperation der DDR mit der UdSSR bis 1990.

Fünftens: Über die produktive Sphäre hinaus nimmt die *Vergesellschaftung des gesamten gesellschaftlichen Arbeitsprozesses* zu. Mit der Gestaltung des entwickelten Sozialismus erfolgt die komplexe, planmäßig proportionale Entwicklung aller Lebensbereiche, damit komplexe Aufgaben von historischem Gewicht gelöst werden können: die stetig bessere Befriedigung der materiellen und geistigen Bedürfnisse aller Mitglieder der Gesellschaft, ihre Persönlichkeitsentwicklung, die Überwindung wesentlicher Unterschiede zwischen geistiger und körperlicher Arbeit, zwischen Stadt und Land sowie die Reproduktion der natürlichen Umwelt, um die Natur als unversiegbaren Quell des Lebens, der Gesundheit, der Freude und des materiellen Reichtums zu erhalten und zu nutzen.

9. *Die weitere Entwicklung des sozialistischen Eigentums an den Produktionsmitteln ist unmittelbar verbunden mit dem fortschreitenden Vergesellschaftungsprozeß.*

Die Entwicklung des *sozialistischen Eigentums an den Produktionsmitteln* in seinen beiden Formen ist die bestimmende Seite eines komplexen Prozesses, der im Sozialismus auch mit der Entwicklung
– des Eigentums in den nichtproduzierenden Bereichen als Ausdruck der Sozialpolitik (wachsender Wohnungsfonds, wachsender Fonds in Wissenschaft, Bildung, Kultur, Gesundheits- und Sozialwesen, Handel und Versorgung sowie in vielfältigen Bereichen der technischen Infrastruktur),
– vielfältiger Fonds genossenschaftlichen Eigentums, die nicht Produktionsmittel sind (in BHG, ELG, AWG, Konsumgenossenschaften usw.),
– des Eigentums gesellschaftlicher Organisationen,
– des Eigentums in Gestalt der privaten Hauswirtschaft der Genossenschaftsbauern,
– des Produktionsmitteleigentums kleiner Warenproduzenten im Bereich des Handwerks und des für die Durchführung der Handels- und Dienstleistungsaufgaben erforderlichen Eigentums der privaten Einzelhändler und Gewerbetreibenden sowie
– des persönlichen Eigentums der Bürger an Konsumgütern

verbunden ist.

Die Untersuchung der mit diesen vielgestaltigen Eigentumsbeziehungen verbundenen Fragestellungen, besonders der Spezifik des Aneignungsprozesses ist eine für die bewußte Gestaltung der sozialistischen Produktionsverhältnisse bedeutsame Forschungsaufgabe. Im Mittelpunkt steht dabei die Entwicklung des gesellschaftlichen Eigentums an den Produktionsmitteln in seinen beiden Formen und unter strikter Beachtung der führenden Rolle des gesamtgesellschaftlichen Volkseigentums.

Die Grundrichtung der Entwicklung beider sozialistischer Eigentumsformen an den Produktionsmitteln besteht

- in der erweiterten Reproduktion der materiellen Produktionsbedingungen durch ihre Erneuerung und Erweiterung,
- in der Vertiefung der Planmäßigkeit des Einsatzes des sozialistischen Eigentums zur Verwirklichung des Ziels der sozialistischen Produktion und
- in der Entwicklung der aktiven Rolle der Werktätigen beim hocheffektiven Einsatz des gesellschaftlichen Eigentums durch Entwicklung der sozialistischen Demokratie und Vervollkommnung des demokratischen Zentralismus in der Wirtschaftsführung.

Die systematische Vervollkommnung und Erweiterung der Produktionsfonds auf der Grundlage der sozialistischen Akkumulation zeigen die Tabellen 3 und 4:

Tabelle 3

*Zuwachs der Grundmittel (in Milliarden Mark)**

Jahre	Volkswirtschaft insgesamt	darunter produzierende Bereiche
1950–1960	56	41
1960–1970	142	114
1970–1980**	264	228

* Berechnet nach dem Statistischen Jahrbuch der DDR 1975, Berlin 1975, S. 14.
** Berechnet nach Direktivzahlen des IX. Parteitages der SED.

Tabelle 4

*Durchschnittliche jährliche Wachstumsrate des durchschnittlichen Grundmittelbestands je Berufstätigen (in %)**

Jahre	Land- und Forstwirtschaft	Industrie
1955–1960	8,2	2,1
1960–1965	9,9	6,3
1965–1970	8,3	4,4
1970–1973	8,3	4,2
1973–1974	6,7	6,1
1974–1975**	5,6	6,1

* Berechnet nach dem Statistischen Jahrbuch der DDR 1976, Berlin 1976, S. 44.
** Vorläufige Angaben.

Der Entwicklungsweg und die langfristigen Perspektiven des genossenschaftlichen Eigentums in der Landwirtschaft sind in den neuen Musterstatuten der LPG Pflanzen- bzw. Tierproduktion für die gesamte Etappe der Gestaltung des entwickelten Sozialismus vorgezeichnet. Diese Musterstatuten sind äußerst bedeutungsvoll für die Entwicklung der Klasse der Genossenschaftsbauern und ihre weitere Annäherung an die Arbeiterklasse.

Die LPG sind eine grundlegende sozialökonomische Betriebsform in der Landwirtschaft. Sie besitzen umfangreiche Entwicklungsmöglichkeiten und die Voraussetzungen für die Lösung aller Aufgaben zur Entwicklung der landwirtschaftlichen Produktion, zur umfassenden Nutzung des wissenschaftlich-technischen Fortschritts, zur Einführung industriemäßiger Produktionsmethoden, zur Fortführung der Konzentrations- und Spezialisierungsprozesse sowie zur umfassenden und systematischen Vervollkommnung der Arbeits- und Lebensbedingungen.

Da besonders in den Bereichen der Pflanzenproduktion in wachsendem Maße gemischte Kollektive aus Genossenschaftsbauern und Arbeitern entstanden waren, ergab sich die Notwendigkeit einer klaren Bestimmung der Rolle und Stellung der Arbeiter, deren Zahl in den Pflanzenproduktionsbetrieben bei etwa 45 000 liegt. Die Musterstatuten entsprechen diesem auch für die Entwicklung des Eigentümerbewußtseins wesentlichen Erfordernis. Die in den LPG tätigen Arbeiter sind als gesellschaftliche Eigentümer von Produktionsmitteln, die der ganzen Gesellschaft gehören, gleichberechtigte Mitarbeiter der Genossenschaften. Sie haben die gleichen Entscheidungsrechte und die gleichen Rechte, in genossenschaftliche Gremien gewählt zu werden.

Der Prozeß der Annäherung beider Eigentumsformen wird vor allem sichtbar in der vollständigen Nutzung der potentiellen Möglichkeiten des genossenschaftlichen Eigentums, im weiteren wirtschaftlichen Aufschwung der Genossenschaften. Dieser Aufschwung wird charakterisiert

- durch die Annäherung des Niveaus der materiell-technischen Basis der Landwirtschaft an die der sozialistischen Industrie,[53]
- durch die Einführung industriemäßiger Produktionsmethoden – eingeschlossen moderne Methoden der Leitung und Arbeitsorganisation,
- durch die Vertiefung der Produktionsbeziehungen zwischen Genossenschaften und Industriebetrieben und
- durch die Herausbildung einer vielseitigen Kooperation zwischen genossenschaftlichem und Volkseigentum.

Wie sich in der bisherigen Entwicklung die materiell-technische Basis der Landwirtschaft im Verhältnis zu der der Industrie entwickelte, zeigen die folgenden Zahlen:

Von 1955 bis 1975 stieg die Grundfondsausstattung in der Industrie insgesamt auf 240,7 Prozent, in der Land- und Forstwirtschaft aber auf 502,6 Prozent. Die jahresdurchschnittlichen Zuwachsraten lagen bei 4,5 Prozent bzw. 8,4 Prozent. Betrug die Grundfondsausstattung der landwirtschaftlichen Arbeit 1955 nur etwa ein Drittel des Umfangs in der Industrie, hat sie sich gegenwärtig schon auf etwa zwei Drittel erhöht. Der durchschnittliche Grundmittelbestand je Berufstätigen beträgt zum Beispiel in den KAP etwa 80 000 bis 100 000 Mark, in den ACZ 150 000 bis 200 000 Mark und in der industriellen Tierproduktion 200 000 bis 600 000 Mark. Als Folge dieser Entwicklung ergab sich eine zunehmende Ablösung der Handarbeit durch Maschinenarbeit.

Auf der Grundlage der oben erwähnten Annäherungsprozesse vollzieht sich auch der Annäherungsprozeß zwischen Arbeiterklasse und Genossenschaftsbauern. Es wird wesentlich dadurch gefördert, daß

- „mit der Ausweitung der gesellschaftlichen Arbeitsteilung die Reproduktion des genossenschaftlich-sozialistischen Eigentums nur in verschiedenen Formen der Kooperation, im Zusammenwirken immer größerer Kollektive sowie in enger Verflechtung mit dem Volkseigentum möglich ist;
- mehr und mehr Arbeiter und Genossenschaftsbauern unmittelbar in Arbeits- und Produktionsprozessen zusammenwirken;
- sich die Lebensbedingungen in den Dörfern zunehmend verbessern und denen der Städte annähern;
- dieser Prozeß unter der Führung der SED auf dem Boden der marxistischen-leninistischen Weltanschauung und der Ideale der Arbeiterklasse planmäßig vorangeführt wird.

Diese Entwicklung ist untrennbar verbunden mit der weiteren Entfaltung der sozialistischen Demokratie, mit der immer umfassenderen Einbeziehung der Genossenschaftsbauern in die Leitung und Planung gesellschaftlicher Prozesse, die weit über den Rahmen ihrer Betriebe und kooperativen Einrichtungen hinausreichen."[54]

Die Vervollkommnung der sozialistischen Produktionsverhältnisse geht einher damit, auch den Handwerkern und Gewerbetreibenden günstige Entwicklungsperspektiven zu bieten, „ihre Kräfte und Fähigkeiten im Interesse der Gesellschaft anzuwenden, am Aufbau der neuen Gesellschaft aktiv mitzuwirken und eine entsprechende Vergütung für ihre Arbeit zu erhalten"[55]. Das Programm bekräftigt als einen Grundsatz der Politik der Partei: „Das private Handwerk wird planmäßig gefördert und in die Lösung der Versorgungsaufgaben einbezogen."[56]

Dementsprechend sind die nach dem IX. Parteitag erlassenen Gesetze und Verordnungen darauf gerichtet, das Leistungsvermögen der Handwerker und Gewerbetreibenden im Sinne der Hauptaufgabe zum Wohle der gesamten Bevölkerung zu erhöhen. Sie haben zu einer spürbaren Steigerung der versorgungswirksamen Leistung dieser Schichten geführt.

10. *Die weitere Entwicklung des sozialistischen Charakters der Arbeit* ist Bestandteil der Weiterentwicklung sozialistischer Produktionsverhältnisse. Die Vergesellschaftung der Produktion und der Arbeit führt mit Notwendigkeit zur weiteren Entwicklung des sozialistischen Charakters der Arbeit. Diese Wirkung ergibt sich objektiv aus der Dialektik, die zwischen der Entwicklung der Produktivkräfte und dem Vergesellschaftungsgrad der Produktion besteht. Zugleich bedeutet das, daß sich die sozialistische Arbeit als *kooperative Arbeit* assoziierter Produzenten entfaltet, die durch das gesellschaftliche Eigentum an den Produktionsmitteln vereinigt sind. „Die Sozialistische Einheitspartei Deutschlands geht davon aus, daß die Arbeit die wichtigste Sphäre des gesellschaftlichen Lebens ist. Sie setzt sich dafür ein, daß der sozialistische Charakter der Arbeit allseitig ausgeprägt wird. Die Arbeitsbedingungen sind planmäßig so zu gestalten, daß sie Arbeitsfreude, Einsatzbereitschaft und Schöpfertum sowie das Streben der Werktätigen nach Ordnung, Sicherheit und Disziplin fördern."[57]

Der Entwicklungsprozeß der sozialistischen Arbeit führt auf dieser Grundlage objektiv zur weiteren Ausprägung ihres unmittelbar gesellschaftlichen und ihres schöpferischen Charakters. Diese Merkmale sozialistischer Arbeit sind unvereinbar mit unrationellen Arbeitsprozessen, mit Vergeudung von Arbeitszeit und Material und mit sorglosem Umgang mit der dem Werktätigen anvertrauten Produktionstechnik, weil unmittelbar gesellschaftlich arbeiten vor allem bedeutet: auf Rechnung und Kontrolle der Gesellschaft zu produzieren. Diese Merkmale sind ebenso unvereinbar mit mangelnder Qualität oder nicht bedarfsgerechter Produktion, weil nicht absetzbare Waren weder ökonomisch noch sozial positive Effekte zeitigen.

Die Entwicklung des sozialistischen Charakters der Arbeit ist aufs engste verbunden mit der Entwicklung des Bewußtseins der Werktätigen. „Die Einstellung, das Verhältnis des Menschen zur Arbeit charakterisiert seine Ideale und sein Streben am deutlichsten, das heißt, sie ist der zusammenfassende Ausdruck der politischen, sozialen und geistigen Reife der Mitglieder der Gesellschaft. Das Bedürfnis nach Arbeit kann nicht plötzlich, durch eine Einzelmaßnahme, durch eine kurzfristige Kampagne geweckt werden. Dazu bedarf es systematischer ökonomischer, organisatorischer und erzieherischer Arbeit."[58]

Die sozialistische Einstellung zur Arbeit und zum sozialistischen Eigentum ist nicht zu trennen von der Festigung der Arbeitsdisziplin. Die Werktätigen sind im Sozialismus

Herren ihres Landes, Eigentümer der Produktionsmittel und Produzenten zugleich. Nur sie können in den Genuß der Resultate der gesellschaftlichen Arbeit kommen, die nur sie erzeugen können, was ein hohes Verantwortungsbewußtsein für den Kooperationspartner, für alle anderen Werktätigen in der Volkswirtschaft erfordert. Dazu sind tiefere Einsichten in ökonomische und gesellschaftliche Zusammenhänge sowie die materielle und moralische Anerkennung ehrlicher, gewissenhafter Arbeit entsprechend dem Leistungsprinzip notwendig. Zugleich ist strenger und anspruchsvoller gegenüber jenen vorzugehen, die gegen die Disziplin verstoßen.

Diese gewachsenen Anforderungen an die Disziplin ergeben sich aus dem fortschreitenden Vergesellschaftungsprozeß, in dem die Verflechtung immer enger und die gegenseitige Abhängigkeit zwischen den Wirtschaftseinheiten und -bereichen und den Produktionsarten immer größer werden. Die neuen Dimensionen von Technik und Technologie, der zunehmende Anlagencharakter der Produktionstechnik, die wachsende Fondsausstattung pro Kopf der Beschäftigten erfordert hohe Disziplin, da jede Verletzung der Arbeits-, Planungs- und technologischen Disziplin hohen Schaden anrichten würde. Die volle Nutzung der Arbeitszeit und ihre Einsparung haben heute eine enorme Bedeutung erlangt. Deshalb ist gegen vermeidbare Ausfallzeiten und Arbeitsbummelei eine beharrliche politisch-ideologische Erziehungsarbeit zu leisten. Auch die Gewerkschaften wirken als eine große Kraft, um die Arbeitsdisziplin in allen Arbeitsbereichen zu stärken, um durch wirksame materielle und moralische Stimulierung, durch kameradschaftliche Kritik und Selbstkritik, durch die tagtägliche Einwirkung des Kollektivs ein hohes Verantwortungsbewußtsein zu erreichen.

Der Arbeitsprozeß ist das entscheidende Feld der Bewährung sozialistischer Persönlichkeiten, die sich vor allem im Arbeitskollektiv entwickeln. Deshalb ist im Arbeitskollektiv eine wirkungsvolle und systematische ideologische Arbeit zu leisten.

Ein bedeutendes Instrument für die weitere Entwicklung und Festigung des sozialistischen Charakters der Arbeit und für die Ausprägung der Persönlichkeit sozialistischer Werktätiger ist das entsprechend dem Entwicklungsstand der Gesellschaft neu ausgearbeitete Arbeitsgesetzbuch. Es vereinigt die Regelungen der weiteren Entfaltung der sozialistischen Demokratie im Arbeitsprozeß mit den Regelungen zur sozialen Sicherung der Werktätigen und den Festlegungen zur Förderung des Schöpfertums und der Initiative einschließlich der Fragen der Arbeitsdisziplin und der Aufgabennormen für die Leitungen und die Werktätigen, die auf den perspektivischen Zielstellungen des Parteiprogramms beruhen. Die Entwicklung des sozialistischen Charakters der Arbeit bedingt vor allem die Veränderung der konkreten Arbeitsinhalte im Prozeß des wissenschaftlich-technischen Fortschritts und die systematische Verbesserung der Arbeitsbedingungen.[59] Immer stärker werden – gemeinsam mit der materiellen und moralischen Stimulierung der Arbeit – progressive Arbeitsinhalte zu einem bedeutsamen Arbeitsmotiv. Dabei verlangt die soziale Orientierung der materiell-technischen Basis, daß die künftige Produktionstechnik fortschrittliche Arbeitsbedingungen, Förderung der Persönlichkeitsentwicklung des Produzenten und der Kollektive im Arbeitsprozeß mit umweltfreundlichem Charakter der Technik vereint und daß diese Technik eine hohe Produktivität und Effektivität gewährleistet.

Auf die Entwicklung des sozialistischen Charakters der Arbeit wirken ein:

- sozialistische Lösungen des wissenschaftlich-technischen Fortschritts bei wachsendem Grad der Mechanisierung und Automatisierung, um Arbeitsfreude und Produktivitätsstreben zu erhöhen,

- die Verwirklichung der Prinzipien der wissenschaftlichen Arbeitsorganisation (WAO), besonders die sozialistische Art und Weise der Arbeitsteilung und Kooperation,
- die Verringerung der technisch-ökonomischen Unterschiede zwischen den Bereichen der Volkswirtschaft,
- die sichere Technik, die Verringerung körperlich schwerer Arbeit und der Rückgang gesundheitsschädigender Arbeitsprozesse,
- die zunehmende Qualifikation und Hebung des allgemeinen Bildungsniveaus sowie die Verringerung der Unterschiede im Bildungs- und Qualifikationsniveau,
- die Erhöhung des geistig-schöpferischen Anteils in der Arbeit und die wachsende Teilnahme an der gesellschaftlichen Leitung.

Diese Prozesse fördern die Leistungsbereitschaft und das Schöpfertum der Werktätigen, um die Arbeitsproduktivität und Effektivität der Produktion zu erhöhen. W. I. Lenin fordert einen bewußten und massenhaften Vormarsch zu einer höheren Arbeitsproduktivität mit den dem Sozialismus gemäßen Mitteln. „Der Sozialismus muß *auf seine Art*, mit seinen Methoden – sagen wir konkreter, mit *sowjetischen* Methoden – diesen Vormarsch verwirklichen.“[60]

Im Kapitalismus führen wissenschaftlich-technischer Fortschritt und Rationalisierung zum Anwachsen der Profite, nicht aber zur grundlegenden Verbesserung der Arbeitsbedingungen. Ausbeutung, brutaler Druck der Unternehmer, einseitige manuelle Tätigkeit, hohe physisch-nervliche Belastungen, zunehmender Lärm, Zeitdruck und enorm hohes Arbeitstempo durch ausgeklügelte Arbeitsorganisation setzen der Persönlichkeitsentwicklung der Werktätigen Schranken. Trotz fortschreitender Mechanisierung und des damit verbundenen Rückgangs schwerer körperlicher Arbeit hat infolge wachsender Arbeitsintensität die Unfallgefährdung ständig zugenommen. Jahr für Jahr gibt es in der BRD 2,5 Millionen Unfälle und Fälle von Berufskrankheiten. Fast jeder zehnte Erwerbstätige erleidet also während der Arbeit einen Unfall. Jährlich etwa 6000 Tote im Arbeitsprozeß weist die Statistik aus. Etwa 300 000 Beschäftigte müssen jährlich aus gesundheitlichen Gründen vorzeitig aus dem Arbeitsleben ausscheiden. Ein besonderes Feld der Schädigung des Menschen in der kapitalistischen Arbeitswelt stellen die zunehmenden Berufskrankheiten dar. Aus Angst um den Arbeitsplatz unterlassen es außerdem viele Werktätige, ernsthafte Krankheiten zu kurieren. Immer stärker werden in kapitalistischen Ländern Anklagen laut, die sich gegen die Folgen der Profitwirtschaft richten und die durch das Kapital organisierte massenhafte Vergeudung von menschlicher Arbeitskraft, von Rohstoffen und Gütern aller Art, den schrankenlosen Raubbau an natürlichen Bodenschätzen und die wachsende Zerstörung der Umwelt anprangern.

11. *Die weitere Entwicklung des sozialistischen Wettbewerbs* steht in untrennbarem Zusammenhang mit dem sich weiter entwickelnden sozialistischen Charakter der Arbeit. Dem sozialistischen Wettbewerb kommt bei der Vervollkommnung der sozialistischen Produktionsverhältnisse große Bedeutung zu. Das Programm der SED hebt den sozialistischen Wettbewerb als Methode zur Erfüllung und gezielten Übererfüllung der Planaufgaben und als wesentlichen Bestandteil der sozialistischen Demokratie hervor, der für die Entwicklung der Persönlichkeit und des Kollektivismus von entscheidender Bedeutung ist.

Der hervorragende Rang des sozialistischen Wettbewerbs für die Realisierung der ökonomischen Aufgaben und seine Bedeutung bei der sozialen Entwicklung der Persönlichkeit und des Kollektivs erhöhen sich mit fortschreitender Entwicklung der Gesellschaft. Er ist eines der entscheidenden Wirkungsfelder der kameradschaftlichen Zusammenarbeit und gegenseitigen Hilfe zwischen den Werktätigen und prägt in großem Umfange den spezifischen Charakter der Kooperationsbeziehungen im Arbeitsprozeß innerhalb des Betriebes und in wachsendem Maße auch zwischen den Kollektiven unterschiedlicher Betriebe.

Ein spezifisches Wirkungsfeld zur Entwicklung der Klassenbeziehungen findet der sozialistische Wettbewerb im engen kooperativen Zusammenwirken von Arbeiterklasse und Intelligenz bei der konsequenten Verwirklichung des wissenschaftlich-technischen Fortschritts. Der sozialistische Wettbewerb als Kern der Bewegung „sozialistisch arbeiten, lernen und leben" ist nicht mit dieser Bewegung insgesamt zu identifizieren. Als Hauptinstrument der Arbeiterklasse bei der bewußten Ausnutzung der ökonomischen Gesetze zur Erfüllung und gezielten Überbietung der Pläne gibt die Stellung im Wettbewerb und die Abrechnung der Leistungen im Wettbewerb die Hauptantwort, aber nicht die einzige Antwort auf die Frage, ob das Kollektiv den Titel errungen oder erfolgreich verteidigt hat.

Die Entwicklung des sozialistischen Wettbewerbs zeigt sich bei der weiteren Gestaltung des entwickelten Sozialismus besonders in seinem zunehmenden Massencharakter und seinem Übergreifen auf Bereiche, die ihm bisher wenig oder gar nicht zugänglich waren. Deshalb forderte der 9. FDGB-Kongreß die Erforschung seiner Spezifik in den verschiedenen gesellschaftlichen Sphären. Sie zeigt sich weiter in einem hohen Niveau der Gegenpläne als konstituierendes Element der Verbindung von Plan und Wettbewerb in neuer Qualität und in der Sicherung der Reserven für die volle Entfaltung des Wettbewerbs, in der Orientierung verschiedener Berufsgruppen auf das Endprodukt, was die komplexe Führung des Wettbewerbs zwischen allen am Finalprodukt beteiligten Betrieben voraussetzt und damit zu einer neuen Stufe des komplexen Wettbewerbs führt. Auch in der Vielzahl differenzierter Methoden der Wettbewerbsführung, die besonders seit dem VIII. Parteitag entstanden, wird die Entwicklung des sozialistischen Wettbewerbs sichtbar. Diese Vielfalt ist wesentlich für die Berücksichtigung der jeweiligen spezifischen Bedingungen, für den Kampf gegen Schematismus und Schablone.

Die Entschließung des 9. FDGB-Kongresses forderte hinsichtlich der weiteren Entwicklung des sozialistischen Wettbewerbs die

- Sicherung der Vielfalt und schöpferische Neuerertätigkeit bei Anwendung aller progressiven Erfahrungen und Wettbewerbsmethoden;
- konsequente Verwirklichung der Leninschen Wettbewerbsprinzipien;
- Ableitung der Schwerpunkte des sozialistischen Wettbewerbs aus den Schwerpunktaufgaben der Intensivierung bei konsequenter Konzentration auf den wissenschaftlich-technischen Fortschritt;
- Vertiefung der sozialistischen Gemeinschaftsarbeit zwischen der Arbeiterklasse und Intelligenz zur Förderung des wissenschaftlich-technischen Fortschritts;
- umfassende Entwicklung der Neuerertätigkeit als wichtiges Instrument der Beschleunigung des wissenschaftlich-technischen Fortschritts;
- Orientierung aller Formen der Masseninitiative auf eine hohe Qualität der Erzeugnisse, bessere Auslastung der Grundfonds und sparsamsten Umgang mit Material und Energie sowie
- bessere Nutzung des gesellschaftlichen Arbeitsvermögens durch zielgerichtete Anwendung der wissenschaftlichen Arbeitsorganisation.[61]

Bei der Diskussion um die qualitative Weiterentwicklung des sozialistischen Wettbewerbs spielen die Fragen seiner Leitung und Planung eine bedeutende Rolle. Dabei wird als Prämisse für die Erreichung einer neuen Qualität der Wettbewerbsführung gesetzt, die für die Leitung der Produktion und der gesamten Gesellschaft gültigen Prinzipien, besonders den demokratischen Zentralismus, das Leistungsprinzip und die Einheit von materieller und moralischer Stimulierung in vollem Maße auch auf den sozialistischen Wettbewerb anzuwenden. Die Leitung des sozialistischen Wettbewerbs schließt unmittelbar ein, die Abstimmung der Wettbewerbsvorhaben mit den Kooperations- und Vertragspartnern auf die gleiche Weise vorzunehmen wie die Abstimmung der Planaufgaben. Der Wettbewerb kann mit hoher Wirksamkeit nur noch geführt werden, wenn er über Betriebsgrenzen, vielfach auch schon über Ländergrenzen hinaus mit den Integrationspartnern abgestimmt und koordiniert ist.

Aus den Erfahrungen der Wettbewerbsführung seit dem IX. Parteitag ergeben sich eine Reihe von Schlußfolgerungen zur Verbesserung der Leitungstätigkeit im Interesse einer hohen Wirksamkeit der Masseninitiative. So kommt es darauf an,

- aussagefähige Leitungsunterlagen über den ökonomischen Nutzen einzelner Wettbewerbsformen und Initiativen zu schaffen, damit die wirksamsten Formen ermittelt, eine uneffektive Breite und Vielfalt innerhalb eines Bereichs vermieden und jeder Formalismus noch besser bekämpft werden kann;
- die erforderlichen materiell-technischen und organisatorischen Bedingungen zu schaffen, damit die ökonomischen Ergebnisse des Wettbewerbs nicht durch negative Faktoren an gleicher oder anderer Stelle im Betrieb kompensiert werden;
- die Vergleichbarkeit und Bewertbarkeit der Wettbewerbsergebnisse zu verbessern, noch bestehende Schwierigkeiten bei der differenzierten Bewertung von Einzelverpflichtungen zu überwinden und die Übertragung der Erfahrungen der besten besser zu beherrschen;
- die exakte Leistungsbewertung auf der Grundlage aussagefähiger und handhabbarer Kriterien mit Hilfe eines wohldurchdachten Systems der materiellen und moralischen Anerkennung zu einem wirksamen Stimulator neuer Initiativen zu machen.

Die Aufgabe der gesellschaftswisesnschaftlichen Forschung kann nicht nur darin bestehen, die vielfältigen konkreten Formen der Masseninitiative zu erfassen, obwohl das im Interesse ihrer massenhaften Anwendung äußerst wichtig ist. Die Forschung hat sich auch auf den Zusammenhang von sozialistischem Wettbewerb und Intensivierung der gesellschaftlichen Produktion, die Beschleunigung des wissenschaftlich-technischen Fortschritts und die wissenschaftliche Arbeitsorganisation zu konzentrieren.

Der sozialistische Wettbewerb ist von großer Bedeutung für das wirkungsvolle Funktionieren des Systems der Leitung, Planung und Stimulierung. Bekanntlich besteht eine bedeutsame Voraussetzung für die Entfaltung des sozialistischen Wettbewerbs in seiner organischen Verbindung mit dem System der Volkswirtschaftsplanung, wobei die Bilanziertheit der volkswirtschaftlichen Entwicklung besonders hervorzuheben ist. Bei der Erforschung dieses Hauptprozesses der Vervollkommnung der sozialistischen Produktionsverhältnisse sind die konkreten Wechselbeziehungen zwischen Produktivkräften und Produktionsverhältnissen und zwischen diesen und dem gesellschaftlichen Überbau, bezogen auf die Entfaltung der Masseninitiative und der sozialistischen Demokratie, zu untersuchen.

In der UdSSR wurden Vertreter von Theorie und Praxis aufgefordert, „die Theorie des sozialistischen Wettbewerbs weiter auszuarbeiten und seine Praxis zu verallgemeinern“[62].

12. *Die weitere Entwicklung und Gestaltung der sozialistischen Verteilungsverhältnisse*

beruht auf der bewußten Ausnutzung der ökonomischen Gesetze des Sozialismus und ist darauf gerichtet, die Einheit von Wirtschafts- und Sozialpolitik zu verwirklichen.

Mitunter wird die Distribution auf die Verteilung der für die Konsumtion bestimmten Resultate der Produktion reduziert. Der Verteilungsprozeß erschöpft sich jedoch nicht in der Verteilung des Konsumtionsfonds. Es geht um die Verteilung der Arbeitskräfte und Produktionsmittel auf die Zweige und Bereiche der gesellschaftlichen Produktion sowie um die Verteilung der Ergebnisse der Arbeit auf die verschiedenen Klassen und Schichten der Gesellschaft und deren Mitglieder entsprechend dem Leistungsprinzip sowie nach sozialen Gesichtspunkten.

Als Bindeglied zwischen Produktion und Konsumtion ist die rationelle Verteilung und der effektive Einsatz der Produktionsmittel sowie die richtige Verteilung der Geldfonds zur Realisierung der Produktions- und Konsumtionsmittel von großer Bedeutung. Vielfältige Fragen nach der Verteilung der Arbeitskräfte und der Produktionsmittel auf die Zweige, Bereiche und Betriebe der Volkswirtschaft werden in der Direktive zur Entwicklung der Volkswirtschaft der DDR 1976–1980 beantwortet. Die planmäßige Gestaltung der Wirtschaft des entwickelten Sozialismus erfordert optimale Proportionen, die das rasche, bilanzierte Wachstum der Volkswirtschaft bei entscheidender Vertiefung der Intensivierung der Produktion und des gesamten Reproduktionsprozesses gewährleisten. Dabei ist das Wechselverhältnis zwischen Akkumulation und Konsumtion von erstrangiger Bedeutung für den ökonomischen und sozialen Fortschritt. Die Akkumulation ist bekanntlich das Ergebnis der Produktion und zugleich die Voraussetzung ihres ununterbrochenen Wachstums, „wichtigste progressive Funktion der Gesellschaft"[63]. Den Akkumulationsprozeß darf man nicht statisch und nur vom Standpunkt der Verwendung des Nationaleinkommens betrachten. Bereits in der Produktion wird im wesentlichen die materielle und finanzielle Struktur der Akkumulation bestimmt, bevor sie – durch Distribution und Zirkulation modifiziert – schließlich im Verwendungsstadium endgültig Gestalt annimmt. Daraus ergibt sich der Unterschied zwischen der Geldakkumulation und der realen Akkumulation.

Beim Aufbau des entwickelten Sozialismus muß die Akkumulation immer mehr zur Quelle der *intensiv* erweiterten Reproduktion werden. Dabei sind die bereits umfangreichen Rationalisierungsinvestitionen noch entschiedener auf das eigentliche Anliegen der Rationalisierung zu konzentrieren: die tatsächliche Erneuerung und Modernisierung der vorhandenen Grundfonds und die Einsparung von Arbeitsplätzen. In der Vergangenheit war der Anteil des Neuzugangs an Ausrüstungen für die extensive Erweiterung der Bestände zu hoch, womit zugleich der Bestand an überalterten Grundmitteln anwuchs.

Die konsequente Sicherung der Übereinstimmung von Leistungsanstieg und stetiger Erhöhung des Volkswohlstandes ist die Basis für die schrittweise Verwirklichung der Maßnahmen, die langfristig die Einkommenspolitik und die Verteilung aus gesellschaftlichen Konsumtionsfonds bestimmen.

Das Programm der SED orientiert darauf, das Arbeitseinkommen der Werktätigen gemäß ihrer Leistung zu mehren. Der Anteil der Arbeiterklasse an der Verteilung des Nationaleinkommens wird sich entsprechend ihrer wachsenden Leistung, ihrer Rolle und Verantwortung weiter erhöhen. Es geht um die konsequente Verwirklichung des Leistungsprinzips. Dieser Zielstellung entspricht eine leistungsorientierte Lohnpolitik.

In der Praxis erweist sich die Einführung der Grundlöhne als Hauptweg zur Verwirklichung der leistungsorientierten Lohnpolitik in den produzierenden Bereichen der Volkswirtschaft der DDR. Die Verwirklichung des sozialistischen Leistungsprinzips ist in der

Gegenwart vor allem dadurch charakterisiert, daß die Werktätigen durch ihre aktive Teilnahme an Rationalisierungsmaßnahmen und durch die wissenschaftliche Arbeitsorganisation die Voraussetzungen für neue Leistungssteigerungen schaffen, die Grundlage für höhere Löhne sind. Bei der Verwirklichung einer leistungsorientierten Lohnpolitik geht es deshalb erstrangig darum, gemeinsam mit den Arbeitern Voraussetzungen für höhere Leistungen zu schaffen und sie durch die Lohngestaltung materiell daran zu interessieren, diese Möglichkeiten voll auszuschöpfen. Deshalb ist die Einführung der Grundlöhne unmittelbar mit dem sozialistischen Wettbewerb für die Erfüllung des Volkswirtschaftsplanes einschließlich des Gegenplanes, besonders mit den Plänen Wissenschaft und Technik sowie mit den Aufgaben zur Steigerung der Qualität und Effektivität der Produktion zu verknüpfen.

Leistungsorientierte Lohnpolitik verlangt insgesamt die stärkere Bindung des Lohnes an die vom einzelnen Arbeitsplatz aus zu beeinflussenden Intensivierungsfaktoren, wie zum Beispiel Sicherung hoher Qualität, größte Sparsamkeit im Umgang mit Material und ähnliches. Sie bedarf deshalb der Bindung an fortschrittliche Normative und Verbrauchsnormen.

Leistungsorientierte Lohnpolitik bedeutet, einen möglichst hohen Anteil des volkswirtschaftlichen Lohnzuwachses konzentriert in jenen Bereichen, Zweigen und Betrieben einzusetzen, die einen maßgeblichen Einfluß auf die Vertiefung der sozialistischen Intensivierung im gesellschaftlichen Maßstab ausüben, einen überdurchschnittlichen Arbeitsproduktivitätszuwachs erbringen, einen hohen Anteil von Schichtarbeit aufweisen, wichtige Export- und Zulieferaufgaben sichern.

Es erweist sich auch als erforderlich, jene Zweige besonders zu berücksichtigen, die im Verhältnis zum Leistungsniveau ein niedriges Lohnniveau haben, sowie die Mindestlöhne und die unteren Einkommen im Zusammenhang mit der wachsenden Leistung schrittweise zu erhöhen. Auch weiterhin bleibt das Arbeitseinkommen die wichtigste Einkommensquelle, wobei die gesellschaftlichen Fonds bei der Erhöhung des Realeinkommens zunehmende Bedeutung erhalten.[64]

Das Leistungsprinzip als Grundprinzip des ökonomischen und sozialen Lebens und der Verteilung im Sozialismus prägt entscheidend alle Maßnahmen und Schritte der Entwicklung der Produktionsverhältnisse. Es führt über lange Perioden zur Annäherung der Arbeitseinkommen zwischen den einzelnen Bereichen der Volkswirtschaft. Auf seiner Grundlage verwirklicht die Wirtschafts- und Sozialpolitik der Partei die folgenden grundlegenden Tendenzen der Vervollkommnung der Verteilungsverhältnisse:

1. *Stetiges Wachstum der Arbeitseinkommen der Werktätigen bei einem gegenüber dem durchschnittlichen Wachstum höheren Tempo in der Entwicklung der unteren Einkommen.*[65] In einem Zeitraum von 20 Jahren hat sich bei einem jahresdurchschnittlichen Wachstum von 4 Prozent das monatliche Arbeitseinkommen mehr als verdoppelt. Es stieg von 439 Mark 1955 auf 897 Mark 1975.[66] Der staatlich garantierte Mindestlohn stieg von 180 Mark im Jahre 1957 auf 350 Mark im Jahre 1971 und 400 Mark ab 1976. Daneben erfolgte ab 1971 mehrfach eine differenzierte Erhöhung der niedrigen Löhne, die 1975 bis zur 500-Mark-Grenze reichte.
2. *Sicherung eines Anteils der Arbeiterklasse an der Verteilung des für die Konsumtion bestimmten Teils des Nationaleinkommens, der ihrem Beitrag zur Schaffung des gesellschaftlichen Reichtums entspricht.* Darin sowie in der Tendenz, auch in den Genossenschaften die gesellschaftlichen Normative der Verteilung mehr und mehr zu

beeinflussenden Größen der Verteilung zu machen, besteht ein spezifischer Aspekt des Annäherungsprozesses der Klassen und Schichten.

3. *Rascheres Wachstum der Verteilung aus gesellschaftlichen Konsumtionsfonds gegenüber den aus Arbeitseinkommen erzielten individuellen Konsumtionsfonds.* Die Verteilung aus gesellschaftlichen Fonds erhöhte sich in den letzten 15 Jahren in der DDR gegenüber den Arbeitseinkommen doppelt so schnell. Diese Dynamik erhöhte sich ab 1970 im Zusammenhang mit der vom VIII. Parteitag beschlossenen Hauptaufgabe weiter. Während die direkten Arbeitseinkommen von 1960 bis 1975 um 80 Prozent wuchsen, nahm die Verteilung aus gesellschaftlichen Fonds um 158 Prozent zu.[67]
4. *Stetige Steigerung des Realeinkommens der Bevölkerung.* Auf der Basis der sozialpolitischen Grundorientierung der Hauptaufgabe sind die leistungsorientierte Lohnpolitik, die Verteilung aus gesellschaftlichen Fonds der Konsumtion und die Stabilität der Preise besonders für Waren des täglichen Bedarfs und Grundnahrungsmittel die wichtigsten Ausgangspunkte für die Entwicklung des Realeinkommens.

13. *Die weitere Entwicklung der Zirkulationsverhältnisse* steht in enger Wechselbeziehung zu allen Phasen des Reproduktionsprozesses. Die Zirkulation ist keine sich passiv an den Produktionsprozeß anschließende Phase. Von ihr gehen aktive Impulse auf die Produktion aus. Die aktive Rolle der Zirkulation ist unter drei Aspekten zu erhöhen. *Erstens* wächst bei fortschreitender Kooperation infolge wachsender Arbeitsteilung und Spezialisierung die Vermittlungsrolle der Warenzirkulation im produktiven Bereich, weil sich die Warenproduktion erhöht, die zur Schaffung des volkswirtschaftlichen Endprodukts des Austauschs zwischen den kooperierenden Produzenten bedarf. Beispielsweise erhöhen sich in starkem Maße die Anforderungen an die Beherrschung des Zirkulationsprozesses in der Folge der Teilung von Pflanzen- und Tierproduktion in selbständige Produktionseinheiten. Hohes Wirtschaftswachstum und Kontinuität des volkswirtschaftlichen Kreislaufs unter den Bedingungen vorwiegend intensiv erweiterter Reproduktion erfordern eine gut funktionierende Versorgung der Volkswirtschaft mit Produktionsmitteln (Produktionsmittelhandel und -direktbezug).

Zweitens wächst die Rolle des Konsumgüterhandels, weil in der Wirtschaft des entwickelten Sozialismus die Wechselbeziehungen zwischen Produktion und Konsumtion immer enger werden, sowohl was die bedarfsgerechte Produktion als auch was die ungeschmälerte Versorgungswirksamkeit der Ergebnisse der Produktion betrifft.

Drittens orientiert das Programm der SED die Außenhandelsorgane darauf, die sozialistische ökonomische Integration zu fördern (die gravierenden Einfluß auf den gesamten Reproduktionsprozeß hat), die planmäßige proportionale Entwicklung der Volkswirtschaft zu unterstützen und durch die Verbesserung der Struktur des Exports und Imports und intensive Marktarbeit die Rentabilität des Außenhandels ständig zu erhöhen.[68]

Eine wichtige Bedingung dafür, daß die Zirkulationsphase ihrer wachsenden Rolle voll gerecht werden kann, ist die bewußte und planmäßige Vertiefung der Arbeitsteilung in dieser Phase selbst. Arbeitsteilung und Spezialisierung, Konzentration von Handels- und Versorgungsfunktionen bei Schaffung eines rationellen Handelsnetzes sind wesentlich dafür, daß der sozialistische Handel seiner hohen Verantwortung für ein qualitäts-, sortiments- und zeitgerechtes Angebot, für erleichterte Einkaufsbedingungen und den weiteren Ausbau des Kundendienstes entsprechen kann. Das erfordert weiter eine enge Zusammenarbeit zwischen Produktions- und Handelsbetrieben, damit solche Konsumgüter produziert und angeboten werden, die in ihren Gebrauchseigenschaften und der modischen Gestaltung dem Bedarf der Bevölkerung entsprechen. Durch Rationalisierung (vor allem durch die Rekonstruktion als komplexen Erneuerungsprozeß vorhandener Fonds) der Lager-, Transport- und Verkaufseinrichtungen ist der Warenumschlag zu beschleunigen.

Auf der Basis der Warenproduktion und -zirkulation entwickelt sich die Geldzirkulation im Sozialismus. Ihre planmäßige Gestaltung dient der finanziellen Vermittlung und Stimulierung der Produktion und des Austausches. Zugleich ist die Geldzirkulation ein wichtiger Indikator des planmäßigen Verlaufs des volkswirtschaftlichen Kreislaufs. Diskontinuität des Produktions- und Reproduktionsprozesses infolge von Defizitpositionen, nicht funktionierender vertraglicher Absatz- und Lieferbeziehungen, mangelhafter Qualität der Produktion usw. führen zur Abwertung der Rolle des Geldes im Reproduktionsprozeß und fördern in nicht wenigen Fällen das Aufkommen einer illegalen Naturalwirtschaft.

14. *Die weitere Vervollkommnung der Konsumtionsverhältnisse* geht aus von der Erkenntnis, daß die Konsumtion keineswegs nur ein unbedeutender Schlußpunkt des Reproduktionsprozesses ist. Die langfristige Planung der Produktion geht vielmehr von der qualitativen und quantitativen Bestimmung der Bedürfnisse der Gesellschaft und ihrer Mitglieder und deren Zusammenfassung in Bedürfniskomplexen aus. Die Bedürfnisse als Ausgangspunkt der Planung sind selbst sowohl quantitativ als auch qualitativ, das heißt bezogen auf die Ausprägung sozialistischer Bedürfnisse und Gebrauchsgewohnheiten, eine sehr dynamische Kategorie. Sie sind untrennbar verbunden mit der Entwicklung der sozialistischen Lebensweise.

Über die Dialektik von Bedürfnissen, Bedarf, Produktion und Konsumtion erweisen sich die Konsumtionsverhältnisse als eine wesentliche innere Quelle der Bewegung der sozialistischen Produktionsverhältnisse. Sie haben großes Gewicht für die Entwicklung der Initiative der Werktätigen in der Arbeit, für die Vermittlung der praktischen Erkenntnis von der Übereinstimmung der persönlichen mit den gesellschaftlichen Interessen.

Vervollkommnung der Konsumtionsverhältnisse als untrennbarer Bestandteil und als ein wichtiger Prozeß der Vervollkommnung der sozialistischen Produktionsverhältnisse verlangt die Berücksichtigung der perspektivischen Entwicklung der Bedürfnisse der Menschen und des erreichten Lebensniveaus auf der Grundlage der sozialpolitischen Strategie der Partei. Sie richtet sich auf die Entwicklung der materiell-gegenständlichen Bedingungen der sozialistischen Lebensweise im Bereich der individuellen Konsumtion, die letztlich durch die Entwicklung der Leistungskraft der Volkswirtschaft bestimmt werden.

Entwicklung der Konsumtion auf der Basis höherer Produktivität und Effektivität der Produktion führt zum Ansteigen des persönlichen Eigentums, nicht nur zum Ansteigen des persönlichen Verbrauchs. Diese Tendenz verstärkt sich in dem Maße, wie die Bedürfnisse der Menschen an Lebens- und Genußmitteln immer vollständiger befriedigt und das Schwergewicht auf die Versorgung mit langlebigen Konsumgütern verlagert wird. Die nähere Untersuchung dieses Wandlungsprozesses erweist sich als wichtiges Problem, das im Interesse einer langfristig abgestimmten Strategie der Bedürfnisentwicklung und -befriedigung intensiver Untersuchung bedarf.

Für die weitere Gestaltung der Konsumtionsverhältnisse sind außerdem folgende Fragen in interdisziplinärer Zusammenarbeit tiefgehender auszuarbeiten:

- Gesetzmäßigkeiten der Bedürfnisentwicklung und das Verhältnis von materiellen und geistigen Bedürfnissen;

- Entwicklung individueller und gesellschaftlicher Formen der Konsumtion sowie Probleme und Bedingungen der Substitution ersterer durch letztere;
- Profilierung der Bedürfniskomplexe und ihre schrittweise Aufgliederung;
- Entwicklung der Konsumtionsgewohnheiten in den verschiedenen Klassen und Schichten, ihre Annäherung unter besonderer Berücksichtigung des Verhältnisses von Stadt und Land;
- Probleme der optimalen Bedürfnisbefriedigung und der wissenschaftlich begründeten Erkenntnis oberer Grenzen der Bedürfnisentwicklung in der jeweiligen Etappe.

Bei der Vervollkommnung der Produktionsverhältnisse geht es stets um die Weiterentwicklung des Systems der Produktionsverhältnisse in seiner Gesamtheit, wobei einzelne Prozesse – wie dargelegt – als besonders bedeutsam hervortreten. Sie wird in ihren Grundzügen dadurch bedingt, daß das ökonomische Grundgesetz des Sozialismus immer besser zur Geltung kommt, daß der wechselseitige Zusammenhang zwischen dem Wachstum der Produktivkräfte der gesellschaftlichen Arbeit auf der einen Seite und der Erhöhung des materiellen und kulturellen Lebensniveaus der Werktätigen auf der anderen Seite in immer größeren Dimensionen, auf immer höherer Stufe und immer spürbarer reproduziert wird.

III. Zur Prognose und Planung der Entwicklung der sozialistischen Produktionsverhältnisse

15. Fragen der Prognostizierung und Planung der gesellschaftlichen Entwicklung als komplexer Prozeß stehen seit langem im Mittelpunkt der Diskussion um die weitere Gestaltung des entwickelten Sozialismus, womit allmählich grundlegende Voraussetzungen für den Übergang zum Kommunismus entstehen. Ein Schwerpunkt liegt darin, „die allseitige Systemanalyse der wirtschaftlichen und sozialen Prozesse, das komplexe Herangehen an die Entwicklung (als) eine der wichtigsten Methoden der Planung und Leitung der Volkswirtschaft“ zu sichern.[69]

Das schließt die Planung der Entwicklungsprozesse des Systems der Produktionsverhältnisse in sich ein, wobei hier eine Tiefe und Komplexität notwendig ist, die der bei der Planung der Entwicklung der Produktivkräfte erreichten nicht nachstehen sollte. „Eine sehr wichtige Aufgabe ist auch auf dem Gebiet Vervollkommnung der langfristigen Planung der sozialistischen Produktionsverhältnisse herangereift. Es müssen Methoden zur Planung ihrer konkreten Veränderungen in den einzelnen Entwicklungsetappen ausgearbeitet werden, was wiederum die Erarbeitung eines Systems quantitativer und qualitativer Kennziffern der Entwicklung der sozialistischen Produktionsverhältnisse voraussetzt.“[70]

Beim Herangehen an die perspektivische Bestimmung der Entwicklung sozialistischer Produktionsverhältnisse sind unseres Erachtens zwei Grundrichtungen zu beachten: Die langfristigen, strategischen Ziele zur Entwicklung der sozialistischen Produktionsverhältnisse sind im Programm der SED und in anderen grundlegenden Dokumenten der Partei festgelegt. Damit ist zugleich die Orientierung für die gesellschaftswissenschaftliche Forschung gegeben, wozu auch die Erforschung der ökonomischen Gesetzmäßigkeiten des allmählichen Hinüberwachsens in den Kommunismus gehört. Ausgehend von dieser programmatischen Aufgabenstellung und der Analyse des erreichten Entwicklungsniveaus der Produktionsverhältnisse, ist es erforderlich, in den Grenzen einer bestimmten

Etappe konkrete Aussagen zur Vervollkommnung des Funktionierens und zur Entwicklung der Produktionsverhältnisse zu erbringen, die stärker als bisher zu quantifizieren und zeitlich zu bestimmen sind. Dabei sind selbstverständlich die Möglichkeiten und Grenzen dieser Aussagen zu bedenken, da sozialistische Produktionsverhältnisse gesellschaftliche Verhältnisse befreundeter Klassen und Schichten sind, die in ihrer Entwicklung größte politische Sorgfalt erfordern, und da ökonomische Beziehungen der Werktätigen und ihre soziale Qualität nicht losgelöst von ihrem Bewußtseinsstand in gleicher Weise direkt geplant werden können wie Erzeugnisgruppen oder Grundfonds. Diese Besonderheit der Planung der sozialistischen Produktionsverhältnisse darf in Theorie und Praxis keinesfalls geringschätzig behandelt werden.

Die Forderung nach Vervollkommnung der Prognostizierung und Planung der sozialistischen Produktionsverhältnisse ergibt sich aus folgenden Faktoren:

Erstens erwächst sie bei der Gestaltung des entwickelten Sozialismus aus der Notwendigkeit einer komplexen und einheitlichen Planung des gesellschaftlichen Reproduktionsprozesses in seiner Gesamtheit. Die erweiterte Reproduktion der Produktionsverhältnisse ist untrennbarer Bestandteil des Reproduktionsprozesses, und deshalb muß sie in dessen Planung organisch eingeschlossen sein. Entwickelter Sozialismus als harmonischer Organismus hängt in seiner Funktionstüchtigkeit wesentlich von einer leistungsfähigen materiell-technischen Basis ab. Der Grad für deren Wirksamkeit und das Tempo ihrer weiteren Gestaltung werden wesentlich von den Produktionsverhältnissen bestimmt. Eine Veränderung in den Produktionsverhältnissen, die nicht fördernd auf die Entwicklung von Produktivität und Effektivität wirkt, hat sich als Fortschrittsprozeß nicht bewährt.

Andererseits sind auch im entwickelten Sozialismus – wie Volkov hervorhob – noch nicht alle sozialen Probleme gelöst. Die entwickelte sozialistische Gesellschaft verkörpert zwar den höchsten Typ der „sozialen Totalität", den die Menschheit bisher erreichte, alle Lebensbereiche entwickeln sich komplex, bedingen einander und stimulieren auf diese Weise den gesellschaftlichen Fortschritt. Voll entwickelte sozialistische Produktionsverhältnisse an sich bedingen aber noch nicht eine entsprechende Lebensweise.[71]

Zweitens gilt die Forderung nach planmäßiger proportionaler Entwicklung aller Gesellschaftsbereiche auch für die Produktionsverhältnisse selbst, da sie als ökonomische Basis der Gesellschaft in Einheit mit den Produktivkräften die materielle Grundlage der Entwicklung der Gesellschaft bilden.

Drittens erlangt eine intensivere Planung der Entwicklungsprozesse der sozialistischen Produktionsverhältnisse besonderes Gewicht wegen der Notwendigkeit systematischer und beständiger Arbeit an der Vervollkommnung des Systems der Leitung, Planung und ökonomischen Stimulierung.

Viertens werden zwar mit der Fünfjahr- und Jahresplanung einzelne quantifizierbare Entwicklungsprozesse der Produktionsverhältnisse mit erfaßt, welche ihre Entwicklung wesentlich mitbestimmen. Ebenso wird bei der Planung komplexer Prozesse und Programme, etwa in Gestalt von Generalbebauungsplänen, territorialen Entwicklungsplänen usw. ein gewisses Spektrum von Gesichtspunkten berücksichtigt, welches unterschiedliche Elemente der Produktionsverhältnisse direkt berührt. Eine langfristige, durch qualitative Zielvorstellungen bestimmte Prognose und Planung der Entwicklung des Systems der sozialistischen Produktionsverhältnisse haben wir aber noch nicht. Objektiv werden dadurch neben geplanten auch unvorhergesehene Entwicklungen in den Produktionsverhältnissen ausgelöst.

Die Auffassungen über die Möglichkeit und Notwendigkeit der Prognostizierung und Planung der sozialistischen Produktionsverhältnisse sind – wie die Diskussion zeigt – nicht einheitlich, wobei sie von der Unmöglichkeit der Planung der Produktionsverhältnisse über die Notwendigkeit ihrer Prognostizierung und Planung bis zur Forderung nach einem eigenen Planteil reichen. Der Meinungsstreit um diese Frage fand bisher zwar vor allem unter den Politökonomen der UdSSR statt. Je mehr aber die Entwicklung der sozialistischen Produktionsverhältnisse bei der weiteren Gestaltung des entwickelten Sozialismus in den Mittelpunkt der Diskussion rückt, offenbaren sich auch in der DDR unterschiedliche Positionen. Wir teilen – wie die Mehrzahl der Politökonomen der UdSSR – den Standpunkt, daß man von der Planbarkeit und von der immer dringlicher werdenden umfassenderen Planung der Entwicklungsprozesse im System der Produktionsverhältnisse ausgehen muß. Das sollte sich allerdings unseres Erachtens als Prozeß der Vervollkommnung der Volkswirtschaftsplanung vollziehen, wobei wir die Forderung nach einem eigenen Planteil nicht teilen.

16. Für die Vervollkommnung und Erweiterung der Planung der sozialistischen Produktionsverhältnisse bedarf es der eingehenden Analyse der Erfahrungen der UdSSR und der anderen Bruderländer sowie jener Erfahrungen, die in der bisherigen Planungspraxis der DDR gesammelt wurden. Die wissenschaftliche Verallgemeinerung dieser Erfahrungen ist Aufgabe der politischen Ökonomie, die auch theoretische Grundlagen für eine künftige Methodik der Prognose und Planung der sozialistischen Produktionsverhältnisse zu liefern hat.

Zu den theoretischen Grundlagen einer solchen Methodik gehören:

- die Erfassung des realen Inhalts des Systems der Produktionsverhältnisse in allen seinen Seiten und Elementen und in deren Wechselwirkung;
- die dialektischen Beziehungen zwischen Produktivkräften und Produktionsverhältnissen, wobei sowohl der wissenschaftlich-technische Fortschritt und seine sozialen Wirkungen als auch der Einfluß der sozialistischen Produktionsverhältnisse auf die gesellschaftliche Art und Weise der Entwicklung und Nutzung der Produktivkräfte weiter zu erforschen sind;
- die tiefere Erkenntnis der inneren Gesetzmäßigkeiten der Entwicklung der Produktivkräfte, der Dialektik zwischen den Elementen der Produktivkräfte, weil mit der weiteren Vervollkommnung der materiell-technischen Basis des Sozialismus mit technischer Notwendigkeit die Arbeitsteilung sich vertieft, die Anzahl und die Kompliziertheit der ökonomischen Beziehungen zwischen den Produktionseinheiten wachsen und erhebliche Veränderungen in den Produktionsverhältnissen hervorgerufen werden.

Allein die Aufzählung dieser theoretischen Ausgangspunkte für Analyse, Prognose und Planung der Entwicklung der sozialistischen Produktionsverhältnisse verdeutlicht die Notwendigkeit intensiver interdisziplinärer Zusammenarbeit.

Welches sind grundlegende Erfahrungen bei der bisherigen Planung verschiedener Seiten der sozialistischen Produktionsverhältnisse?

- Eine grundlegende Erfahrung der Planung bestimmter Seiten der sozialistischen Produktionsverhältnisse besteht in folgendem: Eine von der Entwicklung der Produktivkräfte losgelöste Planung der sozialistischen Produktionsverhältnisse ist nicht möglich. Würde man von den Veränderungen und Entwicklungstendenzen der Produktivkräfte absehen, könnten die Richtungen und Formen der Vervollkommnung der sozialistischen Produktionsverhältnisse kaum aufgedeckt werden, um wiederum eine beschleunigte Entwicklung der Produktivkräfte zu gewährleisten.

- Eine wissenschaftlich begründete Planung der sozialistischen Produktionsverhältnisse in Einheit mit der der Produktivkräfte erfordert eine genaue Analyse der konkreten Wirkungsbedingungen der ökonomischen Gesetze in der jeweiligen Periode sowie der neuen Aspekte in den Erfordernissen der ökonomischen Gesetze. Sowjetische Genossen verweisen darauf, daß die meisten praktischen Schwierigkeiten auf die Tatsache zurückgehen, daß bei der Planung von Erfordernissen der ökonomischen Gesetze ausgegangen wurde, die sich infolge der Veränderung der Wirkungsbedingungen bereits verändert hatten.
- Eine weitere Erfahrung bei der Planung der sozialistischen Produktionsverhältnisse besteht in der Notwendigkeit, die Wechselbeziehungen mit den übrigen gesellschaftlichen Bereichen und allen Elementen des Überbaus sorgfältig zu berücksichtigen, weil davon die wachsende Harmonie der Bewegung der Gesellschaft bestimmt wird.
- Ein unmittelbarer Zusammenhang besteht zwischen der Planung verschiedener Seiten der sozialistischen Produktionsverhältnisse und der planmäßigen Vervollkommnung des Systems der Leitung, Planung und ökonomischen Stimulierung auch hinsichtlich seiner rechtlichen Regelungen. Dabei besteht die Dialektik darin, daß solche Regelungen das jeweils erreichte Entwicklungsniveau verschiedener Seiten der Produktionsverhältnisse nicht nur widerspiegeln und deren Funktionieren sichern, sondern auch die Entwicklungsprozesse in den Produktionsverhältnissen stimulieren. Treffende Beispiele dafür sind die neuen Musterstatuten für LPG der Pflanzen- bzw. Tierproduktion und der Beschluß über die Leistungsbewertung der Betriebc und Kombinate.
- Die Erfahrungen der bisherigen Planung unterschiedlicher Seiten der Produktionsverhältnisse bestätigen, daß es konkreter Kennziffern und Kriterien bedarf, um die Entwicklung und Veränderung innerhalb der Produktionsverhältnisse direkt oder indirekt ausdrücken zu können. Der weitere Ausbau der Planung der sozialistischen Produktionsverhältnisse erfordert deshalb, dieses System von Kennziffern und Kriterien mit quantitativem und qualitativem Aussagevermögen zu erweitern.

Auch in der Vergangenheit wurden wesentliche Entwicklungsprozesse der sozialistischen Produktionsverhältnisse in der Planung erfaßt, und zwar in allen vier Phasen des Reproduktionsprozesses.[72]

Stets waren beispielsweise die Zielstellungen in der Sphäre der Verteilung und der Sphäre der Konsumtion Gegenstand der Planung. Ebenso bekannt sind konkrete Planungen der ständigen Vervollkommnung der Arbeits- und Lebensbedingungen, der erweiterten Reproduktion des gesellschaftlichen Arbeitsvermögens usw. Besonderes Gewicht haben seit längerem direkte Plankennziffern zur Verbesserung der Arbeitsplätze durch Anwendung der wissenschaftlichen Arbeitsorganisation, die Erhöhung des Mechanisierungsgrades und des Automatisierungsgrades der Arbeit, die Verringerung des Anteils körperlich schwerer Arbeit und ähnliches, die direkt mit der Vervollkommnung der materiell-technischen Basis verbunden sind.

Einen Schritt zu größerer Komplexität in der Planung und zu engerer Verbindung von Ziel und Mittel sozialistischer Produktion im Planungsprozeß stellen jene Maßnahmen dar, die in der UdSSR zur Entwicklung der Planung sozialer Prozesse vor mehreren Jahren eingeleitet wurden und seither auf vielfältige Weise erprobt werden. Ähnliche Schritte zur Sicherung einer komplexeren Erfassung sozialer Prozesse in der Planung werden auch in der DDR experimentiert. Mit der Planung sozialer Prozesse werden viele Probleme einer Vertiefung und Erweiterung der Planung der sozialistischen Produktionsverhältnisse unmittelbar berührt, es gibt jedoch keine Identität beider Aufgabenstellungen.

Worin bestehen die Unterschiede zwischen der Planung sozialer Prozesse und der Planung der sozialistischen Produktionsverhältnisse?

Erstens ist die Planung der sozialistischen Produktionsverhältnisse eine Planung ökonomischer Beziehungen und Verhältnisse. Sie umfaßt damit nicht den gesamten Bereich der sozialen Entwicklung, wenn auch die ökonomischen Prozesse darin den wichtigsten Bestandteil bilden. In dieser Beziehung ist die Planung der sozialistischen Produktionsverhältnisse enger als die Planung sozialer Prozesse.

Zweitens erfolgt die Planung der sozialistischen Produktionsverhältnisse von vornherein in allen Ebenen, einschließlich der zentralen staatlichen Planung. Die Planung sozialer Prozesse hingegen ist vor allem auf den Betrieb bezogen und erfaßt in erster Linie die in ihm sich vollziehenden sozialen Prozesse einschließlich der direkten Wechselbeziehung mit dem Territorium. In dieser Beziehung ist die Planung der sozialistischen Produktionsverhältnisse weitgehender als die Planung sozialer Prozesse.

Sowjetische Genossen verweisen darauf, daß diese Unterschiede das Verhältnis zwischen sozialer Planung und Planung der sozialistischen Produktionsverhältnisse für lange Zeit prägen werden. Beide Aufgabenstellungen werden als objektiv aus dem Entwicklungsstand der Gesellschaft begründet bezeichnet. Zwischen beiden bestehen enge Wechselbeziehungen. Auch in der DDR ist mit den Festlegungen der Planungsordnung für die Jahre 1976 bis 1980 eine gegenüber früheren Planperioden höhere Rangordnung der Planung der sozialistischen Produktionsverhältnisse und der Planung sozialer Prozesse erreicht worden. Das bedeutet einen Schritt nach vorn. Ebenso wie bei der Planung der sozialistischen Produktionsverhältnisse wird sich auch in der Sozialplanung im nächsten Zeitabschnitt das Niveau und die Komplexität erhöhen.

Anmerkungen

1 IX. Parteitag der SED, Programm der Sozialistischen Einheitspartei Deutschlands, Berlin 1976, S. 20.

2 E. Honecker, Die sozialistische Revolution in der DDR und ihre Perspektiven, in: Neues Deutschland vom 27. September 1977, S. 4.

3 Ebenda, S. 3.

4 Zu den einzelnen Kriterien der Wirtschaft des entwickelten Sozialismus und den damit verbundenen Grundprozessen wurden durch den Wissenschaftlichen Rat für die wirtschaftswissenschaftliche Forschung seit dem VIII. Parteitag der SED eine Reihe wissenschaftlicher Tagungen durchgeführt, weshalb diese Kriterien hier nur angedeutet werden.

5 XXV. Parteitag der KPdSU. Rechenschaftsbericht des ZK der KPdSU und die nächsten Aufgaben der Partei in der Innen- und Außenpolitik. Berichterstatter: L. I. Breshnew, Berlin 1976, S. 50.

6 Vgl. hierzu auch: A. Antschischkin, Die erweiterte Reproduktion unter den Bedingungen des entwickelten Sozialismus, in: Sowjetwissenschaft, Gesellschaftswissenschaftliche Beiträge, 3/1977, S. 237:
Tatsächlich läßt sich der Übergang zu einem vorwiegend intensiven Typ der erweiterten Reproduktion nicht mit Disproportionen, nicht mit einem Defizit in den Bilanzen der hauptsächlichsten Produktionsmittel und Konsumgüter vereinbaren. Zurückbleiben der Produktion hinter den volkswirtschaftlichen Bedürfnissen bzw. des Angebots hinter der Nachfrage verleitet und drängt die Produktion geradezu, Erzeugnisse von niederer Qualität, mit unzureichendem technischem Niveau und in einem veralteten Sortiment zu liefern. Nur wenn das Verhältnis zwischen den Wirtschaftsgliedern wirklich ausgewogen ist, kann eine im gesamtgesellschaftlichen Sinne uneffektive Erweiterung der Produktion verhindert werden."

7 Politische Ökonomie, Bd. 4, Die sozialistische Reproduktion. Das Hinüberwachsen des Sozialismus in den Kommunismus. Die Gesetzmäßigkeiten der Entwicklung des sozialistischen Weltwirtschaftssystems. Berlin 1974, S. 295/296.

8 Vgl. Sozialistische ökonomische Integration. Grundlagen und Aufgaben. Berlin 1977, S. 95, und Theoretische Fragen der weiteren Vertiefung der sozialistischen ökonomischen Integration der Mitgliedsländer des RGW unter besonderer Beachtung der Probleme der internationalen ökonomischen Organisationen, Thesen, in: Wirtschaftswissenschaft, 4/1977, S. 484/485.

9 K. Marx, Zur Kritik der Politischen Ökonomie, in: Marx/Engels, Werke (im folgenden MEW), Bd. 13, Berlin 1961, S. 640.

10 In der Diskussion über die Zusammenhänge zwischen der Entwicklung der sozialistischen Produktionsverhältnisse in den RGW-Ländern und in ihrer Gemeinschaft gibt es unterschiedliche Auffassungen. Zu den einzelnen Positionen und ihren Hauptvertretern vgl.: Theoretische Fragen der weiteren Vertiefung der sozialistischen ökonomischen Integration ..., ebenda, S. 484/485, Fußnote 5.

11 W. I. Lenin, Der ökonomische Inhalt der Volkstümlerrichtung und die Kritik an ihr in dem Buch des Herrn Struve, in: Werke, Bd. 1, Berlin 1961, S. 424/425.

12 K. Marx, Das Kapital, Erster Band, in: MEW, Bd. 23, Berlin 1962, S. 543, Fußnote 73.

13 K. Marx, Grundrisse der Kritik der Politischen Ökonomie, Berlin 1953, S. 20 (Hervorhebung von Karl Marx).

14 K. Marx, Theorien über den Mehrwert, Dritter Teil, in: MEW, Bd. 26.3, Berlin 1974, S. 497.

15 Vgl. K. Marx, Grundrisse der Kritik der Politischen Ökonomie, ebenda, S. 189; W. I. Lenin, Der ökonomische Inhalt der Volkstümlerrichtung und die Kritik an ihr in dem Buch des Herrn Struve, in: Werke, Bd. 1, ebenda, S. 424.

16 Vgl. W. I. Lenin, X. Parteitag der KPR (B), in: Werke, Bd. 32, Berlin 1975, S. 239.

17 Vgl. E. Honecker, Die sozialistische Revolution in der DDR und ihre Perspektiven, in: Neues Deutschland vom 27. September 1977, S. 3.

18 K. Marx, Grundrisse der Kritik der Politischen Ökonomie, a. a. O., S. 189.

19 Verfassung (Grundgesetz) der Union der Sozialistischen Sowjetrepubliken, in: Presse der Sowjetunion, 42/1977, S. 3.

20 K. Marx, Über P.-J. Proudhon, in: MEW, Bd. 16, Berlin 1962, S. 26/27.

21 Zum grundlegenden Produktionsverhältnis gibt es ebenfalls unterschiedliche Positionen. Die Mehrheit der Politökonomen vertritt den Standpunkt, wonach das Eigentum an den Produktionsmitteln das grundlegende Produktionsverhältnis ist. Andererseits wird die kameradschaftliche Zusammenarbeit und gegenseitige Hilfe der durch das gesellschaftliche Eigentum vereinigten Produzenten als solches betrachtet. Vereinzelt werden auch noch andere Positionen vertreten. So wird zum Beispiel dem sozialistischen Charakter der gesellschaftlichen Arbeit, der unmittelbaren Verbindung der Werktätigen mit den Produktionsmitteln, dem Verhältnis zwischen der Gesellschaft und dem Menschen, der Kollektivität oder der Planmäßigkeit die Rolle des grundlegenden Produktionsverhältnisses zuerkannt.

22 Ausführlich werden die unterschiedliche Rolle dieser Kategorien und ihre Bedeutung im ökonomischen Wachstumsprozeß behandelt von H. Koziolek, Volkswirtschaftliche Effektivität und komplexe Wirkung der Wachstumsfaktoren, in: Einheit, 9/1977, S. 1075–1085.

23 Verfassung (Grundgesetz) der Union der Sozialistischen Sowjetrepubliken, ebenda, S. 4.

24 Zum Verhältnis von Partei und Staat bei der Leitung der Wirtschaft siehe: Autorenkollektiv, Politische Ökonomie und Wirtschaftsleitung, Berlin 1974, S. 22–34.

25 Darüber hinaus betonte Karl Marx: „Die Arbeit der Oberaufsicht und Leitung entspringt notwendig überall, wo der unmittelbare Produktionsprozeß die Gestalt eines gesellschaftlich kombinierten Prozesses hat ... Es ist dies eine produktive Arbeit, die verrichtet werden muß in jeder kombinierten Produktionsweise." in: K. Marx, Das Kapital, Dritter Band, in: MEW, Bd. 25, Berlin 1964, S. 397.

26 Vgl. Autorenkollektiv, Grundlagen des historischen Materialismus, Berlin 1976, S. 244.

27 K. Konnik/W. Lewin, Ökonomische Basis und politischer Überbau in der entwickelten sozialistischen Gesellschaft, in: Sowjetwissenschaft, Gesellschaftswissenschaftliche Beiträge, 6/1975, S. 569/570.

28 Zur Rolle der Planmäßigkeit im System der sozialistischen Produktionsverhältnisse ist die Meinung nicht einheitlich. Sie wird zum Beispiel als ein Produktionsverhältnis neben anderen

definiert. Planmäßigkeit ist aber die spezifische, nur im Sozialismus mögliche und zugleich objektiv notwendige Eigenschaft aller Bestandteile und Elemente des Systems und wesentlichstes Merkmal ihrer Bewegung, weshalb sie unseres Erachtens nicht als ein besonderes Produktionsverhältnis zu betrachten ist.

29 Zur Wirkungsweise des Gesetzes der Übereinstimmung der Produktionsverhältnisse mit dem Charakter und Entwicklungsniveau der Produktivkräfte siehe: Autorenkollektiv, Einführung in die politische Ökonomie des Sozialismus, Berlin 1974, S. 102–111; G. Schulz, Produktivkräfte und sozialistische Produktionsverhältnisse in ihrer Wechselwirkung, in: Einheit, 12/1973, S. 1403–1414.

30 W. I. Lenin, Die nächsten Aufgaben der Sowjetmacht, in: Werke, Bd. 27, Berlin 1960, S. 231.

31 Vgl. W. I. Lenin, Was sind die „Volksfreunde" und wie kämpfen sie gegen die Sozialdemokraten? in: Werke, Bd. 1, Berlin 1961, S. 169 und 170.

32 In der Literatur wird der Begriff der Vergesellschaftung unterschiedlich angewandt, wodurch das Verständnis in der Diskussion und ein zielstrebiges Vorgehen in der gesellschaftswissenschaftlichen Forschung erschwert wird.
In den Werken der Klassiker des Marxismus-Leninismus wird der Begriff der Vergesellschaftung ganz klar einerseits auf die Produktionsmittel und andererseits auf die Produktion und die Arbeit bezogen (was Lenin „tatsächliche Vergesellschaftung" nannte). Man findet in der wirtschaftswissenschaftlichen Literatur der DDR auch solche Formulierungen wie „Vergesellschaftung der Verteilungsverhältnisse", „Vergesellschaftung der Konsumtionsverhältnisse" oder „weitere Vergesellschaftung der Eigentumsverhältnisse". Es zeigt sich stets, daß mit solchen Formulierungen die Entwicklung und Vervollkommnung einer der betreffenden Seiten der sozialistischen Produktionsverhältnisse gemeint ist. Mitunter kommt es zu vereinfachten und einseitigen Darstellungen der weiteren Vergesellschaftung, wodurch der Blick für die Komplexität und Vielgestaltigkeit, aber auch für die Kompliziertheit der damit verbundenen Prozesse verlorengeht.

33 K. Marx/F. Engels, Manifest der Kommunistischen Partei, in: MEW, Bd. 4, Berlin 1959, S. 481.

34 F. Engels, Herrn Eugen Dührings Umwälzung der Wissenschaft („Anti-Dühring"), in: MEW, Bd. 20, Berlin 1972, S. 270.

35 Ebenda, S. 277.

36 W. I. Lenin, Über das Genossenschaftswesen, in: Werke, Bd. 33, Berlin 1962, S. 460.

37 XXV. Parteitag der KPdSU. Rechenschaftsbericht des Zentralkomitees der Kommunistischen Partei der Sowjetunion und die nächsten Aufgaben der Partei in der Innen- und Außenpolitik. Berichterstatter: L. I. Breshnew, Berlin 1976, S. 60.

38 Bericht des Zentralkomitees der Sozialistischen Einheitspartei Deutschlands an den IX. Parteitag der SED. Berichterstatter: Genosse Erich Honecker, Berlin 1976, S. 85.

39 6. Tagung des ZK. Aus dem Bericht des Politbüros an das Zentralkomitee der SED, Berichterstatter: Genosse Gerhard Grüneberg, Berlin 1977, S. 14.

40 Bericht des Zentralkomitees der Sozialistischen Einheitspartei Deutschlands an den IX. Parteitag der SED. Berichterstatter: Genosse Erich Honecker, a. a. O., S. 83.

41 Mit Problemen der Entwicklung und Festigung der Kombinate in der Industrie beschäftigte sich die 22. Tagung des Wissenschaftlichen Rates für die wirtschaftswissenschaftliche Forschung.

42 Der Stand der Kombinatsbildung ist in den einzelnen Zweigen der Industrie unterschiedlich. Im Bereich des Ministeriums für Erzbergbau, Metallurgie und Kali sind alle 43 Betriebe in 7 Kombinaten zusammengeschlossen, im Bereich des Ministeriums für allgemeinen Maschinenbau, Landmaschinen- und Fahrzeugbau gehören alle 193 Betriebe zu insgesamt 17 Kombinaten. Demgegenüber sind zum Beispiel von den 228 Betrieben des Ministeriums für Schwermaschinen- und Anlagenbau 136 in 12 Kombinaten, von den 243 Betrieben des Ministeriums für bezirksgeleitete und Lebensmittelindustrie 48 in 15 Kombinaten und von den 530 Betrieben des Ministeriums für Leichtindustrie 38 Betriebe in 6 Kombinaten zusammengefaßt. Innerhalb der Kombinate gibt es erhebliche Unterschiede bezüglich der zu einem Kombinatsbetrieb gehörenden Produktionsstätten. Besteht ein Kombinatsbetrieb in den Bereichen der Ministerien für Schwermaschinen- und Anlagenbau sowie für Werkzeug- und Verarbeitungsmaschinenbau aus durchschnittlich drei Produktionsstätten, so sind es im Bereich der Ministerien für bezirksgeleitete und Lebensmittelindustrie und des Ministeriums für Leichtindustrie 7 beziehungsweise 8 Pro-

duktionsstätten, die zu einem Kombinatsbetrieb gehören. (Die Zahlen wurden aus Materialien des Zentralinstituts für sozialistische Wirtschaftsführung beim ZK der SED entnommen.)

43 2. Tagung des ZK. Zu aktuellen Fragen unserer Innen- und Außenpolitik nach dem IX. Parteitag. Aus dem Schlußwort des Genossen Erich Honecker, Berlin 1976, S. 34.

44 Ebenda, S. 34/35.

45 Programm der Sozialistischen Einheitspartei Deutschlands, a. a. O., S. 31.

46 Vgl. Statistisches Jahrbuch der DDR 1975, Berlin 1975, S. 176/177.

47 Bericht des Zentralkomitees der Sozialistischen Einheitspartei Deutschlands an den IX. Parteitag der SED. Berichterstatter: Genosse Erich Honecker, a. a. O., S. 65.

48 Vgl. G. Grüneberg, Der IX. Parteitag der SED über die Aufgaben der Land- und Nahrungsgüterwirtschaft sowie die weitere gesellschaftliche Entwicklung auf dem Lande, Berlin 1976, S. 29/30.

49 Ebenda, S. 30.

50 Ebenda, S. 29/30.

51 Vgl. Studienmaterial für die Teilnehmer und Propagandisten des Parteilehrjahres 1975/76, Berlin 1975, S. 234.

52 Bericht des Zentralkomitees der Sozialistischen Einheitspartei Deutschlands an den IX. Parteitag der SED. Berichterstatter: Genosse Erich Honecker, a. a. O., S. 66.

53 Es ist darauf zu verweisen, daß sich dieser Annäherungsprozeß der materiell-technischen Basis der Landwirtschaft an die der Industrie auch im volkseigenen Sektor der landwirtschaftlichen Produktion vollzieht. Das ändert aber nichts daran, ihn als grundlegenden Prozeß der Annäherung beider Eigentumsformen zu charakterisieren.

54 K. Hager, Der IX. Parteitag und die Gesellschaftswissenschaften, Berlin 1976, S. 42/43.

55 Programm der Sozialistischen Einheitspartei Deutschlands, a. a. O., S. 39.

56 Ebenda, S. 30.

57 Ebenda, S. 23/24.

58 R. A. Beloussow, Plan, Interessen und Aktivität der Werktätigen, Berlin 1976, S. 30.

59 Die Arbeitsbedingungen als objektive gesellschaftliche Erscheinung des Produktions- und Arbeitsprozesses sind durch wissenschaftlich-technische, technologische, ökonomische, soziale, natürliche und andere Faktoren geprägt, woraus sich die Komplexität des Problems ergibt. Entscheidenden sozialökonomischen Einfluß auf die Verbesserung der Arbeitsbedingungen üben die sozialistischen Produktionsverhältnisse aus, weshalb soziale Aufgaben, wie Erhalt der Gesundheit, der Leistungsfähigkeit, des Wohlbefindens der Produzenten und ihre Persönlichkeitsentwicklung, Gegenstand der Leitung und Planung sind. Als Konsequenz des ökonomischen Grundgesetzes des Sozialismus beeinflußt die Verbesserung der Arbeitsbedingungen die Ökonomie der lebendigen Arbeit, das Produktivitätsstreben und die Leistungsfähigkeit der Produzenten, das entsprechende Maße der Arbeitsintensität, die bessere Ausnutzung des Arbeitszeitfonds, die Fluktuation als erhebliche Verlustquelle an Effektivität, das Verhältnis zwischen Produktions- und Arbeitszeit, die bessere Auslastung der Grundfonds, den Umfang der Havarien und anderes.

60 W. I. Lenin, Die nächsten Aufgaben der Sowjetmacht, in: Werke, Bd. 27, a. a. O., S. 238.

61 Vgl. Entschließung des 9. FDGB-Kongresses, in: Neues Deutschland vom 23. Mai 1977, S. 3/4.

62 Beschluß des ZK der KPdSU, des Ministerrates der UdSSR, des Zentralrates der Gewerkschaften der Sowjetunion und des ZK des Leninschen Komsomol „Über den sozialistischen Unionswettbewerb zur Erhöhung der Effektivität der Produktion, der Qualität der Arbeit und zur Erfüllung der Auflagen des zehnten Fünfjahrplanes", in: Presse der Sowjetunion, 5/1977, S. 6.

63 F. Engels, Herrn Eugen Dührings Umwälzung der Wissenschaft, („Anti-Dühring"), in: MEW, Bd. 20, a. a. O., S. 290.

64 Vgl. Programm der Sozialistischen Einheitspartei Deutschlands, a. a. O., S. 24.

65 In der weiteren Forschungsarbeit bedarf es intensiver Bemühungen zur Bestimmung eines dem sozialistischen Leistungsprinzip voll entsprechenden Verhältnisses von Annäherung der Einkommen und ihrer Differenzierung nach der Leistung.

66 Vgl. Statistisches Jahrbuch der DDR 1976, Berlin 1976, S. 70.

67 Vgl. dazu und zum Verhältnis von direkten und indirekten Einnahmen aus gesellschaftlichen Fonds: Zu Problemen der Entwicklungstendenzen der sozialistischen Produktionsverhältnisse in der DDR, Berlin 1977, S. 98–102.

68 Vgl. Programm der Sozialistischen Einheitspartei Deutschlands, a. a. O., S. 34.

69 A. Bačurin, Usilenie sistemnogo, kompleksnogo podchoda v planirovanii, in: Planovoe chosjajstvo, 6/1972, S. 18.

70 A. Jeremin/L. Kasakowitsch, Ökonomische Probleme des entwickelten Sozialismus, in: Sowjetwissenschaft, Gesellschaftswissenschaftliche Beiträge, 2/1975, S. 128.

71 Vgl. Merkmale und Besonderheiten des entwickelten Sozialismus. Materialien einer internationalen Forschungsgruppe, in: Probleme des Friedens und des Sozialismus, 1/1975, S. 94.

72 Die gegenwärtige gültige Planungsordnung enthält in den Planteilen „Sozialistische Rationalisierung", „Wissenschaft und Technik", „Arbeitskräfte, Lohn und Bildungswesen" sowie im Planteil „Finanzielle Kennziffern und materielle Stimulierung" eine Vielzahl von Kennziffern, die konkreten Planaufgaben zur Entwicklung wesentlicher Elemente der sozialistischen Produktionsverhältnisse entweder als staatliche Auflage oder als staatliche Aufgabe zum Inhalt haben. Vgl. Anordnung über die Ordnung der Planung der Volkswirtschaft der DDR 1976 bis 1980 vom 20. 11. 1974, in: Gesetzblatt der DDR vom 15. 12. 1974, Sonderdruck Nr. 775 a.

2. Einführungsvortrag

G. Schulz

Einführungsvortrag auf der 23. Tagung des Wissenschaftlichen Rates für die wirtschaftswissenschaftliche Forschung

Zunächst möchte ich mich für die Möglichkeit bedanken, im wirtschaftswissenschaftlichen Rat theoretische wie praktische Aspekte der weiteren Entwicklung sozialistischer Produktionsverhältnisse in der DDR beraten zu können. Immerhin geht es dabei darum, theoretisch tiefer das System sozialistischer Produktionsverhältnisse zu erfassen, sich über die Grundrichtung und die Hauptprozesse der Vervollkommnung sozialistischer Produktionsverhältnisse zu verständigen, die Wechselbeziehungen zwischen ihrer Vervollkommnung und der Entwicklung der Gesellschaft zu untersuchen und die Möglichkeiten einer Prognostizierung und Planung sozialistischer Produktionsverhältnisse zu prüfen. Die Lösung dieser und anderer Fragen erfordert zugleich, die Wechselbeziehungen zwischen Produktivkräften und sozialistischen Produktionsverhältnissen, zwischen diesen und dem gesellschaftlichen Überbau zu untersuchen.

Im Programm der SED wird die Aufgabe gestellt, zur weiteren Gestaltung der entwickelten sozialistischen Gesellschaft „die Produktionsverhältnisse als Beziehungen kameradschaftlicher Zusammenarbeit und gegenseitiger Hilfe zwischen den Werktätigen und zwischen den Arbeitskollektiven weiterzuentwickeln und zu vervollkommnen, die Kollektivität in den gesellschaftlichen Beziehungen zu verstärken".[1]

Genosse Erich Honecker hat in seiner Rede zur Eröffnung des Parteilehrjahres 1977/78[2] die fundamentalen Unterschiede zwischen sozialistischen und kapitalistischen Produktionsverhältnissen herausgearbeitet und für den weiteren Fortgang der Vervollkommnung sozialistischer Produktionsverhältnisse in der DDR eine grundlegende Orientierung gegeben. In seinen Ausführungen wird deutlich, daß die Vervollkommnung sozialistischer Produktionsverhältnisse die Verwirklichung der Einheit von Wirtschafts- und Sozialpolitik, eine entschiedene Vertiefung der Intensivierung als Hauptweg der Leistungssteigerung, vor allem die Beschleunigung des wissenschaftlich-technischen Fortschritts und die umfassende Rationalisierung fördern muß. Die Entwicklung sozialistischer Produktionsverhältnisse als soziale Bewegungsform des Reproduktionsprozesses ist stärker darauf auszurichten, die genannten wirtschafts- und sozialpolitischen Ziele mit hoher Effektivität verwirklichen zu können.

Bei der Erforschung des Gegenstandes unserer Tagung lassen wir uns von den allgemeingültigen Erfahrungen und theoretischen Erkenntnissen der KPdSU und des Sowjetvolkes leiten, die sie beim Aufbau des entwickelten Sozialismus gesammelt haben. Der Sieg des Großen Oktober, die Verteidigung der Sowjetmacht gegen den heftigen Widerstand der gestürzten Ausbeuterklassen und gegen die ausländischen Interventen, die Brechung der Wirtschaftsblockade, der historische Sieg im Großen Vaterländischen Krieg, die sozialistische Industrialisierung und die Kollektivierung der Landwirtschaft, die Kulturrevolution und die Lösung der nationalen Frage, der Aufbau des entwickelten Sozialismus, die Herausbildung des sozialistischen Weltsystems sind überzeugende Beweise für den Triumph der Leninschen Ideen, sind Ruhmestaten des Sowjetvolkes, historische Resultate des revolutionären Schöpfertums der werktätigen Massen.

Die Gesellschaftswissenschaften erhielten aus einer Vielzahl von Aktivitäten aus Anlaß des 60. Jahrestages der Großen Sozialistischen Oktoberrevolution bedeutende Impulse. Besonders hervorzuheben sind der Beschluß des ZK der KPdSU zum 60. Jahrestag der Großen Sozialistischen Oktoberrevolution, die Diskussion zum Entwurf der Verfassung der UdSSR, die Reden des Genossen L. I. Breshnew zur neuen Verfassung sowie zur Festsitzung anläßlich des 60. Jahrestages der Großen Sozialistischen Oktoberrevolution und vor allem die neue Verfassung selbst, deren Schöpfer das Sowjetvolk ist. Das hervorstechendste Merkmal ist die exakte Bestimmung des historischen Platzes des entwickelten Sozialismus und seine theoretisch tiefschürfende Charakteristik.

Nicht nur für die weitere Erforschung sozialistischer Produktionsverhältnisse sind z. B. solche Formulierungen im Verfassungstext von grundlegender Bedeutung, wonach sich der Sozialismus auf seiner eigenen Grundlage entwickelt und das sozialistische Eigentum in Form des staatlichen (dem ganzen Volk gehörenden) sowie des kollektivwirtschaftlichen und anderen genossenschaftlichen Eigentums die Grundlage des Wirtschaftssystems der UdSSR ist. Hervorgehoben werden weiterhin das Ziel der sozialistischen Produktion, die Rolle der Arbeitskollektive und der Arbeit als Quelle des Wachstums des gesellschaftlichen Reichtums und des Wohlstandes des Volkes, das Leistungsprinzip, die materielle Interessiertheit, die sozialökonomischen, politischen und persönlichen Rechte und Freiheiten der Bürger und vieles andere mehr. In seiner Rede zur Verfassung charakterisiert Genosse L. I. Breshnew auch die Entwicklungsetappen des Sozialismus als der ersten Phase der einheitlichen kommunistischen Gesellschaftsformation: Schaffung der Grundlagen des Sozialismus (Übergangsperiode vom Kapitalismus zum Sozialismus), Aufbau des entwickelten Sozialismus und die Etappe seiner Vervollkommnung auf eigener Grundlage, „wobei erst die entwickelte sozialistische Gesellschaft ... die Möglichkeit (gibt), an den kommunistischen Aufbau heranzugehen".[3]

Im Zusammenhang mit dem erreichten Reifestadium in Gestalt des entwickelten Sozialismus hebt Genosse L. I. Breshnew hervor: „Daraus erwächst der volle Spielraum für das Wirken der Gesetze des Sozialismus und für das Hervortreten seiner Vorzüge in allen Bereichen des gesellschaftlichen Lebens."[4] Für die Forschung ergibt sich daraus die Aufgabe, sich vor allem darauf zu konzentrieren, bei der Gestaltung des entwickelten Sozialismus die Vorzüge und Triebkräfte des Sozialismus voll zur Entfaltung zu bringen, womit zugleich wesentliche Grundlagen für den allmählichen Übergang zum Kommunismus geschaffen werden.

Genosse Erich Honecker betonte, daß aus der notwendigen Einstellung der Wirtschaft der DDR auf die Intensivierung sich die „bisher weitreichendste Vervollkommnung des Organismus unserer Volkswirtschaft"[5] ergeben wird. Daraus resultieren für die Erforschung der Produktionsverhältnisse vielfältige Konsequenzen.

Bei der Charakteristik der sozialistischen Produktionsverhältnisse ist die Analyse der Wechselbeziehungen zwischen den Produktionsverhältnissen und der Wirtschaftsleitung unerläßlich, weil im Sozialismus die Vervollkommnung der Produktionsverhältnisse durch die planmäßige Leitung von Wirtschaft und Gesellschaft zu gewährleisten ist. Die planmäßige Leitung ist selbst wiederum von Partei und Staat ständig weiterzuentwickeln, damit sie dem Entwicklungsniveau der Produktivkräfte und der sozialistischen Produktionsverhältnisse entspricht. Darin kommt die grundlegende Aufgabe des sozialistischen Staates zum Ausdruck, die Höherentwicklung der Produktivkräfte und Produktionsverhältnisse und ihre dialektischen Wechselbeziehungen bewußt zu gestalten. Die sozialistischen Produktionsverhältnisse sind also in enger Wechselbeziehung mit der Leitung, Planung und Stimulierung planmäßig zu vervollkommnen. Allerdings gibt es keinen Grund dafür, wegen der neuen ökonomischen und sozialpolitischen Aufgaben des sozialistischen Staates, wegen des engen Wechselverhältnisses von Politik und Ökonomie das Verhältnis von Basis (als Gesamtheit der materiellen Produktionsverhältnisse) und Überbau zu verwischen oder gar dem Staat bei der Lösung ökonomischer Aufgaben den Überbaucharakter und damit den politischen Charakter der Wirtschaftsleitung abzusprechen. Gerade eine solche Vermischung von materiellen Produktionsverhältnissen einerseits und Maßnahmen des Staates als Subjekt der Wirtschaftsleitung andererseits verwischt die Unterschiede von Objektivem und Subjektivem, von Sein und Bewußtsein und fördert den Subjektivismus in der ökonomischen Politik. Subjekt des Wirtschaftens im Sozialismus sind das werktätige Volk und der sozialistische Staat, wobei der Staat als Interessenvertreter des gesamten Volkes fungiert. Näher werden die Wechselbeziehungen zwischen Produktionsverhältnissen und Wirtschaftsleitung in der These 4 behandelt.

Künftig gilt es, die Forschung in folgender Richtung zu verstärken. Als Bewegungs- und Entwicklungsformen der Produktivkräfte haben die sozialistischen Produktionsverhältnisse zu fördern: den wissenschaftlich-technischen Fortschritt, die Höherentwicklung der materiell-technischen Basis des Sozialismus, die Erhöhung der Effektivität und Qualität der Produktion, ausgerichtet auf eine bedarfsgerechte Produktion und entsprechende Endresultate mit hoher Qualität, um eine ständig bessere Befriedigung der materiellen und geistigen Bedürfnisse der Gesellschaft und ihrer Mitglieder zu gewährleisten. Die Produktion von Endresultaten hoher Qualität und die sich daraus ergebenden gravierenden Konsequenzen für den Vergesellschaftungsprozeß werden in der künftigen Forschung als ein besonderes Merkmal der Vergesellschaftung von Produktion und Arbeit hervorgehoben. Die Art und Weise, die Wirksamkeit und das Tempo bei der Lösung dieser Aufgaben werden wesentlich von den Produktionsverhältnissen beeinflußt. Eine Veränderung in den Produktionsverhältnissen, die nicht fördernd auf die Entwicklung von Produktivität und Effektivität zum Wohle des Volkes wirkt, hat sich als Fortschrittsprozeß nicht bewährt.

Allein die in den Thesen hervorgehobenen Hauptrichtungen der Vervollkommnung der Produktionsverhältnisse lassen erkennen, daß es um einen komplizierten Problemkreis äußerst komplexer Natur geht, welcher eine große Anzahl von Aufgaben wissenschaftlich-technischen, ökonomischen, ideologischen, sozialen Charakters umfaßt. Punktuelle Verbesserungen dürften kaum langfristig wirkende Veränderungen erreichen.

Aus der Sicht des heutigen Themas ist die Komplexität gekennzeichnet durch

- die Hauptrichtungen der Vervollkommnung sozialistischer Produktionsverhältnisse, resultierend aus der Dialektik zwischen Produktivkräften und Produktionsverhältnissen,
- die im Zentrum stehenden neuen Anforderungen an den Prozeß der Vergesellschaftung der Produktion und Arbeit,
- die organische Verbindung von Wissenschaft–Technik–Produktion, womit die Entwicklung der Kombinate und der Kooperation insgesamt und die Produktion entsprechender Endresultate verbunden ist,
- die bessere Nutzung der Ware-Geld-Beziehungen, vor allem der Höherentwicklung der wirtschaftlichen Rechnungsführung zur ökonomischen Stimulierung des wissen-

schaftlich-technischen Fortschritts und der Effektivität der Produktion (weil die Vernachlässigung der Wertkategorien im Vergesellschaftungsprozeß und die Aufblähung naturalwirtschaftlicher Beziehungen dafür ungeeignet und bestehenden Engpässen geschuldet sind),

- die Weiterentwicklung der Leitungsmethoden als Einheit von politisch-erzieherischen, ökonomisch stimulierenden und administrativen Methoden und die umfassende Teilnahme der Werktätigen an der Leitung.

Zur Mobilisierung der Vorzüge und Triebkräfte des Sozialismus werden konstruktive Vorschläge erwartet, um wissenschaftlich begründete Impulse zu vermitteln, die sozialistischen Produktionsverhältnisse und alle Ebenen der planmäßigen Leitung weiter zu vervollkommnen. Dabei haben allein Sondermaßnahmen zur Beschleunigung des wissenschaftlich-technischen Fortschritts keine anhaltende Wirkung. Die planmäßige Leitung des wissenschaftlich-technischen Fortschritts muß das Kernstück der Vervollkommnung der Leitung, Planung und Stimulierung werden, wobei die weitere Entwicklung der Leistungsbewertung der Betriebe und Kombinate unerläßlich ist, um eine höhere Wirksamkeit der qualitativen Faktoren des ökonomischen Wachstums zu erreichen und das ökonomische Interesse der Betriebe am wissenschaftlich-technischen Fortschritt wesentlich zu erhöhen. Dabei kommen wir nicht umhin, weiterhin über den Stellenwert der Kennziffer Warenproduktion im Verband der Kennziffern zur Leistungsbewertung nachzudenken (wobei es nicht um ihre Funktion bei der Abrechnung, zur volkswirtschaftlichen Proportionierung u. a. geht). Wenn hier stets auch auf die Vervollkommnung der planmäßigen Leitung hingewiesen wurde, so deswegen, weil Veränderungen in der Leitung, Planung und Stimulierung oft mit Veränderungen in den ökonomischen Verhältnissen in Betrieben und Kombinaten und auf anderen Ebenen der Volkswirtschaft einhergehen.

Anmerkungen

1 Programm der Sozialistischen Einheitspartei Deutschlands, Berlin 1976, S. 20.

2 E. Honecker, Die sozialistische Revolution in der DDR und ihre Perspektiven, Berlin 1977, S. 15.

3 L. I. Breshnew, Das Sowjetvolk – Schöpfer seiner neuen Verfassung, in: Neues Deutschland vom 6. 10. 1977, S. 3.

4 Ebenda.

5 E. Honecker, Die sozialistische Revolution in der DDR und ihre Perspektiven, a. a. O., S. 25.

3. Diskussion

W. Heinrichs

Konzeptionelle Probleme zu Forschungen auf dem Gebiet der Vervollkommnung sozialistischer Produktionsverhältnisse

Forschungen zur Entwicklung sozialistischer Produktionsverhältnisse, bei denen es sich um einen bewußt gestalteten Prozeß der Vervollkommnung sozialistischer Produktionsverhältnisse in der ersten Phase der kommunistischen Gesellschaftsformation handelt, dessen Träger die Arbeiterklasse und alle Werktätigen sind, und der von der Partei der Arbeiterklasse geführt wird, wurden von unserem Institut 1974 begonnen. Das war nur wenig später als auch das Institut für politische Ökonomie des Sozialismus der Akademie für Gesellschaftswissenschaften beim ZK der SED Forschungsarbeiten zu dieser Problematik aufnahm.

Natürlich sind die sozialistischen Produktionsverhältnisse Gegenstand der politischen Ökonomie und anderer wirtschaftswissenschaftlicher Disziplinen seit jeher. Wenn hier die Rede von einer neuen Forschungsrichtung ist, dann deshalb, weil es jetzt um die Analyse, Planung und Prognose sozialistischer Produktionsverhältnisse geht, die dazu dienen sollen, die wissenschaftlichen Grundlagen der langfristigen Planung und Prognose zu vertiefen und gleichzeitig wichtige Beiträge für die Theorie der intensiv erweiterten sozialistischen Reproduktion, für die sozialen und ökonomischen Kriterien der materiell-technischen Basis und für die Vervollkommnung der Leitung, Planung und Stimulierung zu leisten. Im Grunde genommen geht es in jedem Fall um *eine exakte Bestimmung der Reifekriterien sozialistischer Produktionsverhältnisse*, d. h. um eine die Gesellschaftsstrategie der Partei betreffende fundamentale Frage, die im Parteiprogramm fest verankert wurde und deren Bedeutung für die Perspektive der sozialistischen Revolution in der DDR erneut unterstrichen wurde.[1]

Bei den konzeptionellen Arbeiten konnten wir uns auf Erfahrungen sowjetischer Ökonomen stützen, besonders jener Arbeiten, die vom Institut für Ökonomie der Akademie der Wissenschaften der UdSSR im Jahre 1972 begonnen worden waren. Diese Erfahrungen und eigene Ergebnisse, die in methodologischen Arbeiten und bei Diskussionen für die Zwecke der Lehre der politischen Ökonomie des Sozialismus erzielt wurden, standen uns bei der Aufnahme der Arbeit zur Verfügung. Es zeigte sich aber, daß vor allem im Hinblick auf die empirische Analyse verschiedener Seiten der sozialistischen Produktionsverhältnisse, der gesellschaftlichen Bewertung ihrer Dynamik, ihrer Planung und Prognostizierung andere bisher nicht bewältigte Forderungen an diesen Forschungskomplex gestellt wurden und heute noch gestellt werden, als die Vervollkommnung des Lehrgebäudes der politischen Ökonomie es schon seit längerer Zeit verlangt. Bis zum heutigen Tag bestehen zum Systemcharakter sozialistischer Produktionsverhältnisse, zum historischen Vorgehen bei ihrer Analyse usw. zum Teil unterschiedliche Auffassungen unter den marxistischen Politökonomen. Sie beeinflussen ohne Zweifel die Forschungen zur Vervollkommnung sozialistischer Produktionsverhältnisse und prägten die heutigen vorliegenden Ergebnisse sowie die anderer Arbeiten mit.

Theoretischen Problemen der politischen Ökonomie des Sozialismus überhaupt und gerade auch denen, die in Verbindung mit der Aufnahme dieser Forschungsarbeit zwangsläufig auftraten, mußten wir uns stellen *und* gleichzeitig mit der empirischen Analyse beginnen. Wir ließen uns dabei davon leiten, daß eine wichtige Voraussetzung für die langfristige Planung und Prognostizierung sozialistischer Produktionsverhältnisse eben die empirische Analyse ist. Sie darf, wenn auch mit einer Reihe von Schwierigkeiten belastet, nicht unterbewertet werden. Denn gerade auf diesem Gebiet waren die bisher vorwiegend durch Deduktion gewonnenen Erkenntnisse, ihre nur auf die Zwecke der Lehre gerichtete Systematisierung und eben ein Defizit an empirischer Analyse verschiedener Seiten der sozialistischen Produktionsverhältnisse bestimmend.

Der Gedanke der Klassiker des Marxismus-Leninismus, wonach die Produktionsverhältnisse ebenso wie die Gesamtheit der gesellschaftlichen Beziehungen nichts Starres darstellen, sondern einer ständigen Dynamik ihres Entstehens, vollen Funktionierens und ihres Übergangs in eine vom Standpunkt des gesellschaftlichen Fortschritts höhere Form unterworfen sind, mußte zunächst über die empirische Analyse verschiedener Seiten der sozialistischen Produktionsverhältnisse fruchtbar gemacht werden. Dabei traten zwangsläufig einige Mängel auf, die entweder in der unzureichenden Komplexität der Analyse oder in Tendenzen auftraten, Erscheinungsformen der Produktionsverhältnisse bloß zu beschreiben. Jedoch sind diese Mängel, verglichen mit dem erneut erbrachten Nachweis, daß die politische Ökonomie eben keine „Metawissenschaft" ist, unbedeutend. Immerhin geht nunmehr die erste Entwicklungsetappe dieser neuen Forschungsrichtung ihrem Ende zu, und es sind Überlegungen notwendig, wie das theoretische Niveau und die gesellschaftliche Wirksamkeit dieser Forschungen erhöht und weitere Ableitungen für die Forschungsplanung nach 1980 getroffen werden können. Da erste Ergebnisse nunmehr vorliegen, war der Wissenschaftliche Rat für die wirtschaftswissenschaftliche Forschung gut beraten, sich dieser Arbeiten anzunehmen und zur Diskussion zu stellen. Unter Beachtung der an anderer Stelle bereits gewürdigten Fortschritte und festgestellten Mängel, die vor allem darauf zurückzuführen sind, daß auch in theoretischer Hinsicht wissenschaftliches Neuland zu betreten war, gebe ich den Thesen meine Zustimmung. Mit G. Schulz stimme ich darin voll überein, daß noch beträchtliche Arbeit in dieser Forschungsrichtung zu leisten ist, um den wachsenden Ansprüchen voll gerecht zu werden. Dazu ist konzeptioneller Vorlauf zu schaffen, zu dem ich im folgenden einige Gedanken äußern möchte.

Wenn das Ziel der Forschungsrichtung darin besteht, die wissenschaftlichen Grundlagen der langfristigen Planung und Prognose der sozialistischen Produktionsverhältnisse weiter auszubauen – also die Planung einen größeren Zeithorizont in Betracht ziehen muß –, dann müßte meines Erachtens im Mittelpunkt künftiger Forschungen die Ausarbeitung der Reifekriterien sozialistischer Produktionsverhältnisse stehen. Die Ausarbeitung von Reifekriterien der sozialistischen Produktionsverhältnisse ist als wichtiger Teil einer größeren und interdisziplinär angelegten Arbeit zu verstehen, die das Ausreifen der Verhältnisse aller Bereiche der entwickelten sozialistischen Gesellschaft zum Gegenstand hat. Diese Etappe des Sozialismus, in der Voraussetzungen für den allmählichen Übergang zur nächsthöheren Phase der kommunistischen Gesellschaftsformation geschaffen werden, unterscheidet sich von den vorangegangenen Etappen des sozialistischen Aufbaus durch wachsende Komplexität und intensivere gegenseitige Durchdringung aller gesellschaftlichen Bereiche. Die ökonomische und soziale Wirksamkeit aller gesellschaftlichen Verhältnisse, das heißt der Prozeß des Ausprägens aller Vorzüge des Sozialismus, wird beschleunigt, wenn die Entwicklung eines Bereichs der Gesellschaft mit der Entwicklung aller anderen Bereiche der Gesellschaft korrespondiert und der Verflechtungsgrad zwischen den einzelnen Bereichen der Gesellschaft zunimmt. Immer mehr wird der sozialökonomische Wirkungsgrad sozialistischer Produktionsverhältnisse nicht nur vom gesellschaftlichen Charakter der Produktivkräfte und ihrem wissenschaftlich-technischen Entwicklungsniveau, sondern im wachsenden Maße auch vom Reifegrad aller anderen gesellschaftlichen Verhältnisse geprägt, die aktiv auf die Produktionsverhältnisse einwirken. Hierbei nehmen die Verflechtungen und die gegenseitige Durchdringung des ökonomischen und sozialen Bereichs eine Schlüsselstellung ein; „. . . die Einheit von Wirtschafts- und Sozialpolitik im Interesse der Arbeiter und aller Werktätigen . . . ist der Kern des gesellschaftlichen Fortschritts unserer Zeit, das ist der Kern der sozialistischen Revolution in der DDR und ihre Perspektive".[2] Folglich erweist sich der von Ökonomen zu leistende Beitrag zur Ausarbeitung der Reifekriterien sozialistischer Produktionsverhältnisse als unverzichtbar für gesellschaftswissenschaftliche Arbeiten, die dem Organismus der entwickelten sozialistischen Gesellschaft, seiner Gestaltung, seinem Funktionieren und seinem Übergang zur nächsthöheren Phase insgesamt gewidmet sind.

Reifekriterien sozialistischer Produktionsverhältnisse sind natürlich nicht identisch mit Kennziffern der langfristigen Planung und der Prognose. Vielmehr müßten diese Reifekriterien sowohl in ihrer relativen Selbständigkeit als auch in ihrer Kombination den ökonomischen und sozialen Wirkungsgrad der Produktionsverhältnisse zum Ausdruck bringen. Im Abstraktionsgrad müßten diese Reifekriterien auf einer anderen Ebene angesiedelt sein als die bisher bekannten Kategorien der politischen Ökonomie. Gegenüber letzteren wären die Reifekriterien sozialistischer Produktionsverhältnisse ihrem Inhalt nach vielfältiger und müßten sich gegenüber den Kategorien der politischen Ökonomie durch einen höheren Grad der Konkretisierung auszeichnen. Für die Zwecke der langfristigen Planung und der Prognose reichen diese Reifekriterien ohne Zweifel nicht aus, sind aber unerläßlich, fungieren gewissermaßen als Bindeglied zwischen den Kategorien der politischen Ökonomie und den Kennziffern der Planung und Prognose sozialistischer Produktionsverhältnisse. Ebenso wie die Kategorien der politischen Ökonomie sind die Reifekriterien sozialistischer Produktionsverhältnisse objektiver, materieller Natur und sind von der materiellen Natur der Produktionsverhältnisse selbst nicht zu trennen. Sie spiegeln objektive Veränderungen im System der Produktionsverhältnisse und ihrer einzelnen Elemente wider, die sich bei Existenz gesellschaftlichen Eigentums an den Produktionsmitteln unter dem bestimmenden Einfluß der Produktivkräfte vollziehen. Auf der höchsten Ebene der Konkretisierung spiegeln sich diese Veränderungen in Kennziffern wider, die quantitative und qualitative Veränderungen im Zeitverlauf mehr oder weniger exakt angeben. Diese Kennziffern müssen deshalb auf den Reifekriterien der sozialistischen Produktionsverhältnisse basieren, ebenso wie letztere auf den Kategorien der politischen Ökonomie. Anderenfalls besteht die Gefahr, daß der untrennbare Zusammenhang zwischen der Qualität (dem Wesen) der sozialistischen Produktionsverhältnisse, das durch das gesellschaftliche Eigentum an den Produktionsmitteln als das grundlegende Produktionsverhältnis bestimmt wird, und ihren Erscheinungsformen, mit dem Aufsteigen vom Abstrakten zum Konkreten an Vielfalt zunehmen, gestört wird. Technizistische oder ausschließliche Interpretationen von Oberflächenerscheinungen anstelle des Ausweises des sozialökonomischen Wirkungsgrades sozialistischer Produktionsverhältnisse wären die unvermeidlichen Folgen. Andererseits ist die theoretische Bewältigung dieses Aufsteigens vom Abstrakten zum Konkreten, bei der, wie wir sahen, die

Reifekriterien eine zentrale Rolle spielen, unerläßlich, damit die Entwicklung sozialistischer Produktionsverhältnisse immer mehr als Produkt gesellschaftlich bewußten Handelns der gesamten Gesellschaft, der Arbeitskollektive sowie des einzelnen Mitglieds, und der Gestaltung ihrer ökonomischen Beziehungen bei der Produktion und Reproduktion des materiellen Lebens dargestellt werden kann.

Die Einwirkung der Gesellschaft, der Arbeitskollektive und des einzelnen auf die Entwicklung sozialistischer Produktionsverhältnisse vollzieht sich stets über *konkrete* Formen der Wirtschaftstätigkeit und ökonomischer Verhaltensweisen, die von bestimmten Bedürfnissen, Interessen und einem bestimmten Grad der Interessiertheit geprägt werden, mit denen das Ziel der wirtschaftlichen Tätigkeit erreicht wird. Im Ergebnis dessen entwickeln sich die Produktivkräfte, nimmt der Grad der Vergesellschaftung von Produktion und Arbeit zu, und verändert sich der sozialökonomische Wirkungsgrad der Produktionsverhältnisse, das heißt, verändern sich die Reifekriterien sozialistischer Produktionsverhältnisse.

Bei der Aufnahme der Arbeiten zu der neuen Forschungsrichtung gab es hin und wieder Zweifel daran, ob man die Produktionsverhältnisse überhaupt planen könne, obwohl man gleichzeitig nicht in Abrede stellte, daß sie bewußt gestaltet werden müßten. Abgesehen davon, daß dieser Zweifel durch die Führungspraxis der kommunistischen und Arbeiterparteien beim Aufbau des Sozialismus, dem natürlich auch eine planmäßige Gestaltung sozialistischer Produktionsverhältnisse zugrunde lag, längst zerstreut werden konnte, hatten diese Zweifler offensichtlich Produktionsverhältnisse in ihrer kategorialen Ausdrucksform im Auge. In dieser, das Wesen der Produktionsverhältnisse charakterisierenden Existenz- und Ausdrucksform ist es in der Tat kaum möglich, Produktionsverhältnisse empirisch zu analysieren, zu planen und zu prognostizieren. Wir gestalten und planen die Produktionsverhältnisse, vervollkommnen sie im Sinne des gesellschaftlichen Fortschritts, indem wir auf ihre Erscheinungsformen bewußten Einfluß nehmen. Dieser Prozeß des Einwirkens auf konkrete Erscheinungsformen der Produktionsverhältnisse und damit auf ihre Reifekriterien ist auf das engste mit der Ausnutzung ökonomischer Gesetze in Übereinstimmung mit ihren konkreten Wirkungsbedingungen verbunden. Die Reifekriterien der sozialistischen Produktionsverhältnisse gehören selbst zu den grundlegenden konkreten Wirkungsbedingungen ökonomischer Gesetze.

Natürlich bleiben in diesem Zusammenhang noch eine Reihe grundlegender theoretischer Probleme offen, wie beispielsweise die konkrete Untersuchung der Frage, in welchen Erscheinungsformen sich sozialistische Produktionsverhältnisse äußern (Produkt, Effektivität der gesellschaftlichen Produktion, Interessen, Bedürfnisse, Arbeitszeit, Freizeit, Bedürfnissystem usw.). Gleichfalls können heute noch Antworten auf die Frage nach dem Wechselverhältnis von ökonomischem Gesetz zu sozialistischen Produktionsverhältnissen nicht befriedigen. Wie soll der Systemcharakter der Produktionsverhältnisse selbst als Reifekriterium definiert werden? Zu diesen und vielen anderen theoretisch ungelösten Fragen bedarf es auch einer engeren, abgestimmten Zusammenarbeit mit den Philosophen.

Unbeschadet dieser noch zu lösenden Fragen muß zielstrebig und ohne Tempoverlust an den Reifekriterien sozialistischer Produktionsverhältnisse gearbeitet werden. Die jeweilige Reife sozialistischer Produktionsverhältnisse äußert sich in ihrem ökonomischen und sozialen Wirkungsgrad:

– als Bewegungsform der Produktivkräfte, die sich in der Steigerung des quantitativen Volumens (gesellschaftliches Gesamtprodukt, Materialverbrauch, Endprodukt, Nationaleinkommen), der Erhöhung des gesellschaftlichen Nutzeffekts pro Ressourceneinheit einschließlich ihrer Qualität bei gleichzeitiger Minimierung des gesellschaftlichen Arbeitsaufwandes (laufender und einmaliger Aufwand) zeigt;

- in der Höherentwicklung der Produktionsverhältnisse selbst, das heißt in der Art und Weise, wie die Entwicklung der materiell-gegenständlichen Produktivkräfte für die weitere Produktivität und Persönlichkeitsentfaltung der Mitglieder der sozialistischen Gesellschaft, für die Herausbildung eines dem Sozialismus adäquaten Bedürfnissystems und der sozialistischen Lebensweise beiträgt und wie letztere als wichtigste Produktivkraft auf die Produktivkraft der Arbeit zurückwirkt;
- als letztlich bestimmende Grundlage für die zunehmende Reife aller anderen gesellschaftlichen Beziehungen, der sozialen und Klassenbeziehungen, besonders jener, die im gesellschaftlichen Überbau angesiedelt sind. Hier stehen für unsere Zielstellung vor allen Dingen im Vordergrund die Gesamtheit jener Bedingungen, die wir in der bisherigen Literatur als Ausnutzungsbedingungen ökonomischer Gesetze bezeichneten, die im Grunde genommen jedoch als Ausnutzungsbedingungen für alle Gesetze der Gesellschaft gelten. Letztere sind zwar durch die Reife der objektiven sozialistischen Produktionsverhältnisse determiniert, spielen jedoch eine relativ selbständige Rolle bei der weiteren Ausprägung sozialistischer Produktionsverhältnisse.

Es bedarf weiterer Arbeiten, um zu klären, ob diese Gliederung in drei grundlegende Säulen auch bestimmend sein könnte für die mehr oder weniger detaillierte Gruppierung der Reifekriterien sozialistischer Produktionsverhältnisse.

Jedenfalls halte ich es für problematisch, als das erste Kriterium für die Einschätzung der Reife sozialistischer Produktionsverhältnisse den erreichten Stand der schöpferischen Masseninitiative, verbunden mit hohen Arbeitsergebnissen und der Persönlichkeitsentwicklung der Menschen, anzusehen (These 5 des Entwurfs). Abgesehen davon, daß in einer derart gefaßten Breite mit dem Kriterium kaum noch (zumindest für die Zwecke der Planung und Prognostizierung) zu arbeiten ist, charakterisiert es vor allen Dingen einen bestimmten Grad der gesellschaftlichen Bewußtheit, der nicht nur und in erster Linie durch die Reife der sozialistischen Produktionsverhältnisse, sondern durch die Reife der Beziehungen in allen Bereichen der Gesellschaft bestimmt wird. Doch der wesentliche Einwand, der gegen diese These erhoben werden muß, besteht meines Erachtens darin, daß das erste und wichtigste Reifekriterium sozialistischer Produktionsverhältnisse von ihrer *materiellen Natur* gelöst wird. Das tun die Autoren, obwohl sie an anderer Stelle des öfteren zu Recht auf die materielle Natur der Produktionsverhältnisse hinweisen.

Bei der Charakteristik der Reifekriterien sozialistischer Produktionsverhältnisse stoßen wir auf zwei weitere Probleme, die ebenso schwierig zu lösen wie strittig zugleich sind. Es betrifft zwei miteinander eng verbundene Probleme. Zum einen handelt es sich um die Bewältigung des Systemcharakters der sozialistischen Produktionsverhältnisse, zum anderen geht es um das Problem des wachsenden Wirkungsgrades jener Elemente im System sozialistischer Produktionsverhältnisse, die in beiden Phasen der kommunistischen Gesellschaftsformation existieren und durch die beide Phasen der kommunistischen Formation verbunden sind. Wie ist der für alle Gesellschaftsformationen gültige Gedanke von Marx[3] für unsere Forschungsproblematik anzuwenden, wonach das Ausreifen von Produktionsverhältnissen stets mit der Herausbildung des Systems der Produktionsverhältnisse einhergeht und das für eine Gesellschaftsformation funktionsfähige System der Produktionsverhältnisse einerseits durch das Hinzufügen neuer Elemente und andererseits durch das Abstreifen alter, die Funktionsweise hemmender Elemente gekennzeichnet ist.

Dieses „Werden zur Totalität", das, wie Marx betont, jedem System der Produktionsverhältnisse immanent ist, charakterisiert das Reifestadium der Produktionsverhältnisse, so auch die in der ersten Phase der kommunistischen Gesellschaftsformation. Dabei vollzieht sich innerhalb des Systems zwar eine Fortentwicklung *aller* Elemente, jedoch unter dem bestimmenden Einfluß des grundlegenden (weil systemkonstituierenden) Produktionsverhältnisses. Damit ist untrennbar verbunden, daß das grundlegende Produktionsverhältnis immer nachhaltiger Wesen und Inhalt aller anderen Elemente des Systems der Produktionsverhältnisse bestimmt. Hin und wieder trifft man auf Auffassungen, die historische Bewegung innerhalb des Systems sozialistischer Produktionsverhältnisse mehr als eine ihrer sozialökonomischen Qualität nach gleichwertige Fortentwicklung *aller* Elemente der im Werden befindlichen Totalität anzusehen. Bestenfalls wird eine temporär unterschiedliche Entwicklung einzelner Elemente zur Aufholung eines „Nachholebedarfs" zugelassen. Es geht aber in der Tat in erster Linie nicht um ein langsameres oder schnelleres Tempo in der Entwicklung einzelner Elemente, sondern eben darum, daß die systemkonstituierenden und systembestimmenden Elemente sozialistischer Produktionsverhältnisse – an erster Stelle das grundlegende Produktionsverhältnis – sich höher entwickeln. Im Prozeß dieser Höherentwicklung nehmen jene Elemente einen immer höheren Stellenwert ein, die am wirksamsten die Realisierung des grundlegenden Produktionsverhältnisses in allen Phasen der Reproduktion unterstützen, so bei der Herausbildung und Realisierung der Interessen gesellschaftlich assoziierter Produzenten, bei der Zielfindung, bei der Überinstimmung der gesellschaftlichen Interessen als den führenden mit denen der Arbeitskollektive und der einzelnen Mitglieder der Gesellschaft im Prozeß des schrittweisen Erreichens dieser langfristigen Ziele. Natürlich waren wir in den vorangegangenen Arbeitsetappen unserer Forschung noch nicht direkt mit diesen Problemen konfrontiert, galt es doch zunächst, die zurückliegenden Entwicklungszeiträume empirisch zu analysieren.

Es rücken aber immer mehr Fragen der langfristigen Planung und Prognose der Produktionsverhältnisse in den Vordergrund. Jetzt geht es für einen längeren Zeitraum darum, die Höherentwicklung sozialistischer Produktionsverhältnisse in ihrem System und die Veränderungen innerhalb dieses Systems im voraus zu planen und dafür bestimmte Reifekriterien zu nutzen.

Das andere damit zusammenhängende Problem besteht darin, Antwort auf die Frage zu finden, ob das „Werden zur Totalität" sich jeweils auf beide Phasen bezieht, oder sich jeweils auf eine Phase der kommunistischen Gesellschaftsformation erstreckt. Die Autoren der Thesen vertreten die letztere Auffassung. Sie begründen dies mit dem nicht zu leugnenden historischen Vorgang, daß sich der Sozialismus auf eigener Grundlage entwickelt, schränken allerdings diese Aussage mit einem Klammersatz mit der Bemerkung ein, daß dies im Sinne der Dialektik der beiden Phasen der kommunistischen Gesellschaftsformation zu verstehen sei (These 2). In der Tat, um diese Dialektik geht es, die sich eben nicht in einem mechanischen Nacheinander beider Phasen erschöpft, sondern sich vor allem – wie übrigens in der gleichen These völlig zu Recht geschrieben steht – darin äußert, daß sich die Entfaltung sozialistischer Produktionsverhältnisse und ihr allmählicher Übergang in kommunistische als planmäßiger Prozeß vollzieht, der verbunden ist mit der allseitigen Ausprägung der Vorzüge und der Triebkräfte des Sozialismus.

Schon aus diesen Gründen wäre meines Erachtens die These, wonach die vollständige Herausbildung des Systems der Produktionsverhältnisse auf die erste Phase der kommunistischen Formation zu beschränken sei, überprüfenswert, weil sie einige sehr komplizierte Entwicklungsprobleme der sozialistischen Produktionsverhältnisse in der entwickelten sozialistischen Gesellschaft und ihrer Vervollkommnung von vornherein ausschließen würde.

Natürlich sind diese hier aufgeworfenen konzeptionellen Fragen nicht unmittelbar auf die aktuelle Wirtschaftspolitik gerichtet. Hinter unseren Bemühungen, den gesellschaftlichen Nutzen einer wissenschaftlich-technischen Leistung nicht nur an der Minimierung des gesellschaftlich notwendigen Aufwandes zu messen, hinter den Entwicklungsrelationen zwischen Arbeitseinkommen und gesellschaftlichem Konsumtionsfonds, hinter realen Austauschprozessen, die sich bei der Bildung und Stärkung der Kombinate vollziehen, sind nicht nur quantitative, sondern zugleich auch qualitative Veränderungen zu sehen. Sie müssen vom Standpunkt der längerfristigen Entwicklung sozialistischer Produktionsverhältnisse aufmerksam verfolgt werden. Eine von der Entwicklung der materiell-gegenständlichen und der persönlichen Produktivkräfte isolierte Gestaltung der Produktionsverhältnisse würde sich bereits schon in der Forschungskonzeption schädlich auswirken. Aber ebenso folgenschwer für die wissenschaftliche Aussage künftiger Forschungsarbeiten auf dem Gebiet der langfristigen Entwicklung sozialistischer Produktionsverhältnisse wäre es, diese Dialektik der Produktionsverhältnisse in beiden Phasen der kommunistischen Formation zu vernachlässigen. Es geht nämlich darum, für einen langfristigen Zeitraum den Prozeß der Vervollkommnung der sozialistischen Produktionsverhältnisse in Übereinstimmung mit der Entwicklung der Hauptrichtungen des wissenschaftlich-technischen Fortschritts in der Etappe der entwickelten sozialistischen Gesellschaft zu prognostizieren und zu planen.

Anmerkungen

1 Vgl. E. Honecker, Die sozialistische Revolution in der DDR und ihre Perspektiven, Berlin 1977, S. 16.

2 Ebenda.

3 Vgl. K. Marx, Grundrisse der Kritik der politischen Ökonomie, Berlin 1953, S. 189.

A. Donda

Einige Fragen der weiteren Vergesellschaftung von Produktion und Arbeit

Die planmäßige weitere Entwicklung und Vervollkommnung der sozialistischen Produktionsverhältnisse betrachten wir vor allem unter dem Gesichtspunkt der politischen und ökonomischen Festigung unserer Gesellschaft und unseres Staates. Einer der wichtigsten Aspekte besteht darin, die sozialistischen Produktionsverhältnisse so zu gestalten, daß sie in optimaler Weise die Entwicklung der Produktivkräfte fördern. Das bedeutet, auf dem Wege der Intensivierung der gesellschaftlichen Produktion ein hohes Wachstum der Produktivität und Effektivität unserer Volkswirtschaft und damit eine systematische Verbesserung der Arbeits- und Lebensbedingungen der Werktätigen zu erreichen.

Zu den Fragen der weiteren Vergesellschaftung der Produktion und Arbeit als Bestandteil der planmäßigen Entwicklung der sozialistischen Produktionsverhältnisse, die von den Autoren in der These 7 behandelt werden, habe ich folgende zwei Ergänzungen.

Erstens: Die Konzentration der Produktion in der Industrie der DDR, verdeutlicht durch die verringerte Anzahl der Betriebe bei wachsender Beschäftigungszahl und die Steigerung der industriellen Produktion auf das Zweieinhalbfache sowie die Bildung und Entwicklung von Kombinaten, wird als Ausdruck der planmäßigen weiteren Gestaltung der sozialistischen Produktionsverhältnisse gewertet.

Das ist zweifellos richtig, bedarf jedoch nach meiner Meinung einer Ergänzung. Die Entscheidung darüber, ob und welche Betriebe zu Kombinaten oder Großbetrieben zusammengeführt werden, ist von großer Bedeutung. Dabei sind vor allem objektive Aspekte, aber auch eine Reihe subjektiver Momente zu berücksichtigen. Die Entscheidungsfindung muß von höchster Sachkenntnis getragen sein, weil mit ihr wichtige Richtungen für die Entwicklung der Organisation der Volkswirtschaft, für deren rationelle Struktur, gewiesen werden.

Die Bildung von Kombinaten und Großbetrieben kann jedoch nur als erster Schritt zur Weiterentwicklung der sozialistischen Produktionsverhältnisse auf dem Wege der weiteren Vergesellschaftung von Produktion und Arbeit gewertet werden. Allein aus der Veränderung des Status der Betriebe ergeben sich noch keine prinzipiell neuen Produktionsverhältnisse, insbesondere noch keine höhere Effektivität und Produktivität der Arbeit, oft nicht einmal eine Einsparung von Verwaltungsaufwand. Die Bildung von Kombinaten und Großbetrieben schafft aber günstige Voraussetzungen und Bedingungen zur überbetrieblichen Konzentration, Spezialisierung und Kooperation. Dabei sind wir uns dessen bewußt, daß wir es mit einem sehr langwierigen, komplizierten Prozeß zu tun haben. Zwei wichtige Aspekte seien hier genannt:

a) Strikte Spezialisierung der einzelnen Betriebe und Betriebsstätten, z. T. ohne Investitionen, z. T. im Rahmen der systematischen Erneuerung und Erweiterung der Produktionsgrundfonds.

b) Schrittweise Überwindung von kleinen und kleinsten Arbeitsstätten. Bekanntlich verfügen viele Betriebe und Kombinate über eine große Zahl von räumlich getrennten Produktionsstätten, darunter eine große Zahl in der Größenordnung von 15, 20, 40 und 50 Beschäftigten. In der zentralgeleiteten Industrie besteht ein Kombinat nach letzten Untersuchungen im Durchschnitt aus sechs bis sieben Betrieben und etwa 25 räumlich getrennten Produktionsstätten. Das heißt, die im Jahr 1976 bestehenden 142 Kombinate der zentralgeleiteten Industrie mit ihren 871 Betrieben bestanden aus rund 3500 räumlich getrennten Produktionsstätten. In mehr als der Hälfte dieser Produktionsstätten sind weniger als 200 Arbeiter und Angestellte beschäftigt, in rund 23 Prozent weniger als 50 Arbeiter und Angestellte. Das VEB Strumpfkombinat Esda Thalheim verfügt beispielsweise über vier Betriebe und rund 60 räumlich getrennte Produktionsstätten, darunter etwa ein Drittel mit weniger als 50 Arbeitern und Angestellten. In diesen Produktionsstätten lassen sich auf Grund der gegebenen räumlichen Größe Konzentrationsmaßnahmen und damit verbundene erhebliche Produktivitätssteigerungen oft nur sehr schwer und in einer Reihe von Fällen nur in begrenztem Umfang ermöglichen.

Daß bei kleineren Produktionsstätten auch die Möglichkeiten zur Verbesserung der Arbeits- und Lebensbedingungen begrenzt sind, sei hier nur am Rande erwähnt.

Ich möchte damit zum Ausdruck bringen, daß gerade dieser Prozeß der materiellen Konzentration der Produktion nicht nur von uns verfolgt, sondern vor allem bewußt organisiert werden muß. Das muß im Rahmen und als Bestandteil einer langfristigen Planung, insbesondere einer langfristigen Planung der Grundfondsentwicklung und der Investitionen geschehen. Es macht sich also für die Staats- und wirtschaftsleitenden Organe erforderlich, die Betriebe nicht nur als juristische und ökonomische Einheiten zu betrachten, sondern vor allem auch die Gesamtheit der räumlich getrennten Arbeitsstätten zu analysieren, die zu den Betrieben und Kombinaten gehören. Bei all unseren Überlegungen müssen wir stets davon ausgehen, daß ein Kombinat oder ein Großbetrieb ohne echte Konzentration, Spezialisierung und Kooperation noch nicht die erforderliche höhere Effektivität und Produktivität der Arbeit garantieren, sondern daß die materiellen Prozesse innerhalb der jeweiligen Verantwortungsstruktur vervollkommnet und weiterentwickelt werden müssen.

Zweitens: Zu Recht weisen die Autoren auf die zentrale Fertigung als ein Mittel der weiteren Vergesellschaftung der Produktion und damit der Entwicklung der sozialistischen Produktionsverhältnisse hin. Dem stimme ich zu, möchte aber dieser Frage eine etwas höhere Bedeutung beimessen, als es in den Thesen zum Ausdruck kommt. Ich sehe in der Entwicklung der zentralen Fertigung eine für den Sozialismus typische und sehr geeignete Richtung der Weiterentwicklung der Produktionsverhältnisse, die sich sehr schnell ökonomisch auszahlt. Natürlich ist das nur eine neben vielen weiteren Richtungen und Aspekten der Weiterentwicklung der sozialistischen Produktionsverhältnisse.

Absichtlich möchte ich einmal die zentrale Fertigung neben die Bildung und Entwicklung der Kombinate und Großbetriebe stellen, obwohl ich mir bewußt bin, daß sie zugleich ein wichtiges Element der Herausbildung rationell arbeitender Kombinate und Großbetriebe ist. Das Wesentliche bei der Weiterentwicklung der zentralen Fertigung besteht meines Erachtens darin, daß sie in der Regel über ein Kombinat hinausgehen kann und soll und daß wir wirklich stabile Prozesse der Kooperation auf der Basis von Konzentration und Spezialisierung auch über die Grenze der Verantwortungsbereiche hinaus benötigen. Diesen Prozeß können und müssen wir organisieren. Es reicht einfach nicht aus, die riesigen Vorteile, die Konzentration und Spezialisierung mit sich bringen, nur im Rahmen fest abgegrenzter Verantwortungsbereiche zu entwickeln und zu nutzen, oder überall dort, wo sich Möglichkeiten der Konzentration und Spezialisierung bieten, administrative Schlußfolgerungen zu ziehen, indem Kombinate und Großbetriebe gebildet werden.

Um die Notwendigkeit der gezielten Entwicklung von zentralen Fertigungen, insbesondere solche überzweiglicher Art, zu unterstreichen, sei eine Reihe von Fakten angeführt:

Ende 1976 gab es im Bereich der zentralgeleiteten metallverarbeitenden Industrie 278 zentrale Fertigungen, die in 164 Betrieben konzentriert waren. Dabei verstehen wir unter zentraler Fertigung Produktionseinrichtungen mit einer Jahresproduktion von mindestens 100000 Mark. In diese Angabe wurden alle nach dem 1. 1. 1960 eingerichteten und Ende 1976 bestehenden zentralen Fertigungen einbezogen. Die bereits seit langem, also schon vor 1960 spezialisierte und zentralisierte Zulieferindustrie, wie z. B. Wälzlager und Normteile, Getriebe und Kupplungen, Armaturen, Elektromotoren, Hydraulikerzeugnisse u. a., wurde entsprechend grundsätzlich nicht mit berücksichtigt.

Die Produktion der zentralen Fertigungen entwickelte sich 1976 gegenüber 1970 auf 264 Prozent, das entspricht einem durchschnittlichen jährlichen Wachstum von 17,5 Prozent. Demgegenüber stieg die gesamte Produktion der zentralgeleiteten metallverarbeitenden Industrie 1976 gegenüber 1970 auf 154 Prozent, das entspricht einem durchschnittlichen jährlichen Wachstumstempo von 7,4 Prozent. Von den 1976 bestehenden 278 zentralen Fertigungen sind 119 zweigliche Fertigungen mit 16,5 Prozent der Produktion und 159 überzweigliche zentrale Fertigungen mit 83,5 Prozent der Produktion an zentraler Fertigung.

Der Grad der Kooperation der zentralen Fertigungen ist im Zeitraum 1971 bis 1976 wesentlich gestiegen. Während die zentralen Fertigungen vor 1970 im Durchschnitt 20 bis 25 Kooperationspartner belieferten, waren es im Jahre 1976 im Durchschnitt über 60 Kooperationspartner. Hinsichtlich des Kooperationsgrades besteht ein wesentlicher Unterschied zwischen den zweiglichen und überzweiglichen zentralen Fertigungen. Die überzweiglichen zentralen Fertigungen belieferten im Jahre 1976 durchschnittlich über 100 Kooperationspartner, bei den zweiglichen zentralen Fertigungen waren es durchschnittlich fünf Kooperationspartner.

Mit der Zentralisierung der Produktion von Einzelteilen und Baugruppen vollziehen sich stets grundlegende Veränderungen der Kooperationsbeziehungen. Die Folge davon sind einerseits die Vereinfachung der innerbetrieblichen Organisation der Produktion bei den Finalproduzenten, ein erhöhter Spezialisierungsgrad der Finalproduzenten, und andererseits größeres Produktionsvolumen der zentral zu fertigenden Einzelteile und Baugruppen, das eine höhere Fertigungsart und den Einsatz progressiver Fertigungsprinzipien ermöglicht.

Der Anteil der Großserien- und Massenproduktion umfaßt in der zentralen Fertigung etwa 50 Prozent, in der zentralgeleiteten metallverarbeitenden Industrie insgesamt rund 34 Prozent. Auf der Grundlage eines höheren Niveaus der Fertigungsarten besteht in den zentralen Fertigungen in der Regel ein höheres technologisches Niveau im Vergleich zur metallverarbeitenden Industrie insgesamt. Dieses hohe technologische Niveau kommt vor allem in dem höheren Grad der Mechanisierung und Automatisierung sowie im höheren Anteil der automatisierten Maschinen und Montagefließreihen zum Ausdruck.

So beträgt in den zentralen Fertigungen die Ausrüstung je Produktionsarbeiter das 1,7-fache, der Mechanisierungs- und Automatisierungsgrad das 1,3fache, der Anteil der automatisierten Fließreihen das 3,7fache des in der zentralgeleiteten metallverarbeitenden Industrie im Durchschnitt erreichten Standes.

Dieses erhöhte technologische Niveau ist eine wichtige Grundlage für solche volkswirtschaftlichen Effekte wie die Produktions- und Produktivitätssteigerung. Die Arbeitsproduktivität (Produktion je Arbeiter und Angestellter) der zentralen Fertigungen ist im Zeitraum 1970 bis 1976 schneller gestiegen als im Bereich der zentralgeleiteten metallverarbeitenden Industrie insgesamt, und zwar durchschnittlich jährlich bei den zentralen Fertigungen um 7,6 Prozent und im Bereich der zentralgeleiteten metallverarbeitenden Industrie um 6,0 Prozent. Die Produktion je Produktionsarbeiter wurde in den zentralen Fertigungen gegenüber 1970 auf 151 Prozent im Jahre 1976 erhöht. Allein im Jahre 1976 wuchs sie zum Vorjahr um 10,3 Prozent.

Die Vorteile der überzweiglichen zentralen Fertigungen zeigen sich auch in den unmittelbaren ökonomischen Ergebnissen: Die Effektivität der überzweiglichen zentralen Fertigungen, deren durchschnittliche Größe nahezu das Vierfache der zweiglichen zentralen Fertigungen beträgt, liegt im Durchschnitt über dem Niveau der Effektivität der zweiglichen zentralen Fertigungen. Fast doppelt so hoch wie die Produktion je Produktionsarbeiter der zweiglichen zentralen Fertigung war die der überzweiglichen im Jahr 1976.

Die Erfahrungen besagen eindeutig, daß mit wachsender Größe der zentralen Fertigungen auch die Effektivität der Produktion zunimmt. Das trifft natürlich auch für die überzweiglichen zentralen Fertigungen zu. Die ökonomische Zweckmäßigkeit großer zentraler Fertigungsstätten möchte ich mit folgenden Fakten belegen:

Der Anteil der insgesamt 21 großen zentralen Fertigungen an der Gesamtproduktion der 278 zentralen Fertigungen beträgt rund 55 Prozent. Je größer die zentralen Fertigungen sind, desto höher sind ihr technologisches Niveau und das Produktivitätsniveau der Arbeit. Das bestätigen auch die Angaben in Tabelle 1.

Tabelle 1

Zusammenhang zwischen der Größe der zentralen Fertigung und dem Niveau der Arbeitsproduktivität der zentralen Fertigungen 1976

Größengruppen der zentralen Fertigungen	Produktion je Arbeiter und Angestellter		Produktion je Produktionsarbeiter	
Mio M Produktion	in M	kleinste Größengruppe = 100	in M	kleinste Größengruppe = 100
0,1 bis 0,5	51 312	100	64 344	100
über 0,5 „ 1	53 452	104	69 075	107
„ 1 „ 2	64 762	126	75 146	117
„ 2 „ 5	71 266	139	86 914	135
„ 5 „ 10	59 472	116	79 093	123
„ 10 „ 20	90 660	177	118 390	184
„ 20 „ 30	78 295	153	103 285	161
„ 30 „ 50	111 778	218	153 992	239
„ 50	139 692	272	215 252	335

Es gibt noch große Möglichkeiten zum Übergang zur zentralen Fertigung im Bereich der metallverarbeitenden Industrie. Gegenwärtig beträgt der Anteil der industriellen Warenproduktion der zentralen Fertigung an der industriellen Warenproduktion der metallverarbeitenden Industrie insgesamt 4,9 Prozent. In erheblichem Umfang werden immer noch Einzelteile und Baugruppen – auch solche, für die es bereits zentrale Fertigungen gibt – in den Zweigen und verschiedenen Betrieben der metallverarbeitenden Industrie dezentral gefertigt. Einschätzungen zufolge können ca. 50 bis 60 Prozent der Teile- und Baugruppenfertigung der metallverarbeitenden Industrie in die zentralisierte Produktion überführt werden. Durch den gegenwärtig erreichten Stand im Aufbau der zentralen Fertigung sind schätzungsweise erst 12 bis 16 Prozent der Teile- und Baugruppenfertigung der metallverarbeitenden Industrie zentralisiert worden. Hierin wird das Feld der weiteren Entwicklungsmöglichkeiten der zentralen Fertigungen deutlich.

Selbstverständlich kann nicht davon ausgegangen werden, daß in kürzester Zeit überall dort, wo es möglich und zweckmäßig ist, zentrale Fertigungen, insbesondere als vollzentralisierte, einzurichten sind. Das macht in vielen Fällen eine Reihe von materiellen Voraussetzungen notwendig, die planmäßig nur über mehrere Jahre geschaffen werden können. Es muß uns aber auch klar sein, daß es einige Tendenzen gibt, die dem Prozeß der Herausbildung zentraler Fertigungen hinderlich sind. Sie sind sowohl ideologischer als auch materieller Natur. Unter den ideologischen Vorbehalten möchte ich vor allem das berühmte „klein, aber mein" nennen, das einen bestimmten historischen Hintergrund hat. Manche Erfahrung besagt, daß die eigenen Mittel und Kräfte sicher sind, zur Verfügung stehen und nicht „wegbilanziert" werden können. Deshalb wird manchmal der Standpunkt vertreten, daß eine sichere Produktion von Zulieferererzeugnissen besser sei als eine etwas billigere, die von Jahr zu Jahr erkämpft werden müßte und die ständige Gefahr birgt, die eigene Produktion zu begrenzen, weil die Erhöhung der benötigten Zulieferungen nicht gesichert wird. Einige Betriebe haben noch ein größeres Interesse, die Einzelteile und Baugruppen selbst zu produzieren, als alle Vorteile der Arbeitsteilung zu nutzen. Dieses Interesse ergibt sich daraus, daß die Bedeutung der zentralen Fertigungen für eine bessere Bedarfsdeckung, für die Effektivitätssteigerung nicht in jedem Fall richtig erkannt wird.

Die Bildung und Entwicklung zentraler Fertigungen stellt erhöhte Anforderungen an das Leitungs-, Planungs- und Vertragssystem in allen Ebenen und Bereichen der Volkswirtschaft. Die Entwicklung hocheffektiver zentraler Fertigungen erfordert sehr komplexe Maßnahmen, die den gesamten Reproduktionsprozeß beeinflussen. Es sind dauerhafte, langfristige Lösungen erforderlich, die gegenwärtig effektiv sind und sich auch innerhalb der nächsten 10 bis 15 Jahre bewähren. Die Bedarfs-, Investitions- und Grundfondsentwicklung u. a. m. müssen perspektivisch wie auch gegenwärtig geleitet und geplant werden. Die Vorbereitung, Realisierung und auch die volkswirtschaftlich zweckmäßige Auswahl der Größe zentraler Fertigungen ist eine wichtige Leitungs- und Planungsaufgabe.

Zu Beginn meiner Ausführungen ging ich von der Bedeutung der Weiterentwicklung der sozialistischen Produktionsverhältnisse für die Intensivierung der gesellschaftlichen Produktion aus. Dabei besteht ein Wechselverhältnis zwischen planmäßiger Weiterentwicklung der Produktionsverhältnisse und der sozialistischen Intensivierung. Die Intensivierung als Hauptweg der wirtschaftlichen Entwicklung ermöglicht jenen Leistungsanstieg in der Volkswirtschaft, der für die weitere Entwicklung der sozialistischen Produktionsverhältnisse unerläßlich ist. Die Produktionsverhältnisse wirken ihrerseits über die zweckmäßige Organisation der Produktivkräfte und die Leitung, Planung und ökonomische Stimulierung auf die weitere Vertiefung des Intensivierungsprozesses zurück. Wir werden diesen wichtigen Aspekten der weiteren Entwicklung und Vervollkommnung der sozialistischen Produktionsverhältnisse auch in Zukunft große Aufmerksamkeit widmen, sind sie doch von entscheidender Bedeutung für die weitere Gestaltung des entwickelten Sozialismus in der DDR.

H. Milke

Die Vorzüge der sozialistischen Produktionsverhältnisse umfassend nutzen

Den Thesen, die wir bereits im Rat für Politische Ökonomie des Sozialismus gründlich diskutiert haben, möchte ich meine Zustimmung geben. Gerade auch für den Unterricht auf dem Gebiet der Politischen Ökonomie des Sozialismus enthalten die Thesen eine gute Zusammenfassung der Lehrmeinung auf diesem Gebiet, in ihnen wird der eigene wissenschaftliche Standpunkt dargelegt, sie beruhen auf einer sachlichen Analyse über noch unterschiedliche Auffassungen und bieten Ansatzpunkte und Aufgabenstellungen für weitere politökonomische Forschungen.

In meinem Diskussionsbeitrag möchte ich insbesondere auf einige Wechselbeziehungen zwischen der weiteren Verwirklichung der Hauptaufgabe und der Vervollkommnung der sozialistischen Produktionsverhältnisse in der DDR eingehen. Es ist inzwischen unbestritten, daß diese Wechselbeziehungen vor allem unter vier Aspekten zu werten und weiter auszuprägen sind:

Einmal gibt die weitere Verwirklichung der Hauptaufgabe dem Prozeß der Vervollkommnung der sozialistischen Produktionsverhältnisse in der DDR Richtung und Ziel, denn die Hauptaufgabe stellt bekanntlich eine Konkretisierung der Erfordernisse des ökonomischen Grundgesetzes des Sozialismus für die Gestaltung der entwickelten sozialistischen Gesellschaft dar. Auf der Grundlage einer hohen Effektivität geht es um eine *solche* Vervollkommnung der sozialistischen Produktionsverhältnisse, die der weiteren Erhöhung des Lebensniveaus zugute kommt. Bekanntlich bezeichnete Genosse Erich Honecker die Einheit von Wirtschafts- und Sozialpolitik erst kürzlich in seiner bedeutsamen Rede zur Eröffnung des Parteilehrjahres 1977/1978 in Dresden als Kern der sozialistischen Revolution in der DDR und ihres weiteren Verlaufes.

Des weiteren werden über die Verwirklichung der Hauptaufgabe, zum Beispiel über sozialpolitische Fortschritte, wesentliche Triebkräfte für die Festigung und Vervollkommnung der sozialistischen Produktionsverhältnisse mobilisiert. Wiederum wirkt die erweitertete Reproduktion sozialistischer Produktionsverhältnisse positiv auf die Möglichkeiten zurück, über die Förderung sozialer Energien im sozialistischen Wettbewerb zu weiteren sozialpolitischen Fortschritten zu gelangen.

Ferner prägt die Verwirklichung der Hauptaufgabe, besonders in Gestalt der Intensivierung der gesellschaftlichen Produktion, die weitere Entwicklung der gesellschaftlichen Produktivkräfte und damit in Verbindung die Vervollkommnung der sozialistischen Produktionsverhältnisse als Bewegungs- und Entwicklungsformen der Produktivkräfte. So beeinflußt die Intensivierung zum Beispiel maßgeblich die planmäßige Vergesellschaftung der Produktion und Arbeit und den weiteren Ausbau des schöpferischen Charakters der sozialistischen Arbeit.

Schließlich ist die Hauptaufgabe nicht zuletzt auch mit der Erhöhung des kulturellen Lebensniveaus verbunden. Hieraus resultieren wiederum positive Wirkungen, zum Beispiel auf die Qualifikation der Werktätigen und insgesamt die Ausprägung des sozialökonomischen Wesens der sozialistischen Produktionsverhältnisse in Form der kameradschaftlichen Zusammenarbeit und der gegenseitigen Hilfe sowie gesellschaftlicher Kollektivität sozialistischer Eigentümer und Produzenten im sozialistischen Wettbewerb.

Gerade aus dieser Sicht ist unseres Erachtens die Politische Ökonomie des Sozialismus dazu aufgerufen, noch wirkungsvoller die Wechselbeziehungen zwischen der weiteren Verwirklichung der Hauptaufgabe und der Vervollkommnung der sozialistischen Produktionsverhältnisse zu erforschen und in praxisreife Lösungsvorschläge umzusetzen. Dabei geht es sicherlich in erster Linie um die umfassende Analyse und weiterführende Schlußfolgerungen darüber, wie die Vorzüge unserer Produktionsverhältnisse noch wirksamer und zwingender für die Erhöhung der volkswirtschaftlichen Effektivität eingesetzt werden können. Je nachhaltiger das geschieht, um so eher werden sich daraus mit Sicherheit auch weitere theoretische Verallgemeinerungen für die Wirkungsweise der ökonomischen Gesetze des Sozialismus als objektive Gesetze der sozialistischen Produktionsverhältnisse ergeben.

Bei der Nutzung der Vorzüge unserer sozialistischen Produktionsverhältnisse haben wir zweifellos beeindruckende Fortschritte erreicht. Unbestritten ist aber auch, daß wir gerade auf diesem Gebiet nicht unbeträchtliche Reserven haben, die über eine qualifiziertere Leitung zu erschließen sind. Der unmittelbar gesellschaftliche Charakter der sozialistischen Arbeit bedingt zum Beispiel eine fortwährende Erhöhung der Bedarfsgerechtheit der Produktion. Wieviel Effektivität haben wir noch dadurch zu erschließen, daß zum Beispiel noch tiefergreifende Prozesse der territorialen Rationalisierung erschlossen werden.

In den Thesen zur heutigen Ratstagung wird hervorgehoben, daß einige Hauptgebiete der noch wirkungsvolleren Nutzung der Vorzüge unserer sozialistischen Produktionsverhältnisse bei der Beschleunigung des wissenschaftlich-technischen Fortschritts und der effektiven Gestaltung der Beziehungen zwischen Leistungsprinzip und Sozialpolitik liegen.

Zur Nutzung der Vorzüge unserer sozialistischen Produktionsverhältnisse bei der Beschleunigung des wissenschaftlich-technischen Fortschritts haben wir in zurückliegenden Ratstagungen eine Reihe von grundsätzlichen Diskussionen geführt. Aber einen Tatbestand möchte ich heute im Zusammenhang mit den Thesen hier in Kurzfassung nennen:

In ihnen wird zu Recht davon gesprochen, daß sich die Höherentwicklung der Produktionsverhältnisse ununterbrochen und kontinuierlich innerhalb des gesellschaftlichen Reproduktionsprozesses vollzieht. Und ich halte es, nebenbei bemerkt, überhaupt für einen Vorzug der Thesen, die Entwicklung der Produktionsverhältnisse maßgeblich aus dem Blickwinkel der marxistisch-leninistischen Reproduktionstheorie zu betrachten. Aber angewandt auf die Beschleunigung des wissenschaftlich-technischen Fortschritts ist hervorzuheben: In allen Phasen der intensiv erweiterten Reproduktion wirken sozialistische Eigentumsverhältnisse. Ausgehend vom Primat der Produktion, besteht demzufolge ein Vorzug unserer Produktionsverhältnisse auch in den objektiv möglichen positiven Rückwirkungen der Distribution, Zirkulation und Konsumtion wiederum auf die Produktion. Jedoch diese notwendige Totalität der Reproduktion wird noch nicht immer und in jedem Falle bei der Beschleunigung des wissenschaftlich-technischen Fortschritts zugrunde gelegt. Wissenschaftlich-technischen Spitzenleistungen, die bei ausgewählten Erzeugnissen und Technologien erreicht werden, stehen teilweise noch keine ausreichend adäquaten Leistungen in den folgenden Reproduktionsphasen gegenüber. Und umgekehrt wird nicht selten durch eine geschickte Marktvorbereitung, eine stabile Ersatzteilversorgung und einen ausgezeichneten Kundendienst der ökonomische Nutzen der Produktion gehalten bzw. sogar vermehrt. Auch für die Strategie der sozialistischen Wettbewerbsführung ergeben sich daraus Konsequenzen, die in den Thesen angesprochen werden.

Ein weiterer Zusammenhang besteht in der effektiven Gestaltung der Beziehungen zwischen Leistungsprinzip und Sozialpolitik. Zu Recht wird in den Thesen die weitere Entwicklung der sozialistischen Verteilungsverhältnisse in ihrer Gesamtheit als eine Hauptrichtung der Vervollkommnung der sozialistischen Produktionsverhältnisse angesehen und in diesem Zusammenhang auf die Feststellung im Programm der Partei verwiesen, daß – was die Verteilung der Konsumtionsfonds anbetrifft – vor allem das Leistungsprinzip konsequent zu verwirklichen ist. Gerade für die Vervollkommnung der sozialistischen Produktionsverhältnisse ist es aus aktueller und strategischer Sicht nicht unwichtig, nach welchem Hauptprinzip die Verteilung der Konsumtionsfonds erfolgt. Auf lange Sicht hin betrachtet, wird das Leistungsprinzip die dominierende Form der Verteilung bleiben und an Bedeutung gewinnen. Ohne das Leistungsprinzip bzw. mit seiner Einschränkung sind die materiellen Mittel nicht zu erwirtschaften, die wir für das sozialpolitische Programm, die Minderung wesentlicher Unterschiede zwischen Stadt und Land, geistiger und körperlicher Arbeit und die Annäherung der Klassen und Schichten benötigen. Auch die weitere Ausprägung der kameradschaftlichen Zusammenarbeit und gegenseitigen Hilfe vollzieht sich auf der Grundlage höherer kollektiver und persönlicher Leistungen und ihrer moralischen und materiellen Anerkennung. Insofern gibt es enge Wechselbeziehungen zwischen Leistungsprinzip und Sozialpolitik. Leistungsprinzip und Sozialpolitik stehen nicht nebeneinander oder gar einander gegenüber.

Die Erfordernisse des Leistungsprinzips als eines wichtigen ökonomischen Gesetzes des Sozialismus sind unmittelbarer Bestandteil unserer Sozialpolitik. Für die Erhöhung der Effektivität unserer Produktionsverhältnisse ist die noch genauere Erfassung der Wechselbeziehungen zwischen Leistungsprinzip und der Gesamtheit unserer Sozialpolitik nicht unwichtig. Allein die Weiterführung der schrittweisen planmäßigen Einführung von Grundlöhnen in Verbindung mit der wissenschaftlichen Arbeitsorganisation beweist, daß die konsequente Durchsetzung des Leistungsprinzips eine wichtige Triebkraft zur Erreichung von Produktivitätsfortschritten ist.

Des weiteren ist das Leistungsprinzip zielgerichtet mit der Verteilung aus gesellschaftlichen Fonds verknüpft. Aber auch eine Reihe von Aufwendungen aus gesellschaftlichen Fonds ermöglichen es, das Leistungsprinzip wirksamer durchzusetzen. So unterstützen bestimmte gesellschaftliche Fonds eine Annäherung im Qualifikations- und damit auch im Leistungsniveau. Selbstverständlich geht die Sozialpolitik weit über das Leistungsprinzip hinaus. Aber eins erscheint mir wesentlich auf der Grundlage der Thesen zu betonen: Der Weg zur Vervollkommnung der sozialistischen Produktionsverhältnisse vollzieht sich auf der Grundlage der Beschleunigung des wissenschaftlich-technischen Fortschritts über eine beträchtliche Erhöhung unserer volkswirtschaftlichen Effektivität. Die dadurch mögliche fortwährende Lösung sozialer Probleme erfolgt nicht über eine allgemeine Gleichmacherei, sondern nur über die Entwicklung des Leistungsprinzips, das selbst Bestandteil sozialistischer Produktionsverhältnisse ist.

Noch zwei kurze Bemerkungen. In den Thesen wird dargelegt, daß zwischen der objektiven Wirkung der ökonomischen Gesetze und ihrer bewußten Ausnutzung zu unterscheiden ist. Diese Unterscheidung wird sowohl von einigen Ökonomen in der Sowjetunion als auch in der DDR bestritten. Aber darum geht es mir gar nicht. Meiner Ansicht nach ist zunächst einmal dreierlei unbestritten:

Erstens: An der Objektivität der ökonomischen Gesetze des Sozialismus darf es unter keinen Umständen Abstriche geben.

Zweitens: Bei der bewußten Verwirklichung der ökonomischen Gesetze des Sozialismus hat der subjektive Faktor unter den Bedingungen der politischen Macht der Arbeiterklasse und des gesellschaftlichen Eigentums an den Produktionsmitteln eine neue Qualität und gewinnt zunehmend an Bedeutung. Wir stimmen mit der in der Broschüre „Zu Problemen der Entwicklungstendenzen der sozialistischen Produktionsverhältnisse in der DDR" geäußerten Meinung überein: „... mit der sozialistischen Revolution tritt nicht nur die Möglichkeit, sondern vor allem die Notwendigkeit der bewußten planmäßigen Gestaltung und Entwicklung der Produktionsverhältnisse in den Vordergrund".[1]

Drittens: Die wirtschaftspolitischen Maßnahmen des sozialistischen Staates sind darauf gerichtet, den objektiven ökonomischen Gesetzen des Sozialismus immer wirksamer Rechnung zu tragen. Dennoch kann die sozialistische Planung nicht mit dem objektiven planmäßigen Wirken aller ökonomischen Gesetze gleichgesetzt werden. Gleichzeitig zeigt die Praxis, daß unsere Pläne das entscheidende Element bei der Realisierung der sozialistischen Produktionsverhältnisse und der ökonomischen Gesetze sind. Je qualifizierter unsere Leitung, Planung und ökonomische Stimulierung ist, um so mehr nähert sie sich der absoluten Wahrheit der Objektivität, ohne sie jemals 100prozentig zu erreichen.

Aber im wirtschaftspolitischen Leben selbst haben wir es auch eindeutig mit einer Dialektik zwischen der Existenz und Bewegung objektiver Bedingungen und subjektiver Faktoren zu tun. Und diese Tatsache ist positiv zu erforschen. Natürlich ist es zweifelhaft, ob man dabei durch die Vereinigung des Wirkungs- und Ausnutzungsmechanismus zum Funktions- oder Verwirklichungsmechanismus (wie das zum Beispiel neuerdings bei einigen Autoren geschieht) einen Schritt weiter kommt. Auf alle Fälle machen diese Versuche deutlich, daß wir bei der Analyse der Spezifik der Wirkungsweise der ökonomischen Gesetze des Sozialismus nur mit der einfachen Wiederholung, daß man Objektives und Subjektives nicht vermischen darf, nicht vorankommen, weil natürlich im Leben Objektives und Subjektives untrennbar miteinander verbunden sind und der Sozialismus, im Unterschied zu allen vorhergehenden Gesellschaftsordnungen, nur existieren und sich entwickeln kann, wenn seine Gesetzmäßigkeiten durch die Arbeiterklasse und alle Werktätigen unter Führung der marxistisch-leninistischen Partei bewußt realisiert werden.

Der in den Thesen enthaltenen Meinung zur Prognose und Planung der Entwicklung der sozialistischen Produktionsverhältnisse schließe ich mich an. Aber wichtig erscheint mir, daß wir in der Erfassung der vorhandenen Planung noch genauer werden, um dann tatsächlich, ohne diese Planung zu verselbständigen, auch zu neuen Formen zu kommen. So ist zum Beispiel die Erzeugnisgruppenplanung, die Planung der territorialen Rationalisierung und vieles andere mehr auch Planung der Entwicklung sozialistischer Produktionsverhältnisse.

Für die Prognose und langfristige Planung der qualitativen Entwicklungsprozesse sozialistischer Produktionsverhältnisse ist die Methodologie, die dabei angewandt wird, wesentlich. Hervorzuheben ist in diesem Zusammenhang der Grundsatz in den Thesen, daß die Vervollkommnung der sozialistischen Produktionsverhältnisse in dem Maße erfolgt, in dem die Vorzüge sozialistischer Produktionsverhältnisse bei der weiteren

Gestaltung der entwickelten sozialistischen Gesellschaft als Ganzes genutzt werden, zugleich ihre ökonomische Reife entwickelt und ausgeprägt wird in Richtung der Schaffung grundlegender Voraussetzungen für den allmählichen Übergang zum Kommunismus.

Anmerkungen

1 Autorenkollektiv, Zu Problemen der Entwicklungstendenzen der sozialistischen Produktionsverhältnisse in der DDR, Berlin 1977, S. 12 (Forschungsberichte des Zentralinstituts für Wirtschaftswissenschaften der Akademie der Wissenschaften der DDR, Nr. 24).

K.-H. Stiemerling

Die Festigung der sozialistischen Produktionsverhältnisse und die Dialektik der Wirtschaft des entwickelten Sozialismus

Genosse Prof. Dr. H. Koziolek hat bei der Eröffnung der Tagung den bedeutsamen Zusammenhang zwischen der Großen Sozialistischen Oktoberrevolution, deren 60. Jahrestag wir in diesen Tagen würdigen, und dem Thema unserer Ratssitzung hervorgehoben. Ich möchte das besonders in bezug auf die Allgemeingültigkeit der sowjetischen Erfahrungen unterstreichen, denn die sechs Jahrzehnte, die seit dem Großen Oktober vergangen sind, haben die Weitsicht W. I. Lenins bestätigt, wonach „das russische Vorbild *allen* Ländern etwas, und zwar überaus Wesentliches aus ihrer unausweichlichen und nicht fernen Zukunft zeigt“[1]. Diese Feststellung gilt auch uneingeschränkt für die theoretischen und praktischen Probleme bei der Entwicklung und Festigung der sozialistischen Produktionsverhältnisse.

Das vom IX. Parteitag beschlossene Programm der SED gibt eine klare Orientierung für die Gestaltung des entwickelten Sozialismus in der DDR. Es ist, wie Genosse Erich Honecker hervorhob, ein Programm des Wachstums, des Wohlstandes und der Stabilität. Der neue Entwicklungsabschnitt wird dadurch gekennzeichnet, daß die Werktätigen der DDR, gestützt auf die erfolgreiche Bilanz bei der Verwirklichung der Beschlüsse der Partei, alle Vorzüge und Triebkräfte des Sozialismus, alle Seiten und Bereiche des gesellschaftlichen Lebens – die Produktivkräfte und Produktionsverhältnisse, die sozialen und politischen Beziehungen, die Wissenschaft und das Bildungswesen, die sozialistische Ideologie und Kultur, die Gesamtheit der Arbeits- und Lebensbedingungen sowie die Landesverteidigung – planmäßig auf hohem Niveau entwickeln.

Die Ergebnisse der seit dem VIII. Parteitag verwirklichten Wirtschafts- und Sozialpolitik der Partei bestätigen die Richtigkeit dieses politischen Kurses, der auf der für jeden sichtbaren Verknüpfung von ökonomischem und gesellschaftlichem Fortschritt beruht. Immer deutlicher wird, daß sich das materielle und kulturelle Lebensniveau in direkter Abhängigkeit von der ökonomischen Leistung, von der Effektivität der Produktion entwickelt.

Dank der zielgerichteten Politik der Partei und der fleißigen und schöpferischen Arbeit der Werktätigen unseres Landes erhöht sich unablässig das materielle und geistig-kulturelle Lebensniveau des Volkes, wächst die materiell-technische Basis des Sozialismus. Das Nationaleinkommen je Kopf der Bevölkerung wird sich dank der schöpferischen Arbeit der Werktätigen von 6400 Mark im Jahr 1970 auf etwa 9000 Mark im Jahre 1977 erhöhen.

Die Vorzüge der sozialistischen Gesellschaft gegenüber dem Kapitalismus entstehen mit der Errichtung der politischen Macht der Arbeiterklasse und mit der Schaffung des sozialistischen Eigentums an den Produktionsmitteln, mit der Gestaltung und Vervollkommnung der sozialistischen Produktionsverhältnisse. Daraus resultieren alle Vorzüge und Triebkräfte des Sozialismus. Die Vorzüge des Sozialismus sind vor allem die politische Herrschaft der Arbeiterklasse, das gesellschaftliche Eigentum an den Produktionsmitteln, die sozialistische Planwirtschaft und die Einheit von Wirtschafts- und Sozialpolitik, die bewußte und planmäßige Gestaltung aller gesellschaftlichen Prozesse durch das werktätige Volk unter Führung der marxistisch-leninistischen Partei, der unverbrüchliche Bruderbund mit der Sowjetunion und den anderen Ländern der sozialistischen Gemeinschaft und nicht zuletzt die Tatsache, daß die sozialistische Gesellschaftsordnung die erste ist, in der die Ursachen für das Entstehen von Kriegen ausgemerzt sind. Die Erfolge des Sozialismus, seine Vorzüge und Triebkräfte, die Wirkung der konsequenten Friedenspolitik der Sowjetunion und der anderen Staaten der sozialistischen Gemeinschaft haben den Imperialismus in die historische Defensive gedrängt. In den Ländern des Kapitals erleben Millionen Menschen tagtäglich die Auswirkungen der tiefen Krise, die das kapitalistische System erfaßt hat. Soziale Unsicherheit, Mißachtung der Menschenrechte, Massenarbeitslosigkeit und Inflation kennzeichnen das Leben der Werktätigen. Die allgemeine Krise des Kapitalismus erfaßt mehr und mehr alle Gebiete des gesellschaftlichen Lebens.

Die geschichtlichen Erfahrungen in der Klassenauseinandersetzung zwischen Sozialismus und Kapitalismus haben bestätigt, daß die Fragen nach den Bedingungen der Existenz und der Perspektive des Menschen, nach der Freiheit und den Entwicklungsmöglichkeiten der Persönlichkeit usw., Fragen nach dem Charakter der Gesellschaftsordnung, nach den Besitz- und Machtverhältnissen, also Klassenfragen sind. „Während der Kapitalismus eine unüberbrückbare Kluft zwischen Wirtschafts- und Sozialpolitik konstatieren muß, kann der Sozialismus die Einheit von Wirtschafts- und Sozialpolitik im Interesse der Arbeiterklasse und aller Werktätigen zu seinem obersten Leitgedanken erheben. Das ist der Kern des gesellschaftlichen Fortschritts unserer Zeit ..."[2]

Die Perspektiven der siegreich vollzogenen sozialistischen Revolution in der DDR sind klar: In einem historischen Prozeß tiefgreifender politischer, ökonomischer, sozialer und geistig-kultureller Wandlungen gestalten die Werktätigen unseres Landes unter Führung der SED die entwickelte sozialistische Gesellschaft, zu deren Kriterien die ungeteilte Herrschaft der sozialistischen Produktionsverhältnisse gehört. Der Sozialismus als junge, dynamische Gesellschaftsordnung entwickelt seine Potenzen in Übereinstimmung mit den sozialen Interessen der Massen, schafft für die Werktätigen die besten Entfaltungsmöglichkeiten. Im weiteren Sinne ist das ein revolutionärer Prozeß, der auch evolutionäre Etappen ebenso einschließt, wie er spezielle Reformen erfordert, in dem die allseitige Überlegenheit der neuen Gesellschaftsordnung spürbar realisiert wird. Die sozialistische Revolution im eigentlichen Sinne des Wortes ist ein qualitativer Umgestaltungsprozeß, der mit der Errichtung der politischen Herrschaft der Arbeiterklasse unter Führung der marxistisch-leninistischen Partei beginnt und mit der Erfüllung der Aufgaben der Übergangsperiode vom Kapitalismus zum Sozialismus in dem betreffenden Land, das heißt im wesentlichen mit der Durchsetzung der sozialistischen Produktionsverhältnisse, zum Sieg geführt wurde. Die sozialistische Revolution führt dann folgerichtig zur Gestaltung der entwickelten sozialistischen Gesellschaft, deren Vervollkommnung auf allen Gebieten – wie die historischen Erfahrungen zeigen – Jahrzehnte beansprucht.

Die Bedeutung der Theorie des entwickelten Sozialismus für das Thema unserer heutigen Beratung ist offensichtlich. Thesen, Referat und Diskussion machen das deutlich. Deshalb möchte ich aus dem Beschluß des ZK der KPdSU zum 60. Jahrestag der Großen Sozialistischen Oktoberrevolution besonders hervorheben: „Das wichtigste Ergebnis der selbstlosen Arbeit des Sowjetvolkes ist die in unserem Lande errichtete Gesellschaft des entwickelten Sozialismus geworden.

Die entwickelte sozialistische Gesellschaft ist eine gesetzmäßige Etappe bei der Herausbildung der kommunistischen Formation. In dieser Etappe läßt der Sozialismus, indem er sich bereits auf eigener Grundlage entwickelt, immer vollständiger seine schöpferischen Möglichkeiten, sein zutiefst humanistisches Wesen zutage treten. Der entwickelte Sozialismus ist gekennzeichnet durch die Verbindung der Errungenschaften der wissenschaftlich-technischen Revolution mit den Vorzügen des sozialistischen Wirtschaftssystems, durch eine entschiedene Hinwendung zu intensiven Entwicklungsmethoden der Wirtschaft, durch ein qualitativ neues Niveau und durch Dimensionen der Produktion, die es ermöglichen, die Aufgaben bei der Schaffung der materiell-technischen Basis des Kommunismus unmittelbar zu lösen, ein kontinuierliches Wachstum des Wohlstands der Werktätigen zu gewährleisten und im ökonomischen Wettstreit mit dem Kapitalismus wichtige Erfolge zu erzielen.

Entwickelter Sozialismus, das bedeutet einen hohen Reifegrad des gesamten Systems der gesellschaftlichen Verhältnisse, die allmählich kommunistisch werden. Seine charakteristischen Merkmale sind die unzerstörbare politisch-ideologische und soziale Geschlossenheit der Werktätigen, ihre selbstlose Ergebenheit gegenüber den edlen Idealen der Kommunistischen Partei und ihre Treue zu den Prinzipien des Marxismus-Leninismus. Der entwickelte Sozialismus – das ist heute die höchste Errungenschaft des sozialen Fortschritts.

Die Konzeption der entwickelten sozialistischen Gesellschaft, die die KPdSU und die brüderlich mit ihr verbundenen kommunistischen und Arbeiterparteien kollektiv ausgearbeitet haben, ist ein großer schöpferischer Beitrag zur Schatzkammer des Marxismus-Leninismus."[3]

Ich bin überzeugt, daß die Erfahrungen der KPdSU und des Sowjetvolkes helfen werden, überall das mögliche Tempo des ökonomischen und des gesellschaftlichen Fortschritts realistisch einzuschätzen. Es nutzt meines Erachtens nichts, die Nichterfüllung aktueller Aufgaben in Theorie und Praxis mit dem Anvisieren möglicher Aufgaben in einer fernen Perspektive zu entschuldigen. Heraus kommen dann falsche Orientierungen, Reibungsverluste usw.

Die ständige Vervollkommnung der sozialistischen Produktionsverhältnisse gehört in konzeptioneller Hinsicht zu den Forschungsaufgaben insbesondere der wirtschaftswissenschaftlichen Disziplinen. Die vorliegenden Thesen werden sicher die Überlegungen in dieser Hinsicht aktivieren. Besonders was die Wechselbeziehungen von Internationalem und Nationalem und die politökonomische Begründung des Systems der sozialistischen Produktionsverhältnisse betrifft, sollte die Arbeit forciert werden. Auch die qualitative Verbesserung der Aussage zu den Distributions-, Zirkulations- und Konsumtionsverhältnissen ist erforderlich.

Notwendig ist weiterhin eine Stellungnahme zu der Diskussion über primäre und abgeleitete Produktionsverhältnisse. Wenn jetzt zum Beispiel der scheinbar ausgleichende Vorschlag gemacht wird, „sowohl die internationalen als auch die nationalen Produktionsverhältnisse als Kategorien gleicher Ordnung zu betrachten", so ist das meines Erachtens nicht geeignet, den Ursprung der Diskussion, die unterschiedlichen Wertungen und möglicherweise falschen Orientierungen aus der Welt zu schaffen.

Gegenwärtig zeigt sich immer deutlicher, daß der historische Prozeß der Entwicklung der sozialistischen ökonomischen Integration der RGW-Länder zunehmend zu einer internationalen Entfaltung der sozialistischen Produktionsverhältnisse führt. Die sozialistische ökonomische Integration ermöglicht eine hohe Dynamik der ökonomischen Entwicklung. In immer stärkerem Maße werden die gegenseitigen ökonomischen Beziehungen der Länder der sozialistischen Staatengemeinschaft von der internationalen Entfaltung der sozialistischen Produktionsverhältnisse bestimmt. Doch der Aufbau der entwickelten sozialistischen Gesellschaft in jedem Land der Gemeinschaft erfordert die *allseitige* Entfaltung der sozialistischen Produktionsverhältnisse. Dieser Prozeß erfordert vor allem die effektive Realisierung der sozialistischen Produktionsverhältnisse in den Mitgliedsländern des RGW. Hier liegen die großen Reserven und Möglichkeiten. Die internationale Entfaltung der sozialistischen Produktionsverhältnisse durch die Entwicklung und Verwirklichung der sozialistischen ökonomischen Integration erschließt weitere wesentliche Faktoren für das Wachstum von Produktion, Produktivität und Effektivität. Doch ist es fraglich, ob der in diesem Zusammenhang oft verwendete Begriff „potenzieren" immer gerechtfertigt ist. Sicher ist, daß alle Wachstumsfaktoren und Potenzen zu nutzen sind, doch darf das nicht zu einer Gegenüberstellung innerer und äußerer Faktoren führen. Vielmehr kommt es darauf an, durch ein höheres Niveau der Planung und Stimulierung in den Mitgliedsländern sowie im Rahmen der Gemeinschaft das Potential mit höherer Effektivität einzusetzen und zu realisieren.

Die Gestaltung und Vervollkommnung des entwickelten Sozialismus schließt die internationale Entfaltung sozialistischer Produktionsverhältnisse ein. Deshalb halte ich folgende Feststellung für richtig: „Natürlich bildet sich das primäre System der Produktionsverhältnisse in den Grenzen der sozialistischen Staaten heraus . . . Die sozialistischen Staaten nehmen untereinander eine zwischenstaatliche Zusammenarbeit auf. Die Produktionsverhältnisse, welche sich zwischen ihnen herausbilden, treten als sekundäre (abgeleitete) Verhältnisse auf."[4] Zu dieser Frage gibt es verschiedene Auffassungen. Die Klärung der Standpunkte ist sowohl für die weitere theoretische Arbeit als auch für die Praxis von Interesse.

Die Frage nach dem Primären und dem Sekundären bei der zunehmenden Vervollkommnung und Entfaltung der sozialistischen Produktionsverhältnisse ist aber nicht nur historisch begründet. Die praktischen Erfahrungen des sozialistischen Aufbaus beweisen, daß sich der Sozialismus nur staatlich organisiert und auf der Grundlage des sozialistischen Eigentums an den Produktionsmitteln entwickeln kann. Die Rolle des sozialistischen Staates bei der weiteren Gestaltung der entwickelten sozialistischen Gesellschaft wächst ständig. Innerhalb der Grenzen der sozialistischen Staaten bilden sich die sozialistischen Produktionsverhältnisse in ihrer ausgeprägtesten Form, als primäre, ursprüngliche heraus.

Eine solche Feststellung darf aber keineswegs zu einer Abwertung der internationalen Entfaltung der sozialistischen Produktionsverhältnisse führen, zu ihrer Nichtbeachtung oder zu einer Einstufung der Integrationsprozesse als zweitrangig bei der Leitung, Planung und ökonomischen Stimulierung. Dennoch ist eine solche Feststellung notwendig, weil allzu leicht die Dialektik von Nationalem und Internationalem, die eigene Verantwortung, die Möglichkeiten in den Ländern aus dem Auge verloren werden können.

In einigen Arbeiten wird die Dialektik zwischen der Entfaltung der sozialistischen Produktionsverhältnisse in den sozialistischen Ländern und der in den Beziehungen zwischen ihnen nicht hinreichend beachtet. Es erfolgt im gewissen Sinne eine Trennung der sozialökonomisch gleichen sozialistischen Produktionsverhältnisse im Prozeß der sozialistischen ökonomischen Integration von den ökonomischen Verhältnissen, die sich in den Mitgliedsländern des RGW entwickeln. Die Konsequenzen daraus für Theorie und Praxis sind unübersehbar.

Das internationale Wesen der sozialistischen Gesellschaftsordnung ist unbestritten. Doch die Dialektik der Entfaltung der sozialistischen Produktionsverhältnisse darf nicht in der Weise vereinfacht werden, daß die sozialistische ökonomische Integration als ein Prozeß dargestellt wird, der der Entfaltung der sozialistischen Produktionsverhältnisse in den Ländern übergeordnet ist oder ihr sogar gegenübersteht. Ein solches Herangehen führt dazu, die einheitlichen sozialistischen Produktionsverhältnisse in sogenannte „nationale" und in „internationale" zu trennen.

Die sozialistischen Produktionsverhältnisse sind eine objektive ökonomische Kategorie, immanenter Bestandteil der sozialistischen Produktionsweise. Sie sind die Existenzbedingung der ökonomischen Gesetze des Sozialismus. Insofern ist es unseres Erachtens nicht richtig zu sagen, daß sich erst mit ihrer internationalen Entfaltung die sozialistischen Produktionsverhältnisse universell, allgemeingültig herausbilden.

Mit vollem Recht hebt deshalb Ju. Širjaev hervor, daß gegenwärtig die Internationalisierung der Produktivkräfte „noch nicht so weit fortgeschritten ist, daß die nationalstaatliche Organisation der Produktion in Frage gestellt werden müßte. In unserem Land zum Beispiel sind die innerökonomischen Quellen der Effektivitätserhöhung der gesellschaftlichen Produktion unbestritten. Sie übersteigen um ein vielfaches jene Reserven, die in der außenwirtschaftlichen Tätigkeit verborgen liegen. In den übrigen Ländern, die über einen weniger intensiven inneren Markt verfügen, sind die inneren Quellen der Effektivitätssteigerung der Produktion ebenfalls bedeutend. Aus diesem Grunde erfordert selbstverständlich die Entwicklung des sozialistischen Weltsystems in der gegenwärtigen Etappe nicht die ‚Aufhebung' der nationalstaatlichen Grenzen für den Prozeß der erweiterten sozialistischen Reproduktion."[5] Deshalb möchte ich noch einmal hervorheben:

Die staatliche Leitung, Planung und ökonomische Stimulierung ist in der gegenwärtigen Entwicklungsetappe der sozialistischen Gesellschaft das entscheidende Instrument, um die sozialistische ökonomische Integration mit hoher Effektivität im Interesse aller beteiligten Länder und Partner zu verwirklichen. Daran ändert auch nichts die Tatsache, daß mitunter versucht wird, einen *Grund*widerspruch zwischen der Internationalisierung der Produktivkräfte und der staatlichen Planung zu konstruieren.

„Bei der Analyse der vielfältigen Prozesse, die sich in der sozialistischen Gemeinschaft vollziehen, kommt man nicht umhin festzustellen, daß der überwiegende Teil von ihnen eng mit dem *Wechselverhältnis von Nationalem und Internationalem,* das heißt mit der Entwicklung der einzelnen Länder und des Weltsozialismus als Ganzem zusammenhängt. *Dieses Wechselverhältnis, dem die Internationalisierung der Produktivkräfte und die Gemeinsamkeit der sozialistischen Ordnung in den einzelnen Ländern zugrunde liegt, entwickelt sich unter dem bestimmenden Einfluß des Grundwiderspruchs zwischen der wachsenden Internationalisierung der Produktivkräfte, der Wirtschaft einerseits und der fortexistierenden nationalstaatlichen Organisation des gesellschaftlichen Lebens andererseits.* Gegenwärtig erfordert dieser Widerspruch als Triebkraft der Entwicklung des Sozialismus jedoch *nicht* die Beseitigung der nationalstaatlichen Organisation des gesellschaftlichen Lebens. Das ist eine Aufgabe der ferneren Zukunft." (Hervorhebung – K.-H. St.)[6]

Die Ansprüche, die an die Kategorie „Grundwiderspruch" zu stellen sind, rechtfertigen meines Erachtens in keiner Weise die Anwendung dieses Begriffes auf die gegenwärtigen Formen der Zusammenarbeit und der Entwicklung der sozialistischen ökonomischen Integration. Die Potenzen aller Entfaltungsformen sozialistischer Produktionsverhältnisse werden dann mit höchster Effektivität realisiert werden können, wenn das gesamte System der Leitung, Planung und Stimulierung konsequent auf die Ausnutzung der ökonomischen Gesetze des Sozialismus gerichtet ist. Für den Integrationsmechanismus bedeutet das, die bewährten Prinzipien des RGW weiter konsequent anzuwenden und solche Prinzipien wie den gegenseitigen Vorteil und andere sowie das Äquivalenzprinzip noch effektiver zu realisieren.

In den Thesen wird das Leistungsprinzip zu Recht als Grundprinzip des ökonomischen und sozialen Lebens herausgestellt. Ich möchte den heutigen Beitrag vom Genossen H. Milke zu dieser Frage voll unterstützen.

Gehen wir von der realistischen Einschätzung der Erfüllung der Fünfjahrplanaufgaben aus, so wird deutlich, daß wir uns noch stärker auf die materiellen und ideologischen Voraussetzungen zu konzentrieren haben, um die Hauptaufgabe bei der Gestaltung der entwickelten sozialistischen Gesellschaft in all ihren Aspekten mit hoher Effektivität zu verwirklichen.

Die Hauptaufgabe geht davon aus, daß das Ziel der Produktion im Sozialismus in der immer besseren Befriedigung der wachsenden materiellen und kulturellen Bedürfnisse der Menschen besteht. Sie läßt keinen Zweifel daran, daß es nur einen Weg gibt, um dieses Ziel zu erreichen – ein hohes Entwicklungstempo der sozialistischen Produktion, die Erhöhung der Effektivität, die Beschleunigung des wissenschaftlich-technischen Fortschritts und das Wachstum der Arbeitsproduktivität. In der Produktion werden die materiellen Voraussetzungen für die Entwicklung des materiellen und geistig-kulturellen Lebensniveaus, für die Gestaltung aller Bereiche des gesellschaftlichen Lebens auf stets höherer Stufe geschaffen. Doch die erfolgreiche Entwicklung ist kein Ruhekissen. Unaufhörlich stellen der wissenschaftlich-technische Fortschritt, die Auswirkungen außenwirtschaftlicher Belastungen und andere Veränderungen der Reproduktionsbedingungen neue Ansprüche an den Leistungs- und Effektivitätszuwachs der Volkswirtschaft. Deshalb orientiert die 6. Tagung des ZK darauf, die schöpferischen Fähigkeiten aller Werktätigen zu mobilisieren, die Intensivierung voranzubringen und jede Aufgabe und jedes Arbeitsergebnis mit dem strengen Maßstab des volkswirtschaftlichen Nutzens zu messen.

Die wesentliche Interessenübereinstimmung aller Werktätigen wirkt in der sozialistischen Gesellschaft als Triebkraft zur planmäßigen Lösung von Widersprüchen, zum Beispiel in der Wirtschaft. Entscheidend ist, wie es gelingt, die Individuen und Kollektive an hohen Leistungen für sich und für die Gesellschaft zu interessieren. Deshalb sind die leistungsgerechte Entlohnung und die richtige Verbindung materieller und moralischer Anerkennung hoher Arbeitsergebnisse entscheidende Voraussetzungen für das volle Wirksamwerden dieser Triebkräfte.

Der IX. Parteitag der SED hat die konsequente Anwendung des sozialistischen Leistungsprinzips als eine unerläßliche Voraussetzung für die Erfüllung des sozialpolitischen Programms bezeichnet.

Das Leistungsprinzip im Sozialismus steht nicht im Gegensatz zur Sozialpolitik. Man darf es auch nicht auf die Verteilungsfunktion reduzieren. Es ist auch kein Überbleibsel, kein Rudiment der Vergangenheit. Es ist eine objektive Kategorie des Sozialismus, um die Interessenübereinstimmung in der wichtigsten Sphäre des gesellschaftlichen Lebens, in der Produktion, im Arbeitsprozeß, beim Lernen usw. zu realisieren. Dies zu betonen ist notwendig, weil nicht selten von Revisionisten und Konvergenztheoretikern das sozialistische Leistungsprinzip angegriffen und verleumdet wird. Die Verzerrung des Leistungsbegriffs durch den Kapitalismus ist allen bekannt: die nichts leisten, verfügen und verwenden den Mehrwert für ein System, das historisch überlebt ist. Der Kapitalismus ist keine Leistungsgesellschaft, wie manche meinen, sondern eine Profitgesellschaft, in der die Leistungen der Werktätigen in vielerlei Hinsicht „entfremdet" werden.

Der Sozialismus dagegen schafft zum ersten Mal im gesellschaftlichen Maßstab für jeden die Möglichkeit, sein Leben in Übereinstimmung mit der eigenen Leistung zu gestalten. Das sozialistische Leistungsprinzip fördert die schöpferische Initiative der Werktätigen zur Steigerung der Arbeitsproduktivität und das Interesse an ihrer eigenen Qualifizierung. Es ist darauf gerichtet, die Bedürfnisse der Werktätigen in Übereinstimmung mit ihren wachsenden Arbeitsergebnissen immer besser zu befriedigen. Nicht in Interessengegensätzen und sozialen Konflikten, wie sie in der auf dem Privateigentum an den Produktionsmitteln beruhenden kapitalistischen Konkurrenz- und Profitwirtschaft bestehen, sondern in der Übereinstimmung der gesellschaftlichen mit den persönlichen Interessen besteht eine entscheidende Triebkraft des Sozialismus.

Wenn wir uns so deutlich für eine wachstums- und leistungsorientierte Wirtschaft aussprechen, so meinen wir natürlich nicht ein Wachstum um jeden Preis – obwohl das auf Teilgebieten und unter besonderen Umständen nicht auszuschließen ist –, sondern ein ökonomisches Wachstum, das auf eigener Leistung beruht, durch hohe Effektivität der Produktion erreicht wird, mit großer sozialer Wirksamkeit verbunden ist. Deshalb nutzen wir alle Vorzüge und Triebkräfte des Sozialismus, indem wir die wissenschaftlich fundierte Leitung, Planung und Stimulierung vervollkommnen, die materielle Interessiertheit konsequent verwirklichen und das sozialistische Bewußtsein der Werktätigen weiter festigen.

Die Initiative und die Schöpferkraft der Werktätigen, ihr Fleiß, ihre Disziplin und ihr Wille zu hohen Leistungen sind auf der Grundlage der wissenschaftlich fundierten Leitung, Planung und ökonomischen Stimulierung die entscheidenden Quellen der dynamischen Entwicklung der sozialistischen Wirtschaft.

Diese Vorzüge werden jedoch nicht automatisch realisiert. Viele Widersprüche sind zu lösen, neue entstehen. Denken wir an die langfristigen Aufgaben zur Vervollkommnung, zur Stärkung der materiell-technischen Basis des Sozialismus und später an den Aufbau der materiell-technischen Basis des Kommunismus. Die Roh- und Brennstoffversorgung, der Ausbau des Transportwesens, der Wohnungsbau und die Infrastruktur – all das erfordert Milliarden Summen an Investitionen, die nur durch eine hohe Effektivität aufgebracht werden können. Denken wir aber auch an die Disproportionen zwischen Zuliefer- und Finalproduzenten, zwischen Importwünschen und Exportmöglichkeiten, so wird uns klar, daß diese und andere Widersprüche durch ein höheres Niveau der Leitung, Planung und Stimulierung überwunden werden müssen.

Genosse Erich Honecker sagte dazu: „Die heranreifenden Fragen werden so gelöst, wie es der IX. Parteitag vorgezeichnet hat. Der gemeinsame Nenner dieser Erfordernisse ist, unsere Leitung und Planung noch umfassender auf hohe Qualität und Effektivität der Arbeit einzustellen. Um es noch deutlicher auszudrücken: Es geht nicht darum, Qualität und Effektivität auch zu berücksichtigen, sondern sie zum entscheidenden Kriterium des Handelns zu machen. Mit dem Beschluß des Politbüros vom Jahre 1976 über die Leistungsbewertung sind erste Grundlagen geschaffen worden. Auf ihnen gilt es aufzubauen, und zwar nicht halbherzig, sondern mit großer Konsequenz. Die Hauptaufgabe verlangt, sich in der Leistungsbewertung noch stärker dem volkswirtschaftlichen Endergebnis zuzuwenden, also dem Nationaleinkommen in seiner konkreten Gestalt, seiner Übereinstimmung mit Quantität und Qualität des gesellschaftlichen Bedarfs."[7]

Im Gegensatz zum Kapitalismus können im Sozialismus dank der sozialistischen Macht- und Eigentumsverhältnisse, auf deren Grundlage die gesellschaftlichen Entwicklungsprozesse bewußt und planmäßig gestaltet werden, Widersprüche durch die wissenschaftlich fundierte Leitung, Planung und Stimulierung rechtzeitig einer Lösung zugeführt werden. Hier kann und muß die wirtschaftswissenschaftliche Forschung mit schöpferischen, praktikablen und konsequenten Lösungsvorschlägen helfen.

Infolge der durch die sozialistischen Produktions- und Machtverhältnisse gegebenen objektiven Übereinstimmung zwischen gesellschaftlichen, kollektiven und persönlichen Interessen werden die Wachstumsprobleme durch die Masseninitiative, durch die Schöpferkraft der Werktätigen unter Führung der marxistisch-leninistischen Partei gelöst. Masseninitiative und Schöpfertum entstehen vor allem auf der Grundlage einer wissenschaftlich fundierten Leitung der gesellschaftlichen Prozesse, durch die politisch-ideologische Arbeit der Partei der Arbeiterklasse. Nur durch das immer bewußtere und planmäßigere Handeln der Werktätigen ist es möglich, die Triebkräfte zu entfalten, die objektiven gesellschaftlichen Gesetze bewußt auszunutzen. Durch die politisch-ideologische Erziehung der Werktätigen und die weitere Vervollkommnung der Leitung, Planung und ökonomischen Stimulierung sowie durch die Entfaltung des sozialistischen Wettbewerbs entsprechend den Beschlüssen des 9. FDGB-Kongresses wird die Interessenübereinstimmung zwischen Gesellschaft und Werktätigen im täglichen Leben verwirklicht.

Der komplizierte Prozeß, immer wieder die Interessen der Werktätigen wirksam miteinander und mit den gesellschaftlichen Erfordernissen zu verknüpfen, wird durch die sozialistische Demokratie, durch die gesamte staatliche Tätigkeit mit hoher Effektivität gestaltet. Die grundlegenden Interessen der Arbeiterklasse stimmen mit den perspektivischen Interessen der Gesellschaft überein. Daraus erklärt sich vor allem der spezielle Einfluß und die große Verantwortung der staatlichen Organe für die Verknüpfung gemeinsamer und spezifischer Interessen der Arbeiter, der Genossenschaftsbauern, der Ingenieure, der Wissenschaftler, der Kunst- und Kulturschaffenden, der Lehrer, Ärzte und der anderen Werktätigen. Die Mitbestimmung und Mitverantwortung der Gewerkschaften zum Beispiel für die Ausarbeitung und Verwirklichung der Volkswirtschaftspläne von den Betrieben über die örtlichen Volksvertretungen bis zur Volkskammer veranschaulichen die neue Stellung des Werktätigen kraft des sozialistischen Charakters der Staatsmacht und des sozialistischen Eigentums an den wichtigsten Produktionsmitteln.

Die Volksaussprachen zu wichtigen Gesetzentwürfen, die zahlreichen Vorschläge an die staatlichen Organe zur Qualifizierung der Gesetze und Beschlüsse sind ein Ausdruck der immer deutlicher zutage tretenden Verantwortung des einzelnen Werktätigen. Freilich geht es auch in diesem Prozeß um die Einheit von Quantität und Qualität. So wichtig und unersetzlich die Teilnahme vieler Bürger an den vielfältigen Möglichkeiten der Mitwirkung an den gesellschaftlichen Angelegenheiten ist, mit den Aufgaben zur Gestaltung des entwickelten Sozialismus in unserem Lande wachsen die Ansprüche an die Sachkenntnis, an das Arbeitsvermögen, sind konstruktive Lösungsvorschläge gefragt. Die Milliarden Nutzen bringenden Verbesserungsvorschläge der Werktätigen sind ein Beleg für die wachsende Aktivität in dieser Richtung. Damit bestätigt sich erneut die Leninsche Feststellung: „Jede Demokratie, wie überhaupt jeder politische Überbau (der unumgänglich ist, solange die Aufhebung der Klassen nicht vollendet, solange die klassenlose Gesellschaft nicht geschaffen ist), dient in letzter Instanz der Produktion und wird in letzter Instanz durch die Produktionsverhältnisse der jeweiligen Gesellschaft bestimmt."[8]

Abschließend noch einige Bemerkungen zu dem Begriff „Planung der sozialistischen Produktionsverhältnisse". Mit ihm werden vielfältige Probleme aufgeworfen: die Wechselbeziehungen von Produktivkräften und Produktionsverhältnissen, von Objektivem und Subjektivem, von Ökonomie, Politik und Ideologie.

Meines Erachtens ist noch viel zu tun, um den Inhalt dieses Begriffs zu klären. Die Überlegungen sollten besonders in der Richtung verstärkt werden, das System der Leitung, Planung und ökonomischen Stimulierung zu vervollkommnen, um ein kontinuierliches Wirtschaftswachstum im Interesse des gesellschaftlichen Fortschritts zu realisieren.

Die Beschlüsse des IX. Parteitages der SED, insbesondere das Programm der SED und das Gesetz über den Fünfjahrplan zur Entwicklung der Volkswirtschaft der DDR in den Jahren 1976 bis 1980 stellen anspruchsvolle Aufgaben. Viele Schwierigkeiten bei der Planerfüllung resultieren meines Erachtens aus einem einseitigen Verständnis der o. g. Wechselbeziehungen, und die Diskussionen über die Entwicklungsprobleme sozialistischer Produktionsverhältnisse sollten helfen, diese Wechselbeziehungen richtig zu sehen.

Wenn über das Tempo des ökonomischen und des sozialen Fortschritts diskutiert wird, so gibt es nicht selten Fragen nach den Wechselbeziehungen von Ökonomie, Politik und Ideologie. Diese Fragen kulminieren meistens in der einseitigen Betonung des einen oder anderen, in der Unterschätzung der Wechselbeziehungen zwischen ihnen.

Auch bei der Gestaltung des entwickelten Sozialismus betrachten wir das Wechselverhältnis von Ökonomie, Politik und Ideologie vom materialistischen Standpunkt. Unsere Partei und Regierung gehen bei der Gestaltung der Wirtschafts- und Sozialpolitik von den bekannten Thesen W. I. Lenins aus, daß die Politik der konzentrierteste Ausdruck der Ökonomik ist und daß die Politik notwendigerweise das Primat gegenüber der Ökonomik hat.[9]

Der Vorrang der Politik gegenüber der Ökonomie beruht auf dem politischen Herangehen an alle Fragen des ökonomischen Wachstums. Die Gegenwart bestätigt Lenins Worte: „Ohne politisch richtig an die Sache heranzugehen, wird die betreffende Klasse ihre Herrschaft nicht behaupten und folglich auch ihre Produktionsaufgaben nicht lösen können."[10]

Das bedeutet: Eine richtige Variante der ökonomischen Entwicklung auszuarbeiten, Maßnahmen zur Vervollkommnung der Leitung, Planung und Stimulierung zu realisieren, die ökonomischen Prioritäten rechtzeitig zu präzisieren – all das sind Aufgaben von außerordentlicher politischer Bedeutung. Schließlich werden von den damit zusammenhängenden Entscheidungen die Interessen von Millionen Menschen berührt, von deren Initiative – die wiederum vom Grad der Überzeugung, der Bewußtheit beeinflußt wird – die Lösung der beschlossenen Aufgaben abhängt.

Bereits Friedrich Engels hat auf den großen Einfluß der Politik, der Staatsmacht auf die ökonomische Entwicklung hingewiesen: „Sie kann in derselben Richtung vorgehn, dann geht's rascher, sie kann dagegen angehn, dann geht sie heutzutage auf die Dauer in jedem großen Volk kaputt, oder sie kann der ökonomischen Entwicklung bestimmte Richtungen abschneiden und andere vorschreiben – dieser Fall reduziert sich schließlich auf einen der beiden vorhergehenden. Es ist aber klar, daß in den Fällen II und III die politische Macht der ökonomischen Entwicklung großen Schaden tun und Kraft- und Stoffvergeudung in Massen erzeugen kann."[11]

Natürlich bedeutet Vorrang der Politik nicht Unabhängigkeit von den ökonomischen Erfordernissen, Gesetzen und Fonds. Nichts gemein hat die Leninsche These vom Vorrang der Politik mit den Phrasen oder der Praxis „linker" Revisionisten oder gar der Maoisten, die die Politik als „Kommandogewalt" diskreditieren. Die Erfahrungen der sozialistischen Länder zeigen, daß zwei extreme Auffassungen zu vermeiden sind: Wunschdenken und die Negierung der ökonomischen Realitäten einerseits, Vorstellungen vom Automatismus ökonomischer Regelungen und die Unterschätzung der Rolle der sozialistischen Staatsmacht und der sozialistischen Ideologie andererseits.

Die Tätigkeit der marxistisch-leninistischen Partei beruht auf dem Studium, auf der Kenntnis der objektiven Gesetzmäßigkeiten der gesellschaftlichen Entwicklung, auf der Fähigkeit, diese Gesetze unter Berücksichtigung der konkreten Bedingungen mit Erfolg auszunutzen. Dabei kommt es vor allem darauf an, die gemeinsamen und spezifischen Interessen der Werktätigen entsprechend den gesellschaftlichen Erfordernissen wirksam miteinander zu verknüpfen und die materiellen und ideellen Stimuli entsprechend zu gestalten.

Für uns Marxisten-Leninisten ist die materialistische These unumstößlich, daß die Ökonomie die materielle Grundlage der Gesellschaft und folglich auch der Politik ist. Das sozialistische Bewußtsein, der sozialistische Staat wirken aktiv auf die Gestaltung der ökonomischen Verhältnisse ein. Ihre Bedeutung, ihre Wirkung nehmen zu, weshalb in der Literatur in diesem Zusammenhang auch oft von „ihrer wachsenden Rolle" gesprochen wird. Doch solange es über objektive Erfordernisse, über Widersprüche, über die Möglichkeiten des ökonomischen Wachstums Illusionen gibt, haben wir allen Grund, in Theorie und Propaganda die Rolle des Objektiven und die Wechselbeziehungen zwischen Objektivem und Subjektivem zu betonen. Wenn gelegentlich in der Diskussion, aus welchen Gründen auch immer, Objektives und Subjektives im Sinne einer Symbiose als Einheit betrachtet wird, dann besteht meines Erachtens die Gefahr, „theoretische Grundlagen" für ein subjektivistisches, voluntaristisches Verhalten gegenüber den ökonomischen Gesetzen des Sozialismus zu schaffen. Wir dürfen nicht vergessen, daß der „bilanzierte Plan" noch immer eine Aufgabe ist. Für uns ergibt sich daraus die Aufgabe, ständig an Vorschlägen für die Leitung, Planung und Stimulierung der gesellschaftlichen Prozesse zu arbeiten, denn die wissenschaftliche Fundierung der Planung und der Bilanzen stellt immer höhere Ansprüche.

Der sozialistische Staat der Arbeiter und Bauern ist das Hauptinstrument der von der Arbeiterklasse geführten Werktätigen bei der Gestaltung der entwickelten sozialistischen Gesellschaft und auf dem Wege zum Kommunismus, heißt es im Programm der SED. Mit der sozialistischen Revolution dringt die Politik in alle Bereiche des gesellschaftlichen Lebens. In den sozialistischen Ländern ist die aktive Teilnahme der Werktätigen an der Leitung der gesellschaftlichen Angelegenheiten ein Schlüssel für den ökonomischen und den gesellschaftlichen Fortschritt, nachdem die sozialen Beziehungen völlig umgestaltet sind und das Bündnis der Arbeiterklasse mit den Genossenschaftsbauern, mit der Intelligenz und mit anderen Werktätigen zu einer politischen Grundlage des sozialistischen Staates geworden ist. „Das ist für uns die interessanteste Politik", schrieb W. I. Lenin bereits 1921.[12] Unsere Erfahrungen bestätigen dies immer wieder. Unter den Bedingungen der Gestaltung des entwickelten Sozialismus konzentriert sich die Politik auf die Festigung der Staatsmacht, auf die weitere Entwicklung der sozialistischen Demokratie, auf die Formen der Abstimmung, der Koordinierung und der Verknüpfung der Interessen, der gemeinsamen und der spezifischen, auf die Ziele und Aufgaben der wirtschaftlichen und sozialen Entwicklung, auf die Formen und Methoden der staatlichen Leitung. Die wirtschaftswissenschaftliche Forschung ist in der Lage, ihren Beitrag hierzu weiter zu erhöhen.

Anmerkungen

1 W. I. Lenin, Der „linke Radikalismus", die Kinderkrankheit im Kommunismus, in: Werke, Bd. 31, Berlin 1959, S. 6.

2 E. Honecker, Die sozialistische Revolution in der DDR und ihre Perspektiven, Berlin 1977, S. 16.

3 Zum 60. Jahrestag der Großen Sozialistischen Oktoberrevolution. Beschluß des ZK der KPdSU, Berlin 1977, S. 9/10.

4 Politische Ökonomie, Bd. 4, Die sozialistische Reproduktion. Das Hinüberwachsen des Sozialismus in den Kommunismus. Die Gesetzmäßigkeiten der Entwicklung des sozialistischen Weltwirtschaftssystems, Berlin 1974, S. 295/296.

5 Ju. S. Širjaev, Ėkonomičeskij mechanizm socialističeskoj integracii, Moskva 1973, S. 103.

6 Autorenkollektiv, Zusamenarbeit und Annäherung in der sozialistischen Gemeinschaft, Berlin 1977, S. 103.

7 E. Honecker, Die sozialistische Revolution in der DDR und ihre Perspektiven, a. a. O., S. 38/39.

8 W. I. Lenin, Noch einmal über die Gewerkschaften, in: Werke, Bd. 32, Berlin 1961, S. 70.

9 Ebenda, S. 73.

10 Ebenda, S. 74.

11 F. Engels, Brief an C. Schmidt vom 27. 10. 1890, in: MEW, Bd. 37, Berlin 1967, S. 490/491.

12 W. I. Lenin, X. Gesamtrussische Konferenz der KPR (B), in: Werke, Bd. 32, Berlin 1961, S. 451.

H. Richter

Das gesellschaftliche Eigentum an den Produktionsmitteln und die weitere Vervollkommnung der sozialistischen Produktionsverhältnisse

Die auf der Ratstagung zur Diskussion stehenden Thesen finden meine Zustimmung. Sie haben mindestens in zweifacher Hinsicht Bedeutung.

Erstens geben sie viele wertvolle Anregungen zur weiteren theoretischen Arbeit in der politischen Ökonomie des Sozialismus, indem sie zu einer Vielzahl umstrittener Fragen, wie zum Beispiel zum System der sozialistischen Produktionsverhältnisse, zur Beziehung Produktionsverhältnisse und Wirtschaftsleitung durch den sozialistischen Staat u. a., einen eindeutig begründeten Standpunkt enthalten. Interessant und anregend – in echtes Neuland vorstoßend – finde ich die Fragestellung nach der Planbarkeit der sozialistischen Produktionsverhältnisse. Durch diese Fragestellung wird meiner Ansicht nach mit dazu beigetragen, daß die politische Ökonomie des Sozialismus entsprechend ihrem Gegenstand immer mehr, ebenso wie andere Gesellschaftswissenschaften, zur Wissenschaft von der Leitung, Planung und Prognostizierung gesellschaftlicher Prozesse wird. Die Fragestellung nach der Planbarkeit sozialistischer Produktionsverhältnisse ist zweifellos mit auf die Fortschritte zurückzuführen, die die politische Ökonomie des Sozialismus in den letzten Jahren bei der qualitativen Analyse der sozialistischen Produktionsverhältnisse erzielt hat. Es liegt nunmehr für die Inangriffnahme dieser Aufgabe genügend Stoff vor. Ohne einen Augenblick in der qualitativen Analyse der sozialistischen Produktionsverhältnisse nachzulassen, scheint mir, daß die Zeit herangereift ist, der Quantifizierung von ökonomischen Prozessen, vielleicht auch der Produktionsverhältnisse, größere Bedeutung beizumessen, weil dies eine weitere Voraussetzung für die planmäßige Gestaltung der Produktionsverhältnisse ist.

Zweitens haben die Thesen für die Lehr- und Erziehungsarbeit an den Universitäten und Hochschulen Bedeutung, da sie direkt auf Fragen des Gegenstandes der politischen Ökonomie des Sozialismus eingehen, die in der Lehre, so z. B. die Klassifizierung der sozialistischen Produktionsverhältnisse, nach wie vor einen neuralgischen Punkt darstellen. Die Anmerkung Lenins zur Kritik der Hegelschen „Wissenschaft der Logik": „Die Kategorien müssen abgeleitet (nicht willkürlich oder mechanisch genommen) (nicht „erzählt" und „versichert", sondern *bewiesen* . . .) werden, wobei man von den einfachsten, grundlegenden . . . ausgehen muß."[1] hat gerade für die weitere Vervollkommnung der Lehre der politischen Ökonomie des Sozialismus, der Erhöhung ihrer Überzeugungskraft und ihres weltanschaulichen Charakters größte Bedeutung. So erweist sich, daß die weitere Erforschung und wissenschaftliche Darstellung des Systems der Produktionsverhältnisse im Sozialismus sowohl für die Leitung und Planung wie auch für die Vermittlung unserer Weltanschauung eine gewisse Schlüsselstellung einnimmt.

In der Diskussion möchte ich zu einigen Fragen des gesellschaftlichen Eigentums an den Produktionsmitteln als wesensbestimmendes Merkmal der sozialistischen Produktionsverhältnisse sprechen und im Zusammenhang damit auf einige Konsequenzen eingehen, die sich daraus für die Vervollkommnung der sozialistischen Produktionsverhältnisse ergeben.

Den Verfassern der Thesen ist zuzustimmen, wenn sie – wie in These 3 formuliert – das gesellschaftliche Eigentum an den Produktionsmitteln als Kern der sozialistischen Produktionsverhältnisse bezeichnen. Das gesellschaftliche Eigentum an den Produktionsmitteln ist das *innere* Band, das sowohl die einzelnen Reproduktionsphasen (Produktion, Distribution, Zirkulation und Konsumtion) als auch die wirtschaftenden Einheiten (Betriebe und Kombinate) zu einem einheitlichen im Rahmen der gesamten Gesellschaft geplanten Organismus verbindet, wobei das Eigentum und das System der Produktionsverhältnisse nicht identisch sind. Aus der Stellung des Eigentums im System der Produktionsverhältnisse sowie aus der Höherentwicklung des Eigentums ist meiner Ansicht nach stärker, als das in den Thesen der Fall ist, abzuleiten, in welchen Grundrichtungen die sozialistischen Produktionsverhältnisse zu vervollkommnen sind. So wichtig es ist, die Weiterentwicklung der Formen des sozialistischen Eigentums zu untersuchen, wie das in These 9 geschieht, von nicht weniger großer Bedeutung ist aber ebenfalls, die neuen Anforderungen herauszuarbeiten, die sich aus der Höherentwicklung der *Wesens*beziehungen des Eigentums selbst oder auch aus der inneren Struktur des sozialistischen Eigentums ergeben.

Auf zwei Aspekte möchte ich dabei näher eingehen:

Erstens: Ich stimme voll und ganz der in These 6 getroffenen Feststellung zu, daß die Vergesellschaftung von Produktion und Arbeit in ihrer ganzen Komplexität die Hauptrichtung der Vervollkommnung der sozialistischen Produktionsverhältnisse darstellt. Es liegt in der Natur des sozialistischen Eigentums an den Produktionsmitteln in der Etappe der entwickelten sozialistischen Gesellschaft, daß es durch einen hohen Grad der Vergesellschaftung gekennzeichnet ist. Ausdruck dafür ist die ständig fortschreitende Konzentration der Produktion. In den Thesen wird dies überzeugend nachgewiesen. Vom Standpunkt des Eigentums ergibt sich aus dem Konzentrationsprozeß, daß z. B. das Volkseigentum in größeren wirtschaftenden Einheiten auftritt, daß es eine höhere Reifestufe erfährt, wodurch sich die ökonomische Funktion des sozialistischen Staates bei der Leitung, Planung und Organisation des Reproduktionsprozesses der wirtschaftenden Einheiten wirkungsvoller realisieren läßt.

Eng verbunden mit der fortschreitenden Vergesellschaftung der Produktion ist die zunehmende Verflechtung der Betriebe und Kombinate untereinander. Die Produktion des einen Betriebes ist durch tausend Fäden mit anderen Betrieben verknüpft. Durch die fortschreitende Arbeitsteilung entstehen neue Zwischenglieder, die den Zusammenhang zwischen Ausgangsprodukt und Endprodukt komplizieren. Die Effektivität des sozialistischen Wirtschaftens, worauf die weitere Vervollkommnung der sozialistischen Produktionsverhältnisse zu richten ist, hängt aber im zunehmenden Maße davon ab, wie es gelingt, diese Seite des Vergesellschaftungsprozesses, die Verflechtungsbeziehungen zwischen den Betrieben zu beherrschen. Ausgehend von diesen objektiven Entwicklungserfordernissen, wurde im Rechenschaftsbericht des ZK der KPdSU an den XXV. Parteitag bekanntlich die Aufgabe gestellt: „Die Leitungs- und vor allem die Planungstätigkeit müssen auf die *volkswirtschaftlichen Endergebnisse* orientiert sein“.[2]

Aus der zunehmenden Vergesellschaftung der Produktion ergibt sich für die weitere Vervollkommnung der sozialistischen Produktionsverhältnisse somit das objektive Erfordernis, in Leitung und Planung auf die volkswirtschaftlichen Endergebnisse zu orientieren, womit zugleich die Sicherung einer hohen volkswirtschaftlichen Effektivität gewährleistet wird und eine weitere Ausrichtung der Produktionsverhältnisse auf die Realisierung des ökonomischen Grundgesetzes des Sozialismus erfolgt.

Die Vergesellschaftung der Produktion ist darüber hinaus durch eine zunehmende Verstärkung der Abhängigkeit des Reproduktionsprozesses vom Territorium und der natürlichen Umwelt gekennzeichnet. Das Verkehrswesen, die Arbeits- und Lebensbedingungen im Territorium, die Umweltbelastung u. v. a. beeinflussen immer mehr die gesellschaftliche Reproduktion. Auch die planmäßige Beherrschung dieser Wechselbeziehungen ist Ausdruck für die Vervollkommnung der sozialistischen Produktionsverhältnisse. Diesem Aspekt – in These 8 kurz behandelt – ist bei der weiteren Vervollkommnung der sozialistischen Produktionsverhältnisse größere Beachtung zu schenken.

Zweitens: Bei der zunehmenden Vergesellschaftung der Produktion ist die interessante Erscheinung festzustellen, daß diese nicht mit einem Abbau bzw. einer Einschränkung der Verantwortung der Betriebe bzw. Kombinate für ihren Reproduktionsprozeß einhergeht. Im Gegenteil, ihre Bedeutung und Verantwortung nehmen zu. In allen sozialistischen Ländern, die zu neuen Methoden der Leitung, Planung und ökonomischen Stimulierung übergegangen sind, wurde die Rolle der Betriebe und Kombinate im volkswirtschaftlichen Reproduktionsprozeß erhöht. Der gleichzeitigen größeren Bedeutung der zentralen Leitung und Planung der Volkswirtschaft auf der einen und der Erhöhung der Verantwortung der Betriebe und Kombinate als Grundeinheiten der Volkswirtschaft auf der anderen Seite liegt der dialektische Prozeß von der Vergesellschaftung der Produktion einerseits und ihrer relativen Verselbständigung andererseits zugrunde. Diesen dialektischen Prozeß mit seinen komplizierten Wechselwirkungen gilt es noch gründlicher zu erforschen. Die relative Verselbständigung der Produktion ist ein Moment, eine Seite ihrer Vergesellschaftung.

Die relative Verselbständigung der Produktion im Rahmen des gesellschaftlichen Eigentums bedeutet, daß die betreffende Erscheinung, in unserem Falle der Betrieb oder das Kombinat, ihre *eigene* Bewegungsform erhält, die zwar in ihrer Grundrichtung durch die jeweiligen Eigentumsverhältnisse bestimmt ist, aber trotzdem eine gewisse Eigenständigkeit und Eigenreproduktion besitzt. Die Eigenständigkeit der Betriebe und Kombinate besteht unter anderem darin, daß sie auf der Grundlage zentraler Vorhaben und auf längere Sicht eigenverantwortliche Entscheidungen über die rationelle Nutzung der ihnen übertragenen Produktionsmittel treffen, daß sie am Aneignungsprozeß teilnehmen, daß sie die Verantwortung für den wissenschaftlich-technischen Fortschritt, die bedarfsgerechte Produktion, die Entfaltung der Initiative der Werktätigen, den sozialistischen Wettbewerb, die Ausschöpfung der vorhandenen Reserven, die Zusammenarbeit mit den örtlichen Staatsorganen u. a. tragen. Auf die Verantwortung der Betriebe eingehend, bemerkte Genosse Honecker in seiner Rede zur Eröffnung der Parteilehrjahres 1977/78 in Dresden: „Zu verzeichnen haben wir aber auch, daß manche Leiter von Betrieben, in denen die staatlichen Aufgaben nicht erreicht worden sind, die Ursachen dafür vor allem bei anderen suchen. Sieht man sich die Lage genauer an, dann stößt man jedoch vielfach auf Dinge, die im eigenen Betrieb ungenügend zielstrebig angepackt werden. Das reicht vom wissenschaftlich-technischen Vorlauf, von der unzureichenden eigenen Rationalisierungskonzeption über veraltete Materialverbrauchsnormen bis zu hohem Ausschuß. Die Aufgaben des Planes 1978 verlangen, daß in erster Linie jeder Betrieb selbst seine Effektivitätsreserven ausschöpft und Ordnung in allen Belangen sichert. Ohne das geht es nicht."[3]

Die Eigenverantwortung der Betriebe und Kombinate schließt bei grundsätzlicher

Interessenübereinstimmung natürlich nicht aus, daß zwischen ihnen und der Gesellschaft bestimmte Widersprüche auftreten können und auftreten. So können beispielsweise Gewinne, die aus Preisverstößen, Sortimentsverschiebungen usw. erzielt werden, für die einzelnen Betriebe zeitweilig vorteilhaft sein, während sie den Interessen der Gesellschaft widersprechen. Andererseits kann eine allzu große Reglementierung durch übergeordnete Organe dazu führen, daß die Eigenverantwortung der Betriebe eingeschränkt und damit die Entfaltung der in ihnen vorhandenen Initiativen, Triebkräfte usw. gehemmt wird.

Die weitere Vervollkommnung der sozialistischen Produktionsverhältnisse erfordert meiner Ansicht nach das Beherrschen dieser Dialektik des Vergesellschaftungsprozesses, die im Wesen des sozialistischen Eigentums an den Produktionsmitteln begründet ist. Das erfordert sowohl die weitere Qualifizierung der zentralen staatlichen Planung als auch die weitere Vervollkommnung der wirtschaftlichen Rechnungsführung der Betriebe und Kombinate. Insofern ist die weitere Vervollkommnung der sozialistischen Produktionsverhältnisse aufs engste mit der planmäßigen Ausnutzung der Ware-Geld-Beziehungen verbunden. In den Thesen wird allerdings diesen Elementen im System der sozialistischen Produktionsverhältnisse kaum Beachtung geschenkt. Mir scheint, daß es für die Ausnutzung der Vorzüge des Sozialismus ebenso notwendig ist, exakt den Platz der Ware-Geld-Beziehungen im System der sozialistischen Produktionsverhältnisse zu bestimmen. Unbestritten ist, daß die Ware-Geld-Beziehungen ein Element der sozialistischen Produktionsverhältnisse sind, zum System der sozialistischen Produktionsverhältnisse gehören. Nach wie vor ist aber die Frage offen, welchen Platz und Rang sie im System der sozialistischen Produktionsverhältnisse einnehmen. Wirtschaftspolitisch orientiert die Klarstellung dieser Frage darauf, bei der weiteren Gestaltung der entwickelten sozialistischen Gesellschaft ein richtiges abgestimmtes Verhältnis zwischen der Planung und Ausnutzung der Ware-Geld-Beziehungen herzustellen. Eine Überbewertung der Ware-Geld-Beziehungen hätte z. B. zur Folge, daß im Sozialismus Vorzüge und Formen des Wirtschaftens, wie die zentrale staatliche Planung, die freie schöpferische Arbeit der Kollektive, die mobilisierende Rolle der Arbeitskollektive, der sozialistische Wettbewerb, das Neuererwesen u. a., nicht voll zur Geltung kämen. Triebkräfte der sozialistischen Wirtschaft würden nicht voll genutzt. Eine Unterschätzung der Ware-Geld-Beziehungen könnte zur Untergrabung des Systems der wirtschaftlichen Rechnungsführung, zur Einschränkung der materiellen Interessiertheit, zur Unbeweglichkeit in Leitung und Planung führen, was die Effektivität des sozialistischen Wirtschaftens ebenfalls beeinträchtigen würde.

Die richtige Bestimmung des Platzes und des Inhaltes der Ware-Geld-Beziehungen im Sozialismus hat somit Bedeutung für die volle Ausschöpfung der Vorzüge des Sozialismus, für den theoretischen und praktischen Nachweis der Überlegenheit der sozialistischen Planwirtschaft über das System der kapitalistischen Profitproduktion und für die Klassenauseinandersetzung mit den Gegnern der sozialistischen Planwirtschaft, die uns nach wie vor eine sogenannte sozialistische Marktwirtschaft an den Hals reden wollen und die zugleich das Wesen der sozialistischen Planwirtschaft auf das gröbste entstellen.

In der neuen Verfassung der UdSSR wird im Artikel 16 der Zusammenhang zwischen der Leitung der Wirtschaft und der Ausnutzung von Kategorien der Ware-Geld-Beziehungen wie folgt zum Ausdruck gebracht: „Die Leitung der Wirtschaft erfolgt auf der Grundlage der staatlichen Pläne zur ökonomischen und sozialen Entwicklung, sie berücksichtigt das Zweig- und Territorialprinzip, verbindet die zentrale Leitung mit der wirtschaftlichen Selbständigkeit und der Initiative der Betriebe, Vereinigungen und anderer Organisationen. Dabei werden die wirtschaftliche Rechnungsführung, Gewinn und Selbstkosten sowie andere ökonomische Hebel und Stimuli aktiv genutzt."

Es ist überhaupt bemerkenswert, daß in der sowjetischen ökonomischen Literatur wie auch in den Lehrbüchern zur politischen Ökonomie des Sozialismus bei der Erörterung der weiteren Vervollkommnung der sozialistischen Produktionsverhältnisse die Fragen der weiteren Gestaltung der wirtschaftlichen Rechnungsführung der Betriebe und Vereinigungen einen hohen Rang einnehmen. Offensichtlich handelt es sich hierbei um einen gesetzmäßigen Prozeß, der die erforderliche politökonomische Untersuchung verdient.

Einige Einzelbemerkungen zu den Thesen:

a) In These 5 werden sechs Kriterien für die Einschätzung des Reifegrades der sozialistischen Produktionsverhältnisse formuliert. Ich stimme diesen Kriterien voll zu.

Vielleicht könnten bei ihrer Präzisierung folgende Gedanken Berücksichtigung finden: Beim ersten Kriterium sollte die Ausprägung der sozialistischen Arbeitsdisziplin, die sozialistische Einstellung zur Arbeit stärkere Beachtung finden. Bekanntlich sah Lenin in der Einstellung zur Arbeit einen wichtigen Gradmesser für die Ausprägung kommunistischer Verhältnisse.

Im zweiten Kriterium sollte die Steigerung der Arbeitsproduktivität noch stärker in das Blickfeld gerückt werden. Die volle Ausschöpfung der Vorzüge der sozialistischen Produktionsverhältnisse ist untrennbar mit hohen und stabilen Zuwachsraten der Arbeitsproduktivität verbunden.

b) In der These 12 ist davon die Rede, daß die Gestaltung der Verteilungsverhältnisse von der konsequenten Verwirklichung der Einheit von Wirtschafts- und Sozialpolitik bestimmt wird.

Zweifellos spielen die Verteilungsverhältnisse bei der Verwirklichung der Einheit von Wirtschafts- und Sozialpolitik eine maßgebliche Rolle. Ihre Gestaltung unterliegt aber ebenso wie die anderen Produktionsverhältnisse objektiven Gesetzen, die von Partei und Regierung im Interesse der Werktätigen ausgenutzt werden.

Anmerkungen

1 W. I. Lenin, Konspekt zu Hegels „Wissenschaft der Logik", in: Werke, Bd. 38, Berlin 1964, S. 86.

2 XXV. Parteitag der KPdSU, Rechenschaftsbericht des Zentralkomitees der Kommunistischen Partei der Sowjetunion und die nächsten Aufgaben der Partei in der Innen- und Außenpolitik, Berichterstatter: L. I. Breshnew, Berlin 1976, S. 72.

3 E. Honecker, Die sozialistische Revolution in der DDR und ihre Perspektiven, Berlin 1977, S. 27.

H. Zacharias

Zur Vervollkommnung der Sozialistischen Betriebswirtschaft in den LPG Pflanzenproduktion bzw. LPG Tierproduktion

Die hier beratenen Probleme geben auch für die wissenschaftliche Arbeit auf dem Gebiet der Agrarwissenschaft zahlreiche neue Impulse. Ich möchte in meinem Diskussionsbeitrag aus der Sicht der sozialistischen Betriebswirtschaft zu einigen in den Thesen aufgeworfenen Fragen meine Meinung äußern.

Der Generalsekretär des ZK der SED, Genosse Erich Honecker, führte in seiner bedeutsamen Rede zur Eröffnung des Parteilehrjahres aus: „Unsere Linie zur Gestaltung einer intensiven sozialistischen Landwirtschaft, die Wissenschaft und Technik immer mehr nutzt, die Kooperation allseitig entwickelt und Schritt für Schritt zu industriemäßigen Produktionsmethoden übergeht, verfolgen wir konsequent weiter. In diesem Sinne – natürlich unter sorgfältiger Beachtung der konkreten Umstände – werden die Arbeitsteilung, die sinnvolle Konzentration und Spezialisierung weiter ausgebaut. So gilt es, die Produktion zu erhöhen und ihre Effektivität zu verbessern."[1]

In der Landwirtschaft ist also, wie in den Thesen ebenfalls mehrfach hervorgehoben wird, die weitere sozialistische Intensivierung entsprechend dem Entwicklungsstand der Produktivkräfte und dem Reifegrad der sozialistischen Produktionsverhältnisse untrennbar mit dem planmäßigen Übergang zu industriemäßigen Produktionsmethoden verbunden. Das erfordert, wie Genosse Grüneberg betonte, die Produktionsaufgaben und die gesellschaftlichen Entwicklungsprobleme in ihrer Einheit planmäßig und mit hohem Nutzen für das weitere Wachstum des Sozialismus in unserer Republik zu lösen.[2]

Am Beispiel der Merkmale des Reproduktionsprozesses der LPG Pflanzenproduktion und der LPG Tierproduktion möchte ich zeigen, welche neuen Prozesse sich dabei abzeichnen.

Die LPG Pflanzenproduktion und die LPG Tierproduktion sind das Ergebnis der weiteren Arbeitsteilung in der Landwirtschaft. Sie zeigen, wie in den neuen Musterstatuten zum Ausdruck kommt, wie die marxistisch-leninistische Agrarpolitik unserer Partei konsequent weiterentwickelt und der Leninsche Genossenschaftsplan bei uns auf die gegenwärtigen Gegebenheiten angewandt wird.[3]

Deshalb sind die Feststellungen in den Thesen, daß die LPG als eine grundlegende sozialökonomische Betriebsform in der Landwirtschaft umfangreiche Entwicklungsmöglichkeiten besitzen und alle Voraussetzungen für die Lösung der Aufgaben zur Entwicklung der landwirtschaftlichen Produktion, zur umfassenden Nutzung des wissenschaftlich-technischen Fortschritts, zur Einführung industriemäßiger Produktionsmethoden, zur Fortführung des Konzentrations- und Spezialisierungsprozesses sowie zur umfassenden und systematischen Vervollkommnung der Arbeits- und Lebensbedingungen haben, eindeutig zu betonen.

Ausgehend von dieser Erkenntnis, würde ich deshalb vorschlagen, nicht wie im Thesenentwurf von einer Trennung zwischen Pflanzen- und Tierproduktion zu sprechen, sondern diese Prozesse als Ergebnis der weiteren Arbeitsteilung und der sich daraus ergebenden Konsequenzen für die weitere betriebliche Konzentration und Spezialisierung zu betrachten. Das ist nicht nur eine theoretische Frage, sondern hat vielfältige Auswirkungen in der Praxis.

Zu den Merkmalen im einzelnen ist folgendes zu bemerken:

1. Durch umfassende Anwendung des wissenschaftlich-technischen Fortschritts als Hauptfaktor der sozialistischen Intensivierung sichern die LPG hohe und stabile Erträge bzw. Leistungen der volkswirtschaftlichen Versorgungsaufgaben. „Wissenschaft und Technik haben sich auch in der Landwirtschaft zu jenem übergreifenden Element entwickelt, das alle Faktoren des Intensivierungsprozesses entscheidend bestimmt. Auf sozialistische Weise den Zusammenschluß von Wissenschaft und Produktion zu meistern, hat demzufolge grundsätzliche Bedeutung dafür, die Landwirtschaft in einen auf der Wissenschaft und den technischen Errungenschaften fußenden Produktionszweig zu verwandeln."[4]

Im Mittelpunkt aller Anstrengungen steht demzufolge, hohe Produktionsergebnisse entsprechend den volkswirtschaftlichen Versorgungsaufgaben zu erreichen. Das ist zugleich auch der bestimmende Faktor für die Weiterentwicklung der Produktionsorganisation in jeder LPG, die wiederum nicht unwesentliche Auswirkungen auf die Produktionsverhältnisse hat.

Wir gehen in unserer wissenschaftlichen Arbeit davon aus, daß die sozialistische Intensivierung und industriemäßige Produktion für die Durchsetzung des wissenschaftlich-technischen Fortschritts solche Formen der Produktionsorganisation erfordern, die sowohl dem gegenwärtigen Entwicklungsstand der Produktivkräfte und Produktionsverhältnisse entsprechen als auch den künftigen Entwicklungstendenzen gerecht werden. Solche Formen der Produktionsorganisation zeichnen sich mit der Herausbildung von effektiven Produktionsstrukturen ab. Für die Pflanzenproduktion wird zur effektiven und sicheren Produktion unter rationeller Nutzung des Bodens und der weiteren Reproduktion der Bodenfruchtbarkeit eine Kombination mehrerer Produkte in einer LPG in den nächsten Jahren noch typisch sein.

Das wird auch durch die naturwissenschaftlich begründeten oberen Anbaugrenzen einer Fruchtart in der Fruchtfolge beeinflußt. So z. B. betragen die möglichen pflanzenbaulichen Anbaugrenzen z. Z. bei Getreide 75–80 %, bei Kartoffeln 20–25 % und bei Zuckerrüben 20–25 %. Die naturwissenschaftlichen Anbaugrenzen bilden aber unter sozialistischen Produktionsverhältnissen keinerlei Schranken für die Organisation der industriemäßigen Pflanzenproduktion. Vielmehr können durch die Kooperation mit anderen Pflanzenproduktionsbetrieben solche Formen der industriemäßigen Produktion geschaffen werden, die eine effektive Produktionsorganisation gewährleisten.

In der Tierproduktion zeichnen sich bei der Herausbildung effektiver Produktionsstrukturen folgende Grundrichtungen ab:

- Produktionsstrukturen, wenn im Betrieb nur ein Erzeugnis produziert wird, wobei nur eine Produktionsstufe, aber auch mehrere vorhanden sein können,
- Produktionsstrukturen mit mehreren Erzeugnissen in einem Betrieb.

Die Mehrzahl der LPG Tierproduktion ist durch die letztere Struktur gekennzeichnet.

Die Aufgabe zur Herausbildung und Weiterentwicklung effektiver Produktionsstrukturen gilt auch für Betriebe, die durch produktive Leistungen direkt am Reproduktionsprozeß in der Pflanzen- und Tierproduktion beteiligt sind. Solche Betriebe sind Agrochemische Zentren, Kreisbetriebe für Landtechnik, Trockenwerke, Humusbetriebe u. a.

Aus dem Entwicklungsstand der Produktionsorganisation ergeben sich meines Erachtens für die gesellschaftliche Entwicklung folgende Auswirkungen:

- Die Prozesse des Übergangs zu industriemäßiger Produktion verlaufen in verschiedenen Formen und müssen stets im Zusammenhang mit dem konkreten Entwicklungsstand der LPG gesehen werden.
- Die Weiterentwicklung der Produktionsorganisation ist untrennbar mit der weiteren Ausgestaltung der Kooperationsbeziehungen verbunden. Damit erweitert sich das Feld der durch die Genossenschaftsbauern zu beherrschenden Prozesse bedeutend.
- Vielfältige neue Anforderungen ergeben sich für die Aus- und Weiterbildung der Genossenschaftsbauern und Arbeiter.

2. Die LPG besitzen vielfältige und feste Kooperationsbeziehungen. Der Reproduktionsprozeß wird dadurch charakterisiert, daß die Kooperation als ein Wesenszug der Agrarpolitik der SED in den LPG eine weitere Ausgestaltung erfährt. Wie bereits betont, beeinflußt das wesentlich die gesellschaftliche Entwicklung. Am Beispiel der Arbeit der Kooperationsräte soll hervorgehoben werden, wie damit die sozialistische Demokratie eine konstruktive Vertiefung erfährt.

Unerläßlich für die planmäßige Gestaltung der Kooperationsbeziehungen ist die Arbeit der Kooperationsräte. Das wird immer mehr zu einer politischen Frage, denn so wie die Kooperationsräte arbeiten, so entwickelt sich die Kooperation.

Folgende Kooperationsräte haben sich bewährt:

Im *Kooperationsrat für Pflanzenproduktion* beraten die LPG und VEG Pflanzenproduktion sowie die Kooperativen Abteilungen Pflanzenproduktion mit den Agrochemischen Zentren, Kreisbetrieben für Landtechnik, Meliorationsbetrieben, den Trokkenwerken und anderen Partnern die gemeinsamen Aufgaben. Womit beschäftigt sich vor allem dieser Kooperationsrat?

- Mit der Erarbeitung von Maßnahmen zur komplexen Durchführung aller Intensivierungsfaktoren, insbesondere zur Reproduktion der Bodenfruchtbarkeit (Melioration, technische Trocknung);
- mit der Organisation des mehrschichtigen Komplexeinsatzes der Technik;
- mit Maßnahmen der schrittweisen Konzentration und Spezialisierung der Produktion;
- mit der weiteren Arbeitsteilung auf der Grundlage des Planes;
- mit gemeinsamen Investitionen und der Bildung gemeinsamer Fonds;
- mit Maßnahmen zur effektiven Nutzung des vorhandenen Arbeitsvermögens und der Gestaltung der Arbeits- und Lebensbedingungen.

Dieser Kooperationsrat ist damit ein wichtiges Organ, um die industriemäßige Pflanzenproduktion mit höchster Effektivität zu organisieren.

Die planmäßige Zusammenarbeit zwischen den LPG Pflanzenproduktion und den Betrieben der Tierproduktion wird im *Kooperationsrat Pflanzenproduktion/Tierproduktion* koordiniert und organisiert. Besondere Bedeutung erlangt seine Arbeit bei der Lösung der Aufgaben zur Produktion und Bereitstellung von Grobfutter. In diesem Kooperationsrat werden z. B. beraten:

- die Planung und Bilanzierung des Grobfutterbedarfs mit der Produktion;
- die Festlegung der Qualitätsparameter und die Bildung von Vereinbarungspreisen;
- die Kontrolle der terminlichen, mengenmäßigen und qualitätsgerechten Futterbereitstellung;
- die Erarbeitung von Maßnahmen zur abgestimmten Führung des sozialistischen Wettbewerbs der Kooperationspartner.

Dieser Kooperationsrat beschäftigt sich aber auch mit der gegenseitigen Unterstützung der Kooperationspartner durch Arbeitskräfte und Technik sowie mit der effektivsten Verwertung aller Abprodukte der Tierproduktion.

Wie die Erfahrungen zeigen, ist die Arbeit dieser Kooperationsräte von großer Bedeutung für die Erfüllung der gestellten Aufgaben.

Neu entstehen z. Z. die Kooperationsräte in der Tierproduktion. Eine bedeutsame Rolle spielen auch die Kooperationsräte in den Kooperationsverbänden.

Diese Ausführungen bestätigen die Feststellung in den Thesen, daß in den neuen Musterstatuten der LPG Pflanzen- bzw. Tierproduktion die Fragen der zwischenbetrieblichen Kooperation erstmals in einem eigenen Hauptabschnitt behandelt werden und darin zum Ausdruck kommt, daß die Entwicklung der Produktivkräfte möglich ist, ohne landwirtschaftliche Betriebe ständig zu vergrößern bzw. Eigentumsformen zu verändern.

Gesetzmäßig entwickeln sich auch neue Organisationsformen der Kooperation, wie sie die Zusammenarbeit mehrerer LPG und VEG Pflanzenproduktion mit Agrochemischen Zentren, Meliorationsbau- und Verarbeitungsbetrieben in Agrar-Industrie-Vereinigungen der Pflanzenproduktion darstellt.

Zu solchen entwickelten Formen der Kooperation sind LPG und volkseigene Betriebe durch gemeinsame Ziele und Interessen, durch aufeinander abgestimmte Produktions- und Arbeitsprozesse unmittelbar miteinander verbunden. Das gestattet es, bei Beibehaltung der juristischen Selbständigkeit der LPG und VEG, ohne Veränderung ihrer Eigentumsform, den zunehmend arbeitsteiligen Reproduktionsprozeß immer effektiver zu gestalten. Die Fonds werden immer intensiver genutzt, das Arbeitsvermögen kann effektiver eingesetzt werden, noch zielstrebiger finden neue wissenschaftlich-technische Erkenntnisse breite Anwendung, und die Arbeits- und Lebensbedingungen erfahren mit vereinten Kräften ihre weitere Vervollkommnung.

Es geht also bei der Herausbildung von Agrar-Industrie-Vereinigungen der Pflanzenproduktion um einen langfristigen Prozeß, der einen hohen Reifegrad der gesellschaftlichen Entwicklung, insbesondere ausgereifte Kooperationsbeziehungen, voraussetzt. Seine planmäßige Gestaltung hat, wie vom IX. Parteitag der SED hervorgehoben, prinzipielle Bedeutung für den weiteren Aufbau der entwickelten sozialistischen Gesellschaft in unserem Lande.[5]

3. Die LPG Pflanzenproduktion zeichnen sich durch komplexe Mechanisierung der Feldarbeiten vermittels moderner in sich geschlossener Maschinensysteme aus. Der Einsatz erfolgt in technologisch begründeten Komplexen, die mehrschichtig arbeiten. Das hat wesentliche Auswirkungen auf den Charakter der Arbeit. Der Entwicklungsprozeß der gesellschaftlichen Arbeit hier gekennzeichnet durch die zunehmende Anwendung geschlossener Maschinensysteme, führt objektiv zur weiteren Ausprägung des unmittelbar gesellschaftlichen und schöpferischen Charakters der Arbeit.

Immer deutlicher zeichnet sich ab, daß nicht alle für einen Produktionsabschnitt erforderlichen Maschinensysteme in einem Betrieb vorhanden sein müssen, sondern durch mehrere Kooperationspartner angeschafft und genutzt werden können.

Die Ernte im Jahre 1977 macht jedoch auch sichtbar, daß es eine Reihe Probleme bei der Ausstattung und Nutzung der Technik gibt, die uns veranlassen, die Fragen der komplexen Mechanisierung weiter zu durchdenken. Das betrifft z. B. die Bilanzierung des Maschinenbesatzes und der für die Schichtarbeit erforderlichen Arbeitskräfte unter Beachtung der Besonderheiten der landwirtschaftlichen Produktion (Schlechtwettervarianten), die Konsequenzen für die Organisation der Arbeitskollektive, die Führung des sozialistischen Wettbewerbs und die wirksame Anwendung der materiellen und moralischen Interessiertheit.

4. Für die LPG Tierproduktion bildet die Rekonstruktion und Rationalisierung eine entscheidende Frage. Wir gehen davon aus, daß die Rationalisierung und Rekonstruktion ein wesentliches Element zur Anwendung des wissenschaftlich-technischen Fortschritts und damit zur weiteren sozialistischen Intensivierung und für den schrittweisen Übergang zur industriemäßigen Tierproduktion darstellt. Sie ordnet sich organisch in den Gesamtkomplex der Maßnahmen ein, die dazu dienen, mit den vorhandenen Fonds eine höhere Produktion und Effektivität zu erreichen und planmäßig die Arbeits- und Lebensbedingungen weiter zu verbessern.

Welche umfangreichen Aufgaben hier noch vor uns stehen, wird daran sichtbar, daß in nicht wenigen Betrieben die Tiere noch in Ställen gehalten werden, in denen der Handarbeitsaufwand über 50 % des Arbeitsaufwandes liegt und der gebrochene Arbeitstag vorherrscht.

5. Die LPG wenden zunehmend industriemäßige Produktionsmethoden an und erzeugen so Produkte in großen, einheitlichen Partien mit gleichmäßiger Qualität und hoher Sicherheit. Die LPG Pflanzenproduktion besitzen heute einen solchen Grad der Konzentration, um entsprechend den volkswirtschaftlichen Erfordernissen große, einheitliche Partien mit hohen Gebrauchswerteigenschaften zu produzieren. Gleichzeitig wächst damit die politische Verantwortung jedes Betriebskollektivs für die Erfüllung der Versorgungsaufgaben erheblich an. Während z. B. eine LPG der 60er Jahre ca. 1200 t Getreide produzierte, sind es bei industriemäßiger Produktion 10 000 und mehr Tonnen in einem Betrieb.

Bei Kartoffeln zeigt sich ein Vergleich von 1000 zu 20 000 t und bei Futter von 500 zu 100 000 t. Oder bei Milch sind es z. B. zwischen 800 t in einer LPG Tierproduktion und einer 2000er Milchviehanlage 10 000 t. Eine LPG Milchproduktion mit einer 2000er Anlage versorgt ca. 8000 Menschen täglich mit Frischmilch. Eine LPG, die auf ca. 1000 Hektar Speisekartoffeln produziert, versorgt damit über 200 000 Menschen mit Speisekartoffeln.

Nicht unwesentliche Auswirkungen ergeben sich aus diesen neuen Dimensionen der Produktion für andere Volkswirtschaftszweige.

6. Auch in der LPG ist das Kollektiv der Genossenschaftsbauern und Arbeiter mit seinem Arbeitsvermögen die entscheidende Produktionsbedingung. Bereits heute erzeugt eine Arbeitskraft z. B. in der Pflanzenproduktion ein Bruttoprodukt von 40 000 bis 60 000 Mark. In den LPG der 60er Jahre waren es dagegen 20 000 bis 30 000 Mark.

Es ist weiter hervorzuheben, daß mit der weiteren Intensivierung wachsende Anforderungen an die politische und fachliche Qualifikation gestellt werden müssen.

Typisch für die industriemäßige Pflanzenproduktion wird der disponible Einsatz hochqualifizierter Arbeitskräfte auf wechselnden Arbeitsplätzen sein. Das verlangt neben dem Grundberuf Mechanisator zunehmend einen fachlichen Qualifikationsnachweis für andere Berufe, wie z. B. Maurer, Schlosser u. a. Für den Qualifikationsstand können folgende Werte genannt werden:

Fachausbildung insgesamt:	90 %
davon Facharbeiter und Meister	80 %
Hoch- und Fachschulkader	10 %.

Diese Orientierungswerte sind bereits in einer Anzahl LPG erreicht. Es zeigt sich aber auch, daß noch in vielen Betrieben ein großer Nachholebedarf vorhanden ist.

Eine Reihe von Problemen ergibt sich aus der Tatsache, daß auf Grund des zunehmenden Einsatzes moderner, leistungsfähiger Maschinensysteme die Organisation der Kollektive neu durchdacht werden muß.

In der Pflanzenproduktion war in den vergangenen Jahren die vorherrschende Organisation die Gliederung der Arbeitskollektive nach territorialen Gesichtspunkten. Jetzt tritt immer stärker das Produkt und die Technologie in den Vordergrund. Dementsprechend bilden sich Brigaden mit neuen Aufgaben heraus, und zwar

- Brigaden mit Arbeitsaufgaben für bestimmte Produkte (z. B. Saatbettbereitung, Bestellung, Pflege, Ernte für Getreide, Grobfutter, Kartoffeln, Zuckerrüben und Gemüse),
- Brigaden mit spezifischen Arbeitsaufgaben für alle Produkte (z. B. Bodenbearbeitung, Beregnung),
- Brigaden mit spezifischen Arbeitsaufgaben in industriemäßigen Anlagen (z. B. Aufbereitung, Lagerung, Vermarktung in einer ALV-Anlage).

Diese Entwicklung hat vielfältige Auswirkungen auf das gesellschaftliche Leben im Dorf (Trennung von Arbeits- und Wohnort, Spezialisierung der Produzenten, Transportbedingungen, soziale und kulturelle Betreuung u. a.).

In den LPG Tierproduktion zeichnet sich immer stärker die Bildung von Arbeitskollektiven ab, die zu einer geregelten Arbeits- und Freizeit führen.

Mit diesen Ausführungen sollten einige Fragen bei der Durchsetzung der Sozialistischen Betriebswirtschaft sichtbar gemacht werden, die Auswirkungen auf die gesellschaftliche Entwicklung auf dem Lande haben. Ich habe hier nur einige wesentliche Merkmale des Reproduktionsprozesses der LPG Pflanzen- und Tierproduktion genannt. Genauso wichtig sind natürlich auch solche Kennzeichen wie die Vertiefung der sozialistischen Demokratie durch neue Arbeitsweise der Mitgliederversammlung, Bildung von Abteilungs- und Brigaderäten und durch eine umfassende Kommissionsarbeit. Von hervorragender Bedeutung sind eine gefestigte Grundorganisation der SED, stabile Leitungskollektive und auch eine enge Zusammenarbeit mit den örtlichen Staatsorganen.

Anmerkungen

1 E.Honecker, Die sozialistische Revolution in der DDR und ihre Perspektiven, Berlin 1977, S. 37.

2 G. Grüneberg, Der Leninsche Genossenschaftsplan – Fundament der Agrar- und Bündnispolitik der SED, in: Einheit, 10/11/1977, S. 1171.

3 E. Honecker, Die sozialistische Revolution in der DDR und ihre Perspektiven, a. a. O., S. 37.

4 G. Grüneberg, Der Leninsche Genossenschaftsplan – Fundament der Agrar- und Bündnispolitik der SED, a. a. O., S. 1171.

5 Ebenda, S. 1174.

H. Schieck

Einige Aspekte der planmäßigen Entwicklung der sozialistischen Produktionsverhältnisse in der Landwirtschaft

Die Herausbildung und Vervollkommnung der sozialistischen Produktionsverhältnisse in unserem Lande war stets auch mit entsprechenden gesellschaftlichen Veränderungen auf dem Lande verbunden. Das fand seinen Ausdruck u. a. in der Schaffung einer Anzahl volkseigener Güter auf einem Teil des enteigneten ehemaligen Gutsbesitzerlandes, in der Formierung von MAS/MTS als Stützpunkte der Arbeiterklasse auf dem Lande und insbesondere im genossenschaftlichen Zusammenschluß der ehemaligen Einzelbauern in LPG auf der Grundlage des Leninschen Genossenschaftsplanes. Mit dem vollen genossenschaftlichen Zusammenschluß aller Bauern in LPG siegten schließlich die sozialistischen Produktionsverhältnisse in unserem Lande. Seit dieser Zeit erfolgte durch die zielstrebige Agrarpolitik der SED in dialektischer Wechselwirkung mit der Entwicklung der Produktivkräfte ihre weitere planmäßige Ausgestaltung auf vielfältige Weise, so z. B. durch die weitere Vergesellschaftung der landwirtschaftlichen Produktion, die Festigung und Entwicklung des genossenschaftlich-sozialistischen Eigentums, die Entfaltung einer guten genossenschaftlichen Arbeit und das kooperative Zusammenwirken von LPG untereinander und mit VEG sowie auch mit Kreisbetrieben für Landtechnik (KfL), Agrochemischen Zentren (ACZ) und Verarbeitungsbetrieben für landwirtschaftliche Rohstoffe sowie Handelsbetriebe.

Auf dieser Grundlage festigte und vertiefte sich das Klassenbündnis zwischen der führenden Arbeiterklasse und der Klasse der Genossenschaftsbauern, die sich in diesem Prozeß herausbildete und als Klasse in der sozialistischen Gesellschaft weiter ausformte.

Das alles dient der Verwirklichung der beiden eng miteinander verknüpften Ziele der Agrarpolitik, wie sie in dem vom IX. Parteitag beschlossenen Programm der SED enthalten sind, nämlich

- „in der Land- und Nahrungsgüterwirtschaft die Produktion und deren Effektivität systematisch zu erhöhen, um eine stabile, sich stetig verbessernde Versorgung der Bevölkerung mit hochwertigen Nahrungsmitteln und der Industrie mit Rohstoffen zu sichern,
- die Lebensbedingungen des Dorfes denen der Stadt anzunähern, um die wesentlichen Unterschiede zwischen Stadt und Land allmählich zu überwinden".[1]

Ich möchte auf einige Aspekte der planmäßigen Entwicklung der sozialistischen Produktionsverhältnisse in der Landwirtschaft verweisen, die beim weiteren Übergang der Landwirtschaft zu industriemäßigen Produktionmethoden und damit bei der weiteren Gestaltung des entwickelten Sozialismus in der DDR von Bedeutung sind.

Das betrifft vor allem die weitere Vergesellschaftung der landwirtschaftlichen Produktion unter den Bedingungen des Vorhandenseins von 2 Formen des sozialistischen Eigentums, dem staatlich-sozialistischen und dem genossenschaftlich-sozialistischen Eigentum.

Die weitere sozialistische Intensivierung der Landwirtschaft ist in der gegenwärtigen Entwicklungsphase eng mit der weiteren Umgestaltung der gesamten Art und Weise der Produktion von Nahrungsgütern verbunden. Diese Verbindung ergibt sich objektiv aus der kontinuierlichen Weiterentwicklung der materiell-technischen Grundlage der landwirtschaftlichen Produktion. Sie ist Voraussetzung für den ständigen und zunehmend wirksameren Einsatz aller Produktionsfaktoren im Produktionsprozeß. Der Übergang zu industriemäßigen Produktionsmethoden wird damit zum Wesensmerkmal der weiteren Intensivierung der landwirtschaftlichen Produktion. Das ist mit einer fortschreitenden Vertiefung der gesellschaftlichen Arbeitsteilung bei der Produktion und Verarbeitung landwirtschaftlicher Erzeugnisse verbunden. Es verstärken sich die Prozesse der Konzentration und Spezialisierung der Produktion, die unter den Bedingungen der DDR planmäßig auf dem Wege der Kooperation vollzogen werden. Unsere Partei hat herausgearbeitet, daß die Kooperation für die Genossenschaftsbauern und Arbeiter der Landwirtschaft der verständlichste, überschaubarste und für die ganze sozialistische Gesellschaft nutzbringendste Weg für die weitere Konzentration und Spezialisierung der Produktion beim Übergang zu industriemäßigen Produktionsmethoden ist. Das ist Ausdruck dafür, daß sich unsere Partei auch in dieser Etappe der Agrarpolitik konsequent vom Leninschen Genossenschaftsplan leiten läßt.

Dieser Weg entspricht am besten dem differenzierten Stand der wirtschaftlichen Entwicklung der LPG, GPG und VEG, ihrer unterschiedlichen Größe, den Unterschieden im bisher erreichten Stand der Vergesellschaftung zwischen den Landwirtschaftsbetrieben sowie auch dem erreichten Bewußtseinsstand der Genossenschaftsbauern. Dabei bilden territoriale und betriebliche Grenzen sowie die unterschiedlichen Formen des sozialistischen Eigentums keine Schranken für den planmäßigen Übergang zu industriemäßigen Produktionsmethoden und die dazu erforderliche höhere Vergesellschaftung der Produktion in der Landwirtschaft. Durch die Kooperation werden das für den Übergang zur industriemäßigen Produktion notwendige höhere Niveau der anderen Grundformen der gesellschaftlichen Organisation der Produktion und die notwendigen Schritte in der gesellschaftlichen Arbeitsteilung erreicht. Es werden die angestrebten Veränderungen in der Wirtschaftsorganisation und in der Betriebsstruktur der Landwirtschaft und Nahrungsgüterwirtschaft durchgeführt und die über den Bereich der materiellen Produktion hinausgehenden gesellschaftlichen Prozesse und Beziehungen entwickelt.

Mitte der 60er Jahre war die gesellschaftliche Organisation der landwirtschaftlichen Produktion gekennzeichnet durch 572 VEG mit einer Durchschnittsgröße von rund 750 ha LN, 15 139 LPG mit durchschnittlich 630 ha, darunter 8975 LPG vom Typ I und II, die im Durchschnitt knapp 200 ha LN bewirtschafteten. In all diesen Betrieben wurde Pflanzen- und Tierproduktion gemeinsam durchgeführt. Daran wird sichtbar, daß die Mehrzahl der LPG und auch der VEG einen im Vergleich zu den Erfordernissen der industriemäßigen Produktion geringen Grad der Konzentration der Produktion hatten, wobei noch zu berücksichtigen war, daß sie ein vielzweigiges Produktionsprofil hatten. Weitere Schritte in der Arbeitsteilung sowie der Konzentration und Spezialisierung der Produktion ließen sich unter diesen Bedingungen am günstigsten durch die kooperative Zusammenarbeit mehrerer Betriebe gehen. Das heißt, die unmittelbare zwischenbetriebliche Kooperation erlangte eine besondere Bedeutung. Die Genossenschaftsbauern und Arbeiter der sozialistischen Landwirtschaft begannen mit einfachen Formen der Kooperation beim Einsatz der Technik, erhöhten schrittweise die Konzentration und

Spezialisierung der Produktion und schafften durch gemeinsame Investitionen moderne Maschinensysteme an.

Im Ergebnis der langjährigen kooperativen Zusammenarbeit gingen zunehmend LPG und VEG dazu über, ihre Pflanzenproduktion gemeinsam in Kooperativen Abteilungen Pflanzenproduktion durchzuführen. Die Kooperativen Abteilungen Pflanzenproduktion haben für den schrittweisen und planmäßigen Übergang zur industriemäßigen Produktion in der Landwirtschaft insgesamt große Bedeutung. Mit ihnen vollziehen die Genossenschaftsbauern und Arbeiter der sozialistischen Landwirtschaft den Übergang zu einer neuen Qualität der Pflanzenproduktion, und es wurde erfolgreich die gesellschaftliche Arbeitsteilung zwischen Pflanzen- und Tierproduktion eingeleitet, indem dadurch die Bedingungen für die Herausbildung spezialisierter LPG und VEG der Pflanzen- bzw. Tierproduktion entstehen.

Ich bin ebenfalls der Auffassung, daß es nicht richtig ist, wenn hin und wieder im Zusammenhang mit diesen sich vollziehenden Prozessen von einer „Trennung zwischen Pflanzen- und Tierproduktion" gesprochen wird. Das trifft nicht den wirklichen Inhalt dieses sich vollziehenden gesellschaftlichen Prozesses. Es geht um eine fortschreitende gesellschaftliche Arbeitsteilung zwischen der Pflanzen- und Tierproduktion. Diese gesellschaftliche Arbeitsteilung schließt gleichzeitig das kooperative Zusammenwirken auf höherer Stufe, d. h. zwischen den Betrieben der Pflanzen- und der Tierproduktion in sich ein.

Weiterhin ist es für das richtige Verständnis dieser Prozesse wichtig zu erkennen, daß die Kooperativen Abteilungen Pflanzenproduktion eine bedeutende Rolle im gesellschaftlichen Entwicklungsprozeß der Landwirtschaft einnahmen und noch weiterhin einnehmen, ja, man kann sagen, revolutionierend wirkten und wirken, daß sie aber trotzdem nur als eine Übergangsform bei dem sich vollziehenden sehr komplizierten Prozeß der Arbeitsteilung, der Konzentration und Spezialisierung anzusehen sind. Die LPG und VEG sind nach wie vor die betrieblichen Grundformen der sozialistischen Landwirtschaft.

Der IX. Parteitag der SED hat bekräftigt, „daß beide Formen des sozialistischen Eigentums in der Landwirtschaft große Entwicklungspotenzen besitzen und auch das genossenschaftliche Eigentum breiten Raum für den Übergang der Klasse der Genossenschaftsbauern zu industriemäßiger Produktion bietet".[2] Weil die LPG und nicht die KAP die Grundform der genossenschaftlich-sozialistischen Betriebe der Landwirtschaft sind, wurden auch die neuen Musterstatuten[3] nicht für KAP, sondern für LPG Pflanzenproduktion und LPG Tierproduktion erarbeitet und beschlossen. Die Praxis zeigt, daß sie diesen gesellschaftlichen Entwicklungsprozeß wesentlich fördern.

Über die Kooperativen Abteilungen Pflanzenproduktion entwickeln sich die LPG und VEG der Pflanzenproduktion. Dieser Prozeß ist im vollen Gange. Das wird daran deutlich, daß anfänglich alle LPG und VEG ihre Pflanzenproduktion in rund 1200 KAP zusammenführten, von denen gegenwärtig noch 855 bestehen. Bereits 291 haben sich zu LPG Pflanzenproduktion und 86 zu VEG Pflanzenproduktion weiterentwickelt. Mit durchschnittlich etwa 5000 ha LN und Kollektiven von 350 bis 400 Werktätigen besitzen sie gute Voraussetzungen für die umfassende Anwendung des wissenschaftlich-technischen Fortschritts zur weiteren Intensivierung und den Übergang zu industriemäßigen Produktionsmethoden.

Die Tierproduktion erfolgt gegenwärtig in rund 3200 LPG und 340 VEG der Tierproduktion, die in der Regel mehrere Zweige der Tierproduktion in sich vereinigen.

Eine weitergehende Spezialisierung in der Tierproduktion ist ein sehr langfristiger Prozeß, der nur allmählich gegangen werden kann. Im Vordergrund steht die Nutzung aller vorhandenen Produktionsfonds. Nur im Rahmen dessen und unter Nutzung der Rekonstruktion und Rationalisierung gehen die Genossenschaftsbauern und Arbeiter gewisse Schritte in der Konzentration und Spezialisierung ihrer Tierproduktion. In einer begrenzten Zahl entstanden in Verbindung mit dem Aufbau industriemäßiger Anlagen der Tierproduktion die Bedingungen für einen hohen Grad der Konzentration und Spezialisierung in der Tierproduktion auf ein Produkt oder Stufenprodukt. So bestehen gegenwärtig 7 LPG der Milchproduktion und 336 Zwischengenossenschaftliche bzw. Zwischenbetriebliche Einrichtungen Tierproduktion, die durch gemeinsame Anstrengungen von LPG und VEG auf kooperativer Basis entstanden sind.

Die fortschreitende Vergesellschaftung darf jedoch nicht nur vom Standpunkt der Betriebsgrößen gesehen werden, denn das ist nur eine Seite. Die zunehmende Arbeitsteilung, die Spezialisierung und Kooperation haben großen Einfluß auf die „tatsächliche Vergesellschaftung". Durch die Arbeitsteilung und Spezialisierung in der Produktion verbinden sich bestimmte Betriebe über die Entfaltung kooperativer Beziehungen immer enger miteinander. Das betrifft sowohl die Beziehungen zwischen Betrieben der Pflanzen- und der Tierproduktion als auch Beziehungen von Betrieben innerhalb der Pflanzen- oder der Tierproduktion.

Ausdruck der gesellschaftlichen Arbeitsteilung ist aber auch die seit dem VIII. Parteitag der SED erfolgte Erweiterung vorhandener und die Schaffung neuer Produktionseinheiten, die auf die zunehmend industriemäßige Durchführung einzelner Arbeits- und Produktionsprozesse spezialisiert sind.

Dazu gehören 264 Agrochemische Zentren, 172 Meliorationsgenossenschaften, 275 Trockenwerke, 113 Futtermittelkompaktier- und Futtermittelpelletiereinrichtungen, 156 Kreisbetriebe für Landtechnik, 13 Betriebe des Landtechnischen Anlagenbaus und 224 Zwischenbetriebliche Bauorganisationen, die als wichtige Kooperationspartner der Pflanzen- bzw. Tierproduktionsbetriebe die weitere sozialistische Intensivierung und den Übergang zu industriemäßigen Produktionsmethoden unterstützen.

Das alles zeigt den sehr dynamischen Prozeß der fortschreitenden tatsächlichen Vergesellschaftung der landwirtschaftlichen Produktion durch die sich vertiefende Kooperation.

Die Weiterentwicklung der Produktivkräfte, besonders die Erfordernisse der umfassenden Anwendung der Wissenschaft und Technik, führen gesetzmäßig zu neuen, höheren Formen der Kooperation. Der IX. Parteitag beschloß deshalb, schrittweise und entsprechend den konkreten Bedingungen Agrar-Industrie-Vereinigungen (AIV) der Pflanzenproduktion zu entwickeln. In dieser fortgeschrittenen Form der Kooperation arbeiten LPG und VEG Pflanzenproduktion, Agrochemische Zentren, Meliorationsbetriebe, Trocknungs- und Pelletierbetriebe u. a. auf freiwilliger Grundlage bei Beibehaltung ihrer juristischen und ökonomischen Selbständigkeit gleichberechtigt und unter einheitlicher Leitung zusammen. Entsprechend den konkreten örtlichen Bedingungen und Erfordernissen können sich an dieser Zusammenarbeit auch Betriebe für die Lagerhaltung, die Be- und Verarbeitung pflanzlicher Erzeugnisse oder ihres Absatzes beteiligen.

Die Herausbildung agrar-industrieller Vereinigungen ist ein sehr langfristiger Prozeß, der einen hohen Reifegrad der gesellschaftlichen Entwicklung der LPG und VEG und insbesondere ausgereifte Kooperationsbeziehungen zwischen diesen und ACZ, Meliorationsgenossenschaften, KfL u. a. mit der Pflanzenproduktion kooperierender Betriebe voraussetzt.

Im Musterstatut der LPG Pflanzenproduktion ist deshalb festgelegt: „Die LPG Pflanzenproduktion hat das Recht, nachdem sie sich politisch, ökonomisch und kadermäßig gefestigt und ihre Kooperationsbeziehungen stabil entwickelt hat, sich nach Zustimmung des zuständigen Staatsorgans an Agarar-Industrie-Vereinigungen Pflanzenproduktion zu beteiligen“.[4]

In solchen entwickelten Formen der Kooperation, den AIV Pflanzenproduktion, sind die LPG und VEG durch gemeinsame Ziele und Interessen, durch aufeinander abgestimmte Produktions- und Arbeitsprozesse unmittelbar miteinander verbunden. Wie erste Erfahrungen zeigen, ermöglicht die Zusammenarbeit in AIV Pflanzenproduktion den beteiligten Betrieben, den zunehmend arbeitsteiligen Reproduktionsprozeß immer effektiver zu gestalten und auf der Grundlage der wirtschaftlichen Rechnungsführung einheitlich zu leiten und zu planen.

Darin zeigen sich die Fortschritte in dem höheren Grad der tatsächlichen Vergesellschaftung der Produktion. Aber es gilt immer zu beachten, daß auch in dieser entwickelten Form der kooperativen Zusammenarbeit in AIV die beteiligten LPG und VEG ihre juristische und ökonomische Selbständigkeit behalten und keine Veränderung der Eigentumsformen erfolgt.

Es geht also darum, daß jeder qualitativ neue Schritt in der Vertiefung der gesellschaftlichen Arbeitsteilung gleichzeitig auch erfordert, die arbeitsteiligen Glieder der Produktion auf höherer Stufe zu verflechten. Dem entspricht auch die Vertiefung der Kooperation zwischen LPG, VEG, Verarbeitungsbetrieben und Betrieben des Handels in Kooperationsverbänden. Der Beitritt zum Kooperationsverband ist freiwillig und erfolgt unter Beibehaltung der juristischen und ökonomischen Selbständigkeit der Betriebe. Damit bleiben auch bei dieser Form der kooperativen Zusammenarbeit die Partner voll verantwortlich für die Gestaltung ihres betrieblichen Produktions- und Reproduktionsprozesses. Im Rahmen des Kooperationsverbandes konzentrieren sie ihre Anstrengungen auf die im Verband gemeinsam beschlossenen Ziele und Aufgaben, insbesondere zur bedarfsgerechten Produktion, dem Aufkauf, der Verarbeitung, der Lagerung und des Absatzes zur Versorgung der Bevölkerung mit qualitativ hochwertigen Nahrungsgütern. Auf diesem Wege bildet sich eine neue Stufe der Verflechtung zwischen Landwirtschaft und Industrie heraus.

In diesem Zusammenhang muß man auch die Herausbildung des volkswirtschaftlichen Agrar-Industrie-Komplexes sehen, die sich objektiv vollzieht. Das ist ein Prozeß, der ebenfalls die höhere Stufe der inneren Verflechtung der an der Nahrungsgüterproduktion beteiligten Zweige der Volkswirtschaft zum Ausdruck bringt und damit ebenfalls von einer fortschreitenden Vergesellschaftung zeugt.

Bei der Entwicklung der Kooperation in der Landwirtschaft geht es stets um die Gestaltung wichtiger sozialökonomischer Prozesse. Sie ist unter den Bedingungen der DDR der bewährte Weg bei der Herausbildung höherer, der entwickelten sozialistischen Gesellschaft entsprechender Produktionsverhältnisse auf dem Lande.

Wenn diese neuen Aspekte des Vergesellschaftungsprozesses herausgearbeitet werden, so müssen sie als wichtigstes Kriterium die Sicherung einer steigenden bedarfsgerechten Produktion an Nahrungsgütern und die systematische Erhöhung ihrer Effektivität mit einschließen.

Anmerkungen

1 Programm der Sozialistischen Einheitspartei Deutschlands, Berlin 1976, S. 30.

2 Bericht des Zentralkomitees der Sozialistischen Einheitspartei Deutschlands an den IX. Parteitag der SED, Berichterstatter: Genosse Erich Honecker, Berlin 1976, S. 64.

3 Beschluß über die Musterstatuten und Musterbetriebsordnungen der LPG Pflanzenproduktion und LPG Tierproduktion vom 28. Juli 1977, in: GBI. I, S. 317.

4 Vgl. Musterstatuten und Musterbetriebsordnungen der LPG Pflanzenproduktion und LPG Tierproduktion, in: GBl. Sonderdruck Nr. 937.

A. Lemmnitz

Einige Bemerkungen zum Wesen der sozialistischen Produktionsverhältnisse

Ich möchte mich zu zwei Problemen äußern: Erstens zum Problem der Definition des Begriffes Produktionsverhältnisse und deren Bedeutung für die in den Thesen gestellte Aufgabe der Entwicklung der sozialistischen Produktionsverhältnisse. Zweitens zum Kampf zwischen Sozialismus und Kapitalismus und dessen Einfluß auf die Entwicklung der sozialistischen Produktionsverhältnisse.

In den Thesen wird die Vergesellschaftung von Produktion und Arbeit in ihrer ganzen Komplexität als Hauptrichtung der Vervollkommnung der sozialistischen Produktionsverhältnisse bezeichnet (These 7). Unter diesem Aspekt wird unter Vervollkommnung der sozialistischen Produktionsverhältnisse vor allem das folgende verstanden: die Ausnutzung der Errungenschaften der wissenschaftlich-technischen Revolution, die weitere planmäßige Gestaltung der Konzentration, Spezialisierung und Kooperation der Produktion in der Industrie, die weitere Vergesellschaftung der landwirtschaftlichen Produktion vor allem durch die konsequente Intensivierung und schrittweise Einführung industriemäßiger Produktionsmethoden, die komplexe Lösung grundlegender volkswirtschaftlicher Aufgaben und die Vergesellschaftung des gesamten gesellschaftlichen Arbeitsprozesses. Die weitere Entwicklung des sozialistischen Charakters der Arbeit orientiert auf die Entfaltung des kooperativen Charakters assoziierter Produzenten, wobei der wissenschaftlich-technische Fortschritt und der sozialistische Wettbewerb die entscheidende Rolle spielen.

Der sozialistische Wettbewerb weist aber auf eine Seite der Entwicklung der sozialistischen Produktionsverhältnisse hin, die in den Thesen meines Erachtens noch zu wenig berührt wird und doch von auschlaggebender Bedeutung ist, die Entwicklung der Menschen, vor allem der Arbeiterklasse.

Marx und Engels definierten die Produktionsverhältnisse als gesellschaftliche Beziehung der Menschen in der Produktion, beim Austausch und der ihnen entsprechenden Verteilung ihrer materiellen Lebensbedürfnisse. So wichtig die Entwicklung der organisatorischen Formen der sozialistischen Produktionsverhältnisse entsprechend dem Entwicklungsstand der Produktivkräfte ist, ebenso wichtig, wenn nicht noch wichtiger, ist die planmäßige Entwicklung der gesellschaftlichen Beziehungen der Menschen in der Produktion ihrer materiellen Lebensbedürfnisse. Das ist gerade das, was Lenin meinte, indem er forderte: „Die Produktion tatsächlich zu vergesellschaften". Er schrieb in dem in den Thesen ausgelassenen Teil des Zitats: „Mit der Schaffung eines neuen, des sowjetischen Staatstypus, der den Werktätigen und unterjochten Massen die Möglichkeit erschließt, an dem selbständigen Aufbau der neuen Gesellschaft tätigen Anteil zu nehmen, haben wir erst den kleineren Teil der schwierigen Aufgabe gelöst."[1] Der größere Teil besteht dann darin, daß auf ökonomischem Gebiet diese Möglichkeit der tätigen

Anteilnahme der werktätigen Massen am selbständigen Aufbau der sozialistischen Wirtschaft in die Wirklichkeit umgesetzt wird.

Einige Seiten weiter kleidet Lenin diese Forderung in die drastischen Worte: „Führe genau und gewissenhaft Buch über das Geld, wirtschafte sparsam, faulenze nicht, stiehl nicht, beobachte strengste Disziplin in der Arbeit – gerade solche Losungen, die von den revolutionären Proletariern damals, als die Bourgeoisie mit derartigen Reden ihre Herrschaft als Ausbeuterklasse bemäntelte, mit Recht verlacht wurden, werden jetzt, nach dem Sturz der Bourgeoisie, zu den nächsten und wichtigsten Losungen der Gegenwart."[2]

Gewiß ist die Lösung dieser Aufgaben auch eine Frage der fachlichen Qualifizierung der Arbeiterklasse. Daher wurde der Aufbau der Volksbildung eine der ersten Aufgaben, die in Angriff genommen wurden. Sie ist aber in erster Linie eine Frage der gesellschaftlichen Beziehungen der Menschen in der Produktion, zur Arbeit, zum sozialistischen Eigentum, zur Verantwortung für die Produktion, für die Organisation und Leitung usw. Das ist aber nichts anderes als eine Frage der Entwicklung dieser, der wichtigsten Seite der sozialistischen Produktionsverhältnisse. Insofern ist die wirtschaftliche Rechnungsführung und Eigenverantwortlichkeit der volkseigenen Betriebe nicht einfach eine ökonomisch-organisatorische Methode der Leitung der sozialistischen Wirtschaft, sondern eine Form sozialistischer Produktionsverhältnisse. Dasselbe gilt in noch höherem Maße von der Aktivisten- und Neuererbewegung und dem sozialistischen Wettbewerb, in dem eine spezifische Erscheinungsform sozialistischer Produktionsverhältnisse, die kameradschaftliche Zusammenarbeit und gegenseitige Hilfe zum Ausdruck kommt. Hier haben wir Faktoren der „tatsächlichen Vergesellschaftung" der Produktion.

Ich meine, daß die planmäßige Entwicklung der sozialistischen Produktionsverhältnisse in der DDR besonders auf diese Seite unserer Produktionsverhältnisse orientiert werden muß, um die schwierige Aufgabe der weiteren Gestaltung der entwickelten sozialistischen Gesellschaft und der Schaffung der Voraussetzungen für den allmählichen Übergang zum Kommunismus lösen zu können. Allein schon die Marxsche Voraussage, daß im Kommunismus die Arbeit zum ersten Lebensbedürfnis werden wird, zeigt, welche Aufgaben in bezug auf die Entwicklung der gesellschaftlichen Beziehungen der Menschen in der Produktion ihrer materiellen Lebensbedürfnisse, also der sozialistischen Produktionsverhältnisse zu kommunistischen Produktionsverhältnissen, zu leisten ist.

Damit hängt aber das zweite Problem zusammen, auf das Lenin ebenfalls hinwies: das bürgerliche und kleinbürgerliche „Erbe" des werktätigen Volkes zum Staat, zum Eigentum, zur Disziplin usw., das auch heute noch bei uns wirksam ist. Dazu aber kommt noch ein weiteres: das Nebeneinanderbestehen – die Koexistenz – von Sozialismus und Kapitalismus. Die Durchsicht der Thesen kann meines Erachtens den Eindruck erwecken, als ob der Sozialismus das allein herrschende Gesellschaftssystem wäre und nur der Sozialismus auf die kapitalistischen Produktionsverhältnisse, nicht aber auch der Kapitalismus auf die sozialistischen Produktionsverhältnisse Einfluß nimmt. Die sozialistischen Länder entwickeln sich zwar auf einer eigenen sozialen Basis, bestimmen zwar die weitere Entwicklung der Gesellschaft in wachsendem Maße und zwingen die imperialistischen Länder zur politischen Entspannung, aber sie bestimmen diese Entwicklung noch nicht allein.

Es ist daher für die Lösung der Aufgabe, die sozialistischen Produktionsverhältnisse in der DDR planmäßig zu entwickeln, von entscheidender Bedeutung zu beachten, daß der Kapitalismus noch immer auf die Entwicklung des Sozialismus Einfluß nimmt, und zu analysieren, wie und wo sich dieser Einfluß geltend macht und wie die Perspektive der Entwicklung des Kapitalismus und seines Verhältnisses zum Sozialismus ist.

Keiner wird leugnen können, daß die forcierte Aufrüstung der imperialistischen Länder unsere ökonomische Entwicklung erschwert. Es ist auch nicht zu bestreiten, daß die ideologische Hetze des Imperialismus gegen den Sozialismus bei noch wenig gefestigten Menschen gewisse Wirkungen erzielt und nicht zuletzt auf die sozialistischen Produktionsverhältnisse, auf das gesellschaftliche Verhalten der Menschen in der Produktion gerichtet ist. Daher hat die ideologische Arbeit, der ideologische Kampf gegen den Imperialismus und seinen Einfluß auf unsere Werktätigen vorrangige Bedeutung. Schließlich ist nicht unbekannt, daß die Bedürfnisse unserer Menschen, die materiellen wie die kulturellen, nicht nur von den sozialistischen Erfordernissen bestimmt werden, sondern sich auch hier der Einfluß des Kapitalismus geltend macht.

Die Analyse der Entwicklung der sozialistischen Produktionsverhältnisse und ihrer Perspektive kann also an dem Kampf der beiden entgegengesetzten Weltsysteme nicht vorbeigehen, sondern muß seine Wirkungen auf die sozialistischen Produktionsverhältnisse beachten. Dabei spielt eine nicht unwesentliche Rolle, welche wissenschaftliche Einschätzung der Entwicklung des Kapitalismus wir zugrunde legen.

Zweifellos befindet sich der Kapitalismus in einer Periode der Verschärfung der allgemeinen Krise, die sich in einigen qualitativen Veränderungen äußert. Diese sind: die chronische Massenarbeitslosigkeit, die chronische Inflation und Krise des internationalen kapitalistischen Währungssystems, die Energiekrise und Krisenerscheinungen in den Umweltbedingungen der Produktion und des Lebens. Eine gründliche Analyse erlaubt uns aber nicht, zu einer Feststellung zu kommen, daß der Kapitalismus nicht mehr in der Lage sei, die Produktivkräfte zu entwickeln und zyklische Krisen zeitweilig zu überwinden, wie das etwa in der Theorie von der „Depression besonderer Art" vertreten wird. Die Besonderheiten der Verschärfung der allgemeinen Krise des Kapitalismus bestehen gegenwärtig darin, daß die Massenarbeitslosigkeit nicht nur eine Erscheinung einer zyklischen Krise, d. h. einer Überproduktionskrise, ist, sondern, daß sie wächst bei wachsender Produktion und wachsenden Profiten und in der BRD auch bei, wenn auch nur gering, wachsenden Reallöhnen. Die chronische Massenarbeitslosigkeit ist das Ergebnis der monopolkapitalistischen Ausnutzung der wissenschaftlich-technischen Revolution und Erhöhung der organischen Zusammensetzung des Kapitals, die durch die Akkumulation, die noch ein großes Ausmaß hat, nicht mehr kompensiert werden kann. Daneben wirkt die Überproduktionskrise in bestimmten Bereichen der kapitalistischen Wirtschaft als Ergebnis ihrer ungleichmäßigen Entwicklung.

Die Analyse und Prognose der Entwicklung der sozialistischen Produktionsverhältnisse bei der weiteren Gestaltung der entwickelten sozialistischen Gesellschaft muß demzufolge berücksichtigen, daß der Monopolkapitalismus seine wissenschaftlich-technischen und ökonomischen Möglichkeiten auch unter den Bedingungen der Verschärfung der allgemeinen Krise noch nicht erschöpft hat. Das bedeutet, daß der ökonomische Wettbewerb zwischen den beiden Weltsystemen sich verschärfen wird und daß auch die Krisenerscheinungen des Kapitalismus bestimmte negative Auswirkungen auf unsere wirtschaftliche Entwicklung haben.

Anmerkungen

1 W. I. Lenin, Die nächsten Aufgaben der Sowjetmacht, in: Werke, Bd. 27, Berlin 1960, S. 231.
2 Ebenda, S. 233/234.

W. Schließer

Zur Entwicklung der sozialistischen Produktionsverhältnisse als System

Die Thesen „Zur planmäßigen Entwicklung der sozialistischen Produktionsverhältnisse bei der weiteren Gestaltung des entwickelten Sozialismus in der DDR" und ihre Diskussion haben große Bedeutung für unser Bemühen, die wirtschaftswissenschaftliche Ausbildung weiter zu verbessern und dafür gute Lehrmaterialien und Lehrbücher auszuarbeiten. Dazu gehören besonders die Lehrhefte „Politische Ökonomie des Sozialismus" und das auf diesen aufbauende Lehrbuch „Politische Ökonomie des Sozialismus" für Ökonomen, mit dessen Vorbereitung wir begonnen haben. Die Thesen spiegeln die Vielfalt der theoretischen Diskussionen und Probleme bezüglich der sozialistischen Produktionsverhältnisse wider.

Für die weitere Arbeit am Lehrgebäude der politischen Ökonomie des Sozialismus treten meines Erachtens vor allem zwei Fragen in den Vordergrund:

1. Die präzisere Bestimmung dessen, was Produktionsverhältnisse sind, insbesondere ihres materiellen Charakters, ihres Charakters als Verhältnisse zwischen handelnden Menschen, deren Verhalten durch sie geprägt wird, sowie ihres Charakters als (sozial-) ökonomische Bewegungsform der Produktivkräfte. Hier bedarf es offensichtlich der Zusammenarbeit von Politökonomen und Philosophen, handelt es sich doch um eine grundlegende Kategorie des historischen Materialismus.

2. Die Entwicklung der sozialistischen Produktionsverhältnisse als System. Erkenntnisfortschritte bei der Analyse der sozialistischen Produktionsverhältnisse als eines organischen Systems sind um so nötiger, als es uns bisher noch nicht gelungen ist, eine modellhafte Darstellung dieses Systems zu geben. So wichtig die Erkenntnisse von der bestimmenden Rolle des ökonomischen Grundgesetzes des Sozialismus und des Gesetzes der planmäßigen, proportionalen Entwicklung der Wirtschaft sind, so müssen sie doch zur komplexen Analyse des Systems der sozialistischen Produktionsverhältnisse weitergeführt werden.

Gerade dabei stehen sich zur Zeit zwei Auffassungen über den Systemcharakter der sozialistischen Produktionsverhältnisse entgegen, die bei einiger Verkürzung folgendermaßen ausgedrückt werden können:

Erstens: Die Entwicklung der sozialistischen Produktionsverhältnisse als „Werden zur Totalität."

Diese Position knüpft an die verallgemeinerte Erkenntnis über die Entwicklung gesellschaftlicher Verhältnisse an, die Karl Marx in den „Grundrissen" so formulierte:[1]

„Wenn im vollendeten bürgerlichen System jedes ökonomische Verhältnis das andre in der bürgerlich-ökonomischen Form voraussetzt und so jedes Gesetzte zugleich Voraussetzung ist, so ist das mit jedem organischen System der Fall. Dies organische System selbst als Totalität hat seine Voraussetzungen, und seine Entwicklung zur Totalität besteht eben (darin), alle Elemente der Gesellschaft sich unterzuordnen, oder die ihm noch fehlenden Organe aus ihr heraus zu schaffen. Es wird so historisch zur Totalität."

Hiernach wird der Entwicklungsprozeß der sozialistischen Produktionsverhältnisse als Prozeß der Ausprägung ihres Systemcharakters und der darin inbegriffenen Entfaltung ihrer Wesensmerkmale gesehen. Das ist der Standpunkt in den Thesen, den ich völlig unterstütze.

Zweitens: Anders dagegen ist die Auffassung, wonach die im Sozialismus existierenden Produktionsverhältnisse in alte, absterbende, nichtkommunistische Verhältnisse und neue, sich entwickelnde kommunistische Verhältnisse unterschieden werden. Die Entwicklung der sozialistischen Produktionsverhältnisse wird demzufolge als Kampf der Verhältnisse betrachtet, die im Sozialismus „dank der sozialistischen Revolution" bzw. gegen die Verhältnisse, die „trotz der sozialistischen Revolution" existieren. Als typisches Beispiel für letztere werden meist die Ware-Geld-Beziehungen genannt.

Gegen diese zweite Auffassung wende ich folgendes ein: Es handelt sich bei den ökonomischen Verhältnissen der Warenproduktion sowie der Waren- und Geldzirkulation im Sozialismus dem Wesen nach nicht um die Fortexistenz eigentlich kapitalistischer oder sogar vorkapitalistischer Verhältnisse. Sie sind ihrer Substanz nach ökonomische Verhältnisse sozialistischen Inhalts, die für das ökonomische Funktionieren des Sozialismus unerläßlich sind.

Zu diesem Ergebnis führt die Betrachtung des Inhalts des Wertes, der die ökonomischen Beziehungen der Warenproduktion sowie der Waren- und Geldzirkulation vermittelt. Die Substanz des Wertes ist stets menschliche Arbeit, abstrahiert von ihrer konkreten Gestalt – nicht aber abstrahiert von ihrer gesellschaftlichen Qualität. Im Sozialismus bildet gesellschaftliche Arbeit von Ausbeutung befreiter Produzenten, die planmäßig und in kameradschaftlicher Zusammenarbeit und gegenseitiger Hilfe für die höchste Wohlfahrt aller Gesellschaftsmitglieder geleistet wird, die Substanz des Wertes. Dieser ist deshalb auch kein Fremdkörper im Sozialismus. Er besitzt vielmehr selbst sozialistischen Inhalt wie alle Kategorien, die auf dem Wert beruhen (vgl. Geld, Preis, Finanzen, Kredit und andere).

Zugleich sind der Wert und seine Kategorien nicht Fortexistenz vorsozialistischer Verhältnisse im Sozialismus. Die Betrachtung der Entstehung des Sozialismus in der Übergangsperiode ergibt, daß Wert- und Geldbeziehungen auf durchaus verschiedene Weise Eingang in den sozialistischen Wirtschaftsmechanismus fanden.

Bestimmte Wertkategorien, die der Sozialismus vorfindet und die er für sein ökonomisches Funktionieren benötigt, werden von ihm übernommen – und zwar in dem Sinne, daß diese Wertkategorien (Geld, Preis, Finanzen, Kredit, Zins, Kosten, Gewinn, Grundrente und andere) mit sozialistischem Inhalt ausgefüllt (siehe: neuer Charakter der Arbeit) und in den sich herausbildenden sozialistischen Wirtschaftsmechnismus eingeordnet werden, ganz im Marxschen Sinne der Unterordnung aller Elemente der Gesellschaft unter das sich zur Totalität entwickelnde sozialistische System.

Bestimmte vorgefundene Wertverhältnisse und -kategorien benötigt der Sozialismus nicht, weshalb er sie auch nicht übernimmt. Diese gehen unter, sie verschwinden. Solche Wertverhältnisse und -kategorien sind diejenigen, die die kapitalistische Ausbeutung zur Existenzgrundlage haben, also aus der Verwandlung von Arbeitskraft in eine Ware und von Geld in Kapital erwachsen. Zu ihnen gehören Profit, Arbeitsmarkt, Kapital, Aktienwesen, Börse und andere.

Bestimmte Wertkategorien, die der Sozialismus benötigt, aber nicht vorfindet, muß er buchstäblich aus sich heraus schaffen. Dazu zähle ich die wirtschaftliche Rechnungsführung, die Lenin schuf. Auch der transferable Rubel als kollektive sozialistische Währung hat kein historisches Vorbild. Die mit dem Wert im Sozialismus verbundenen ökonomischen Beziehungen der Warenproduktion sowie der Waren- und Geldzirkulation erfüllen im sozialistischen Wirtschaftsmechanismus äußerst wichtige Funktionen. So ist der Wertausdruck des Arbeitsaufwands als Kosten und Preis notwendig für das Messen, Berechnen, Planen und Kontrollieren ökonomischer Vorgänge, für die Organisierung des Kampfes um die Senkung der Kosten und die Erhöhung der Effektivität im Interesse der Hauptaufgabe und der Intensivierung der gesellschaftlichen Produktion.

So ist der Wert und seine Kategorien notwendig für die gesellschaftliche Organisation der sozialistischen Verteilungs- und Austauschweise, für die materielle Interessiertheit. Lenin unterstrich die Notwendigkeit der materiellen Interessiertheit mit großem Nachdruck in seiner Rede zum 4. Jahrestag der Großen Sozialistischen Oktoberrevolution.[2]

Die Notwendigkeit der Wertkategorien für das ökonomische Funktionieren des Sozialismus wird auch dadurch bestätigt, daß alle praktischen Versuche, auf sie zu verzichten, vollständig gescheitert sind. Auch heutige Versuche einer Naturalisierung sozialistischer Wirtschaftsbeziehungen hätten kein anderes Schicksal; sie wären nichts anderes als die Flucht vor noch ungelösten Problemen der Gestaltung des Systems der Leitung, Planung und ökonomischen Stimulierung entsprechend den neuen Anforderungen. Es ergibt sich, daß es bei der Gestaltung des entwickelten Sozialismus auch um die Entfaltung und vollständige, planmäßige Nutzung der Wertkategorien zur Sicherung des effektiven Funktionierens des sozialistischen Wirtschaftsmechanismus geht – nicht etwa um ihre schrittweise Zurückdrängung und Ersetzung durch naturalwirtschaftliche Verhältnisse im Sozialismus.

Schließlich soll darauf hingewiesen werden, daß die These von der Entwicklung der sozialistischen Produktionsverhältnisse im Sinne der Verdrängung der Warenproduktion und des Wertgesetzes (und manchmal wird auch die Verteilung nach der Leistung in diesem Zusammenhang genannt) eine weitere große Gefahr in sich birgt. Es könnte nämlich der Schluß gezogen werden, als ob die Höherentwicklung der sozialistischen Produktionsverhältnisse in der Hauptsache in der Veränderung der Verteilungs- und Austauschbeziehungen bestünde. In Wirklichkeit setzt jedoch die Veränderung der Verteilungs- und Austauschweise die Höherentwicklung der Verhältnisse in der materiellen Produktion voraus. Es ist also verdienstvoll, wenn vor allem diese analysiert werden, um Schlüsse auf die notwendige Entwicklung von Verteilung und Austausch ziehen zu können.

Aus dem Bisherigen ziehe ich zwei Schlußfolgerungen:

1. Sicherlich ist die Entwicklung der sozialistischen Produktionsverhältnisse keine völlig gleichmäßige Entwicklung aller Bereiche. Im System der sozialistischen Produktionsverhältnisse gibt es sicherlich temporäre und partielle Entwicklungsschwerpunkte. Mitunter bedarf es auch des „Nachholens" von bisher noch nicht möglichen Entwicklungsprozessen. Für das Verständnis der verschiedenen Entwicklungsprozesse dieser und jener Bereiche im System der sozialistischen Produktionsverhältnisse ist jedoch sein „Werden zur Totalität" im Sinne der Ausprägung des Systems aller für den entwickelten Sozialismus notwendigen Verhältnisse und Kategorien entscheidend.

2. Alle sozialistischen Produktionsverhältnisse in diesem System entwickeln sich weiter, nicht nur einige. Und die schließliche Herausbildung kommunistischer Verhältnisse setzt gerade die Ausreifung des ganzen Systems der sozialistischen Produktionsverhältnisse voraus.

Hinsichtlich der Thesen, deren Grundposition in dieser Frage ich also unterstütze, schlage ich vor, bei der Behandlung von Widersprüchen im Sozialismus die Widersprüche zwischen Gebrauchswert und Wert sowie zwischen materiellen und finanziellen Prozessen aufzunehmen, da sie – wie dargestellt – im Sozialismus notwendigerweise existieren und bei der Leitung, Planung und ökonomischen Stimulierung deshalb beachtet werden müssen.

Anmerkungen

1 K. Marx, Grundrise der Kritik der Politischen Ökonomie, Berlin 1953, S. 189.
2 Vgl. W. I. Lenin, Zum vierten Jahrestag der Oktoberrevolution, in: Werke, Bd. 33, Berlin 1962, S. 38.

H. Luft

Probleme der Entwicklung der Masseninitiative bei der Vervollkommnung der sozialistischen Produktionsverhältnisse

Im sozialistischen Wettbewerb „Aus jeder Mark, jeder Stunde Arbeitszeit, jedem Gramm Material einen größeren Nutzeffekt" ringen die Werktätigen unserer Republik darum, unser Programm des Wachstums, des Wohlstands und der Stabilität durch bewußtes Handeln auch unter den veränderten außenwirtschaftlichen Bedingungen kontinuierlich zu verwirklichen. Im Mittelpunkt stehen dabei solche Aufgaben wie

- Beschleunigung des wissenschaftlich-technischen Fortschritts und schnelle Überleitung neuer wissenschaftlicher Ergebnisse in die Produktion;
- Kampf um hohe Qualität der Erzeugnisse und der Arbeit;
- sparsamer Umgang mit Material, Roh- und Hilfsstoffen, Energie sowie allen materiellen und finanziellen Fonds;
- Erhöhung der Effektivität der Export- und Importbeziehungen;
- allseitige Erfüllung der Investitionsvorhaben in hoher Qualität und Effektivität;
- Erreichen einer hohen Qualität und Effektivität im Wohnungsbau;
- Sicherung einer kontinuierlichen und stabilen Versorgung der Bevölkerung mit Konsumgütern und Dienstleistungen.

Die entscheidende Frage ist, das Verhältnis von Aufwand und Ergebnis zu verbessern. Das ist ein hoher Anspruch an jedes Arbeitskollektiv, jeden einzelnen Werktätigen bei der Nutzung und Mehrung des gesellschaftlichen Eigentums an den Produktionsmitteln als der ökonomischen Grundlage der sozialistischen Wirtschaft.

Die mit der Intensivierung des Reproduktionsprozesses einhergehende wachsende Fondsausstattung der Arbeitsplätze, die Anwendung moderner Technologien und Verfahren bedingen objektiv eine Erhöhung der Verantwortung jedes Arbeiters, jedes Ingenieurs, jedes Leiters an seinem Arbeitsplatz, für die Steigerung der Produktion und die Erhöhung ihrer Effektivität. Jedem Werktätigen sind im Durchschnitt der Volkswirtschaft Grundfonds im Werte von über 60000 Mark anvertraut, in der Industrie fast 79000 Mark, darunter in der Energie- und Brennstoffindustrie 297000 Mark, in der chemischen Industrie 145000 Mark (Stand 1976)[1]. Er hat an seinem Arbeitsplatz die Verantwortung dafür, ob das Material durch seine Arbeit noch wertvoller oder durch Ausschuß verdorben wird und damit die Arbeit der vielen anderen, die schon in ihm vergegenständlicht ist, umsonst war.

Es sind nicht nur diejenigen an der Realisierung des wissenschaftlich-technischen Fortschritts beteiligt, die direkt wissenschaftlich-technische Maßnahmen verwirklichen, sondern all diejenigen, die die Effektivität der gesellschaftlichen Arbeit steigern und damit die entscheidenden Voraussetzungen für den wissenschaftlich-technischen Fortschritt schaffen. Gerade bei der sozialistischen Rationalisierung verbindet sich die moderne Wissenschaft mit der reichen Produktionserfahrung und Fertigkeit der Arbeiterklasse.

Die Aufgabenstellung des Fünfjahrplanes, durch Nutzung wissenschaftlich-technischer

Ergebnisse 60 bis 70 Prozent der notwendigen Steigerung der Arbeitsproduktivität durch Einsparung von jährlich 240 bis 260 Mio. Arbeitsstunden in der Industrie und im Bauwesen und etwa 60 Prozent der Materialeinsparungen zu sichern[2], überläßt keineswegs die verbleibenden Prozente der Masseninitiative, sondern erfordert vielmehr, daß die Masseninitiative von der Forschung und Entwicklung bis zur Endmontage und dem Kundendienst auf die Beschleunigung des wissenschaftlich-technischen Fortschritts gerichtet wird.

Die ökonomische Funktion des sozialistischen Wettbewerbs kann sich dabei, wie der sowjetische Ökonom Fedinin hervorhebt, nur im Rahmen der planmäßigen Wirtschaftsführung entwickeln.[3] Der Plan lenkt die Initiative der Massen auf die Lösung konkreter Aufgaben, er verkörpert das Ziel, um dessen Erreichung sich die Teilnehmer des Wettbewerbs bemühen. Auf dem 9. FDGB-Kongreß schätzte Harry Tisch ein, „daß es sich bewährt hat, den Wettbewerb auf das Planjahr bezogen zu führen. Das ermöglicht, die Wettbewerbsverpflichtungen abrechenbar auf die jeweiligen volkswirtschaftlichen Schwerpunkte des laufenden Planjahres zu konzentrieren und im Gegenplan weitere Reserven zu erschließen. Dadurch erhält der Gegenplan im wahrsten Sinne des Wortes seine volkswirtschaftliche Bedeutung.“[4]

Wichtige Grundlagen werden hierfür in den jährlich stattfindenden Plandiskussionen gelegt. Allein zur weiteren Qualifizierung des Planes 1978 wurden bei der Plandiskussion in den Betrieben und Genossenschaften 570000 Vorschläge unterbreitet, 42000 mehr als für den Plan 1977. Ihr Grundanliegen besteht in diesen Jahren besonders darin, angesichts der komplizierter gewordenen Reproduktionsbedingungen in den Planentwürfen über die staatlichen Aufgaben hinaus eine höhere Steigerung der Arbeitsproduktivität vorzusehen, mit weniger Material mehr Erzeugnisse in hoher Qualität herzustellen oder auf andere Weise effektiver zu wirtschaften. Dabei nutzen die Werktätigen die Erfahrungen, die sie mit den persönlich schöpferischen Plänen zur Steigerung der Arbeitsproduktivität, der saldierten Wettbewerbsführung und der Arbeit mit dem Haushaltsbuch sowie den vielen anderen bewährten Wettbewerbsmethoden zur allseitigen Erfüllung und gezielten Überbietung der Planaufgaben und Gegenplanziele machen konnten.

Gleichzeitig beobachten wir in der Praxis, wie mit dem ökonomischen Gewicht jedes einzelnen Arbeitsplatzes und jedes Betriebes im Rahmen der Volkswirtschaft ihre gegenseitige Abhängigkeit infolge der Vertiefung der gesellschaftlichen Arbeitsteilung wächst. Die planmäßige Sicherung stabiler Absatz- und Lieferbeziehungen z. B. zwischen Zulieferern und Finalproduzenten in der Industrie, zwischen LPG der Pflanzen- und Tierproduktion in der Landwirtschaft gewinnt als wichtige Grundlage der Kontinuität des Produktionsprozesses ausschlaggebende Bedeutung für die volle Ausnutzung aller materiellen Möglichkeiten der Steigerung der Arbeitsproduktivität. Die Qualität und Effektivität der Arbeit an jedem Arbeitsplatz, die pünktliche Erfüllung aller vertraglichen Verpflichtungen beeinflussen nicht nur das Ergebnis des betreffenden Fertigungsbereiches oder eines einzelnen Betriebes, sondern die Arbeit der ganzen Kette bis zur Herstellung des betreffenden Endprodukts hat heute in ganz anderen Größenordnungen unmittelbar Auswirkungen auf den volkswirtschaftlichen Reproduktionsprozeß als früher bei vielfältiger Parallelproduktion infolge eines geringen Grades von Spezialisierung usw.

Die weitere Vergesellschaftung von Produktion und Arbeit, in den Thesen als Grundrichtung der Vervollkommnung der sozialistischen Produktionsverhältnisse dargestellt, erweitert zugleich den Aktionsradius der Tätigkeit jedes Werktätigen und jedes Arbeitskollektivs, ihre Einflußmöglichkeiten auf den volkswirtschaftlichen Reproduktionsprozeß, also das ganze Gegenteil von Anonymität und Vermassung, wie es bürgerliche Ideologen gern als Folge des wissenschaftlich-technischen Fortschritts in jeder Gesellschaftsordnung hinstellen möchten.

Lenin verwies darauf, daß im Gegensatz zur anarchisch aufgebauten kapitalistischen Gesellschaft, wo die grundlegende organisierende Kraft der elementar in die Breite und Tiefe wachsende nationale und internationale Markt ist, die Hauptaufgabe in jeder sozialistischen Revolution in der positiven schöpferischen Arbeit besteht, „ein außerordentlich kompliziertes und feines Netz von neuen organisatorischen Beziehungen herzustellen, die die planmäßige Produktion und Verteilung der Produkte erfassen, wie sie für die Existenz von Dutzenden Millionen Menschen notwendig sind", um so die Produktion tatsächlich zu vergesellschaften, eine Aufgabe, die „nur bei selbständigem historischem Schöpfertum der Mehrheit der Bevölkerung . . . erfolgreich verwirklicht werden (kann)".[5]

Die Vorzüge der sozialistischen Produktionsverhältnisse als ständige Entwicklungsform der Produktivkräfte verwirklichen sich nicht von selbst, die höhere Effektivität der gesellschaftlichen Arbeit ergibt sich nicht automatisch dank der Existenz des gesellschaftlichen Eigentums an den Produktionsmitteln. Die weitere Vervollkommnung der sozialistischen Produktionsverhältnisse, die tatsächliche Vergesellschaftung der Produktion muß vielmehr daran gemessen werden, wie sie, um wieder mit Lenin zu sprechen, den bewußten und massenhaften Vormarsch zu einer höheren Arbeitsproduktivität als unter dem Kapitalismus gewährleistet. Der Sozialismus, so schrieb er, muß auf seine Art, mit seinen Methoden diesen Vormarsch verwirklichen, denn es geht um die höhere Produktivität der Arbeit der durch das gesellschaftliche Eigentum an den Produktionsmitteln vereinigten Produzenten.

Der sowjetische Ökonom G. A. Koslov verwies in einer Diskussion sowjetischer Gesellschaftswissenschaftler zu Problemen des entwickelten Sozialismus auf folgenden Widerspruch in der Entwicklung der Vergesellschaftung der Produktion.[6] Einerseits verstärkt sich angesichts der rasch wachsenden Dimensionen des wissenschaftlich-technischen Fortschritts und der Komplexität seiner Auswirkungen die Notwendigkeit der Zentralisierung der Leitung. Andererseits wächst das Bedürfnis nach Sicherung der Bedingungen für die schöpferische Initiative der Massen, von der letzten Endes jede Steigerung der Arbeitsproduktivität abhängt.

Die Initiative der Werktätigen zur Steigerung der Arbeitsproduktivität im sozialistischen Wettbewerb entwickelt sich nicht anonym in der Volkswirtschaft, sondern immer in einem bestimmten Betriebskollektiv, wo entsprechend der gesellschaftlichen Arbeitsteilung ganz bestimmte Erzeugnisse hergestellt werden, wo der Plan als Grundlage für den Wettbewerb nach den von den einzelnen Arbeitskollektiven beeinflußbaren Kennziffern aufgeschlüsselt wird. Die Lösung dieses Widerspruchs kann deshalb nur in einer solchen Vervollkommnung der Wirtschaftsleitung liegen, die von der Festigung der einzelnen Betriebskollektive als der wirtschaftenden Grundeinheiten, ihrer Stabilität bis zur Herausbildung von Stammbelegschaften begleitet ist. Gerade die dadurch mögliche Akkumulation von Produktionserfahrung und Arbeitsdisziplin sind wichtige Voraussetzungen für die Steigerung der Arbeitsproduktivität.

Die weitere Vergesellschaftung von Produktion und Arbeit darf deshalb meines Erachtens auch nicht einseitig an der Betriebsgröße orientiert werden, entscheidend sind vielmehr die Stabilität des Kreislaufs und Umschlags der Fonds in jedem Betrieb als wichtige Voraussetzung für einen möglichst reibungslosen Verlauf des volkswirtschaftlichen Reproduktionsprozesses sowie die Überwindung von Betriebs- und Zweigschranken bei der Durchsetzung der einheitlichen wissenschaftlich-technischen Politik, wie sie dem gesellschaftlichen Charakter des sozialistischen Eigentums entspricht, das in seiner führenden Form als Volkseigentum die Betriebe und Zweige zu einem einheitlichen Wirtschaftsorganismus vereinigt. Die Festigung des gesellschaftlichen Zusammenhangs der durch das sozialistische Eigentum an den Produktionsmitteln vereinigten Produzenten ist deshalb der umfassendste Ausdruck für die weitere Vergesellschaftung von Produktion und Arbeit. Das bedeutet Vertiefung des gesellschaftlichen Charakters beider Formen des sozialistischen Eigentums an den Produktionsmitteln als Hauptweg ihrer Weiterentwicklung, was die bessere Ausnutzung der vorhandenen Möglichkeiten für die Steigerung der Arbeitsproduktivität in jedem Betrieb und Zweig einschließt.

Anmerkungen

1 Vgl. Statistisches Jahrbuch der DDR 1977, Berlin 1977, S. 82/83.
2 Vgl. Gesetz über den Fünfjahrplan für die Entwicklung der Volkswirtschaft der DDR 1976 bis 1980 vom 15. 12. 1976, in: GBl. I/1976, S. 521.
3 V. Fedinin, Rol socialističeskogo sorevnovanija v razvitii sovetskoj ėkonomiki, in: Voprosy Ėkonomiki, 10/1977, S. 19.
4 H. Tisch, Bericht des Bundesvorstandes des FDGB an den 9. FDGB-Kongreß, in: Dokumente 9. FDGB-Kongreß, Berlin 1977, S. 28.
5 W. I. Lenin, Die nächsten Aufgaben der Sowjetmacht, in: Werke, Bd. 27, Berlin 1960, S. 231.
6 Vgl. Aktuelnye problemy razvitogo socialisma, in: Voprosy Ėkonomiki, 8/1977, S. 153.

I. Klein

Zum unmittelbar gesellschaftlichen Charakter der Arbeit und dem Schöpfertum der Werktätigen im Sozialismus

Die vorliegenden Thesen finden meine Zustimmung, weil in ihnen nicht nur die Produktionsverhältnisse in ihrer ganzen Vielfalt dargestellt, sondern auch die tatsächlichen Richtungen ihrer Entwicklung aufgezeigt und Ansatzpunkte für weitere wissenschaftliche Untersuchungen gegeben werden. Das gilt u. a. für die die Entwicklung des Charakters der Arbeit im Sozialismus betreffende These.

In dieser These heißt es, daß der Entwicklungsprozeß der sozialistischen Arbeit zur Ausprägung ihres unmittelbar gesellschaftlichen *und* (Hervorhebung – I. K.) ihres schöpferischen Charakters führe. Mir ist unklar, ob hier der Charakter der Arbeit als gesellschaftlicher und schöpferischer Charakter in Einheit gemeint ist, oder ob es heißt, daß es im Sozialismus einen unmittelbaren gesellschaftlichen *und* einen schöpferischen Charakter der Arbeit gibt. Meines Erachtens kann es nur *einen* Charakter der Arbeit geben, der in verschiedenen Merkmalen erscheint. Der Charakter der Arbeit ist das Wesentliche, die Merkmale, zu denen das Schöpfertum der Werktätigen in der Arbeit gehört, sind seine Erscheinungsformen.

Die Frage nach dem Charakter der Arbeit ist die Frage nach dem konkret-historischen Wesen, nach der gesellschaftlichen Form der Arbeit, der gesellschaftlichen Struktur der Arbeit bzw. nach dem Verhältnis zwischen den Menschen je nach ihrer Beteiligung an der gesellschaftlichen Arbeit.[1]

Charakter und Merkmale der Arbeit sind konkret-historisch bedingt. Demzufolge ist das gesellschaftliche Wesen der Arbeit in den jeweiligen Gesellschaftsformationen unterschiedlich. Die entscheidende gesellschaftliche Grundlage für den Wandel des gesellschaftlichen Wesens bzw. des Charakters der Arbeit in der kommunistischen Gesellschaftsformation gegenüber dem Kapitalismus ist die Errichtung gesellschaftlichen Eigentums an den Produktionsmitteln. Mit der Errichtung sozialistischen Eigentums als einer Form gesellschaftlichen Eigentums vollzieht sich ein grundlegender Wandel des Charakters der Arbeit. Der charakteristische Widerspruch von privater Arbeit und gesellschaftlicher Arbeit wird überwunden, sie hört auf, Objekt der Ausbeutung zu sein.

Die Beseitigung des privatkapitalistischen und Errichtung des gesellschaftlichen Eigentums an den Produktionsmitteln bewirkt, daß das gesellschaftliche Wesen der Arbeit direkt in Erscheinung tritt, zum bestimmenden Merkmal der sozialistischen Arbeit wird. *Das Charakteristische der Arbeit* auf der Grundlage gesellschaftlichen Eigentums ist ihre *unmittelbare Gesellschaftlichkeit. Unmittelbar gesellschaftliche Arbeit ist Arbeit, die auf Rechnung und unter Kontrolle der Gesellschaft verausgabt wird.* Ausgehend vom gesellschaftlichen Eigentum an den Produktionsmitteln, gibt es innerhalb des Aneignungsprozesses keine Phase oder Stufe der Bestätigung oder Bewährung von nicht unmittelbar gesellschaftlicher Arbeit als gesellschaftliche. Daran ändert auch die konkrete Distributionsweise, ob als Verteilung nach der Leistung oder als Verteilung nach den Bedürfnissen nichts. Immer ist die Arbeit unmittelbar gesellschaftlich. Gesellschaftliches Eigentum an den Produktionsmitteln und unmittelbar gesellschaftlicher Charakter der Arbeit sind zwei Seiten einer Medaille. Die unmittelbare Gesellschaftlichkeit der Arbeit ist im Sozialismus/Kommunismus gewissermaßen die Daseinsweise des gesellschaftlichen Eigentums.

Die unmittelbare Gesellschaftlichkeit ist der Schlüssel zum Verständnis der Arbeit in der gesamten kommunistischen Gesellschaftsformation. Indem das gesellschaftliche Eigentum an den Produktionsmitteln als grundlegendes Produktionsverhältnis der gesamten kommunistischen Gesellschaftsformation deren grundsätzliche Einheitlichkeit in beiden Phasen begründet, wird mit dem unmittelbar gesellschaftlichen Charakter der Arbeit zugleich die einheitliche Grundqualität der Arbeit im Sozialismus und Kommunismus begründet. Die unmittelbare Gesellschaftlichkeit der Arbeit ist ein wesentliches Element der Produktionsverhältnisse der kommunistischen Gesellschaftsformation insgesamt.

Aus der unmittelbar gesellschaftlichen Arbeit als Daseinsweise des gesellschaftlichen Eigentums ergibt sich, daß sie das dominierende Moment innerhalb der vielfältigen Seiten, Züge und Merkmale der Arbeit ist. Sie bestimmt das grundsätzliche einheitliche Wesen der Arbeit in der gesamten kommunistischen Gesellschaftsformation.

Da nunmehr alle Werktätigen gesellschaftliche Eigentümer der Produktionsmittel sind, sie als Eigentümer und Produzenten identisch sind, ist die *Arbeit für die Gesellschaft zugleich Arbeit für sich.* Ebenso wie die Produktionsmittel ist nunmehr auch das gesellschaftlich erzeugte Produkt Eigentum der Werktätigen selbst, weshalb das Ziel der Produktion durch ihre eigenen Bedürfnisse bestimmt ist.

Unmittelbar gesellschaftliche Arbeit ist ohne Planmäßigkeit undenkbar. Die Planmäßigkeit ist die Bewegungsweise des gesellschaftlichen Eigentums und damit zugleich der Gesamtheit der Produktionsverhältnisse. Was hinsichtlich des gesellschaftlichen Eigentums gilt, gilt auch für die unmittelbar gesellschaftliche Arbeit. Für beide ist die Planmäßigkeit die einzig mögliche Bewegungsweise.

Die im Maßstab der gesamten Gesellschaft planmäßig verausgabte unmittelbar gesellschaftliche Arbeit verlangt und gestattet, ein Höchstmaß an Rationalität bei der Herstellung der verschiedenen Produkte zu erreichen, das heißt die Arbeit mit einem Maximum an Nützlichkeit zu leisten. Diese Möglichkeit erwächst objektiv aus dem gesellschaftlichen Eigentum und dem unmittelbar gesellschaftlichen Charakter der Arbeit. Sie realisiert sich jedoch nicht im Selbstlauf. Um diese Möglichkeit zur Wirklichkeit werden zu lassen, bedarf es der Planung als der bewußten Verwirklichung der gesellschaftlichen Notwendigkeit. Je vollkommener die Planung den Erfordernissen der ökonomischen Gesetze entspricht, desto geringer werden die Verluste an unmittelbar gesellschaftlicher Arbeit sein, um so mehr wird die unmittelbar gesellschaftlich verausgabte Arbeit zugleich gesellschaftlich nützliche Arbeit sein. Die Effektivität der verausgabten unmittelbar gesellschaftlichen Arbeit ist das entscheidende Kriterium der Planung.

Auf der Grundlage gesellschaftlichen Eigentums an den Produktionsmitteln ist die von den verschiedenen Gliedern der Gesellschaft geleistete Arbeit immer unmittelbar gesellschaftliche Arbeit, auch die, deren Resultate sich nicht als nützlich erweisen. Infolge der Planung ist aber bereits für den Sozialismus – und wird noch in höherem Grade für den Kommunismus – eine weitgehende Deckungsgleichheit von unmittelbar gesellschaftlicher und gesellschaftlich nützlicher Arbeit typisch. Beide sind jedoch nicht gleichzusetzen. Die Bestimmung der Arbeit als unmittelbar gesellschaftlich bezieht sich auf die sozial-ökonomische Qualität der von jedem Werktätigen verausgabten Arbeit, nicht aber darauf, ob die verschiedenen konkreten Arbeiten in den dem Bedarf entsprechenden Proportionen verausgabt wurden. Auch das Niveau der Effektivität der Arbeit ist davon unberührt, obwohl naturgemäß die Gesellschaft an einer möglichst hohen Effektivität der Arbeit, das heißt daran interessiert ist, daß die gesamte verausgabte unmittelbar gesellschaftliche Arbeit mit hoher Effektivität und gesellschaftlicher Nützlichkeit geleistet wird, weil unmittelbar gesellschaftliche Arbeit, die sich nicht als nützlich erweist (Ausschuß, Nacharbeit, Erzeugung von Gütern, für die kein Bedarf vorhanden ist, unnütze Wegzeiten usw.), für die Gesellschaft einen Verlust darstellt.

Die Notwendigkeit, die unmittelbar gesellschaftliche Arbeit mit höchster Effektivität und als gesellschaftlich nützliche Arbeit zu verausgaben, trifft sowohl auf die produktive und nichtproduktive Arbeit zu und berührt auch deren Proportion. Ist einerseits der Umfang der nichtproduktiven Bereiche von der Produktivität der in der materiellen Produktion geleisteten Arbeit abhängig, so muß andererseits auch betont werden, daß Einsparung der Arbeit, bzw. Erhöhung ihrer Effektivität in den nichtproduzierenden Bereichen, positive Rückwirkungen auf die produzierenden Bereiche hat, indem mehr Arbeit zur Erzeugung materieller Güter und Leistungen zur umfassenden Bedürfnisbefriedigung zur Verfügung gestellt werden kann.

Die unmittelbar gesellschaftliche Arbeit im Sozialismus umfaßt demzufolge die gesamte lebendige Arbeit, gleichgültig ob als produktive Arbeit oder als Arbeit in den nichtproduzierenden gesellschaftlichen Bereichen verausgabt. In der ersten Phase der kommunistischen Gesellschaftsformation, dem Sozialismus, erlangen die bewußte Ausnutzung der Ware-Wert-Kategorien und die konsequente Durchsetzung des sozialistischen Leistungsprinzips zunehmende Bedeutung. Warenproduktion und Verteilung nach der Leistung sind dem gleichen Ziel untergeordnet, ein materielles Interesse der Betriebe, Kollektive, wie auch jedes einzelnen am rationellen Einsatz der unmittelbar gesellschaftlichen Arbeit zu wecken. Dabei können im Sozialismus die Ware-Wert-Kategorien mit höchster gesellschaftlicher Aktivität genutzt werden, weil das gesellschaftliche Eigentum an den Produktionsmitteln die planmäßige Verausgabung unmittelbar gesellschaftlicher Arbeit ermöglicht und verlangt.

Warenproduktion und sozialistisches Leistungsprinzip – Erscheinungen der ersten Phase der kommunistischen Gesellschaftsformation – sind also keineswegs Rudimente des Alten, die es möglichst schnell zu beseitigen gilt. Sie stehen nicht im Widerspruch zur unmittelbar gesellschaftlichen Arbeit. Sozialistische Warenproduktion und Verteilung nach der Leistung sind vielmehr der Phase des Sozialismus entsprechende Realisierungsformen der unmittelbar gesellschaftlichen Arbeit.

Die Ware-Wert-Kategorien können deshalb bei der Gestaltung der sozialistischen Gesellschaft fungieren, weil sie, wie es Marx ausdrückte, für sich genommen inhaltslos sind.[2] Sie konnten über mehrere Produktionsweisen hinweg wirken, weil ihr konkreter Inhalt durch die jeweiligen Produktionsverhältnisse bestimmt wird. Nur deshalb wurden sie auch zu Erscheinungs- und Realisierungsformen der Produktionsverhältnisse der jeweiligen Gesellschaftsordnung.

Zwischen Warenproduktion und unmittelbar gesellschaftlicher Produktion besteht deshalb kein Widerspruch, weil beide einander nicht ausschließen, oder anders ausgedrückt, weil die Warenproduktion eben nicht immer Privatproduktion sein muß.

Im Sozialismus sind die Ware-Wert-Kategorien nicht Ausdruck der Beziehungen privater Warenproduzenten, oder zwischen privaten und unmittelbar gesellschaftlichen

Produzenten. Sie stellen vielmehr eine Form der Vermittlung der Tätigkeiten unmittelbar gesellschaftlicher Produzenten dar.

Die Bestimmung des Charakters der Arbeit im Sozialismus als unmittelbar gesellschaftliche Arbeit, das heißt Arbeit, die auf Rechnung und unter Kontrolle der Gesellschaft erfolgt, ist also in mehrfacher Hinsicht bedeutungsvoll.

Erstens macht diese Bestimmung nicht nur deutlich, weshalb die unmittelbare Gesellschaftlichkeit der Arbeit unvereinbar mit unrationellem Arbeitseinsatz, Vergeudung der Arbeitszeit, von Material usw. ist, sondern auch, worin die Vervollkommnung des unmittelbar gesellschaftlichen Charakters der Arbeit besteht. Sie besteht vor allem in der wirksameren Kontrolle über die Arbeit, ihrer proportionierteren Verausgabung, besseren Beherrschung des Verhältnisses produktiver und nichtproduktiver Arbeit usw. Sie verlangt vor allem die massenhafte Beteiligung aller Werktätigen an der Leitung und Planung, an der Neuererbewegung, am sozialistischen Wettbewerb und anderer Formen der Masseninitiative.

Zweitens macht diese Bestimmung deutlich, weshalb unmittelbar gesellschaftliche Arbeit nicht von vornherein schon gesellschaftlich nützliche Arbeit ist, daß es von unseren Fähigkeiten, die Entwicklungserfordernisse richtig zu erfassen und entsprechend zu handeln, abhängt, ob die mögliche Differenz zwischen dem Umfang der verausgabten unmittelbar gesellschaftlichen Arbeit und ihrer Nützlichkeit möglichst gering gehalten wird. Hier wird die Rolle des schöpferisch handelnden Menschen, insbesondere die Verantwortung der Arbeiterklasse und ihrer Partei deutlich.

Drittens gestattet die Bestimmung des Charakters der Arbeit als unmittelbar gesellschaftliche Arbeit, besser zu begreifen und darzustellen, daß die gesamte lebendige Arbeit (produktive und nichtproduktive) unter gesellschaftlicher Kontrolle und mit höchstem Nutzen zu verausgaben ist.

Bei aller Bedeutung der produktiven Arbeit – oder besser – gerade wegen ihrer Bedeutung – dürfen wir nicht ausschließlich die produktive Arbeit untersuchen.

Schließlich ergibt sich erst aus der Bestimmung des Charakters der Arbeit die Möglichkeit, seine Erscheinungsformen zu erfassen und darzustellen. Das trifft auch auf das Schöpfertum der Werktätigen im sozialistischen Produktionsprozeß zu.

Als reale Freiheit und damit als entscheidende Bedingung der Entfaltung der menschlichen Persönlichkeit beginnen sich in der sozialistischen Arbeit alle schöpferischen Potenzen des Menschen zu entwickeln, wird das Schöpfertum eine hervorragende Eigenschaft sozialistischer Werktätiger. Diese Erscheinung beruht auf dem unmittelbar gesellschaftlichen Charakter der Arbeit. In Verbindung mit dem gesellschaftlichen Eigentum ist er die bestimmende gesellschaftliche Voraussetzung, daß der Sozialismus von Anfang an die Möglichkeit der Entfaltung des Schöpfertums im Arbeitsprozeß gibt.

Die Arbeit ist die wichtigste Lebensäußerung des Menschen. Er arbeitet, weil er schöpferisch ist, und ist schöpferisch, weil er arbeitet. In diesem Sinne ist jede Arbeit, unabhängig von den gesellschaftlichen Verhältnissen, ein Ausdruck des Schöpfertums der Werktätigen.

Existiert Privateigentum, das heißt, sind Bedingungen gegeben, unter denen die Arbeit Zwangscharakter hat, so kann sich das Schöpfertum der übergroßen Masse der Werktätigen jedoch nur äußerst widerspruchsvoll entfalten. Damit sind nicht nur der Entfaltung der Persönlichkeit, sondern zugleich auch der Beherrschung der Natur durch den Menschen gesellschaftliche Schranken gesetzt.

Erst die Befreiung des Menschen von Ausbeutung gestattet, die schöpferischen Potenzen im Arbeitsprozeß entsprechend den gegebenen materiell-technischen Möglichkeiten voll zu entfalten. Der Mensch wird im Sozialismus durch die Arbeit bereichert.

Die Entfaltung des Schöpfertums der Werktätigen in der sozialistischen Arbeit findet seinen Ausdruck in der Initiative breitester Volksmassen, vor allem im sozialistischen Wettbewerb, der an die Stelle des kapitalistischen Konkurrenzkampfes getreten ist, und in der Neuererbewegung. Diese Formen sozialistischer Masseninitiative machen deutlich, daß das Schöpfertum der Werktätigen an keine bestimmten Berufe gebunden ist. Man kann daher auch nicht die verschiedenen Arbeiten in „schöpferische" oder „nichtschöpferische" Arbeiten teilen oder die Arbeit mit „schöpferischen Momenten anreichern". Vielmehr sind die Haltung zur Gesellschaft, das Wissen um die gesellschaftliche Bedeutung einer Arbeit, die persönliche Identifikation mit den Interessen der Gesellschaft und andere, die Ideologie betreffende Faktoren, höchst bedeutungsvoll für die bewußte Entfaltung der schöpferischen Potenzen. Demzufolge haben die gesellschaftlichen Verhältnisse und das Wissen um sie grundlegenden Einfluß auf das Schöpfertum der Werktätigen.

Erst der Sozialismus brachte die gesellschaftlichen Bedingungen für die unbegrenzte Entfaltung des menschlichen Schöpfertums in der Arbeit hervor. (Gesellschaftlich unbegrenzt ist in dem Sinne zu verstehen, daß es innerhalb der Produktionsverhältnisse keinerlei soziale Grenzen gibt, ganz im Gegenteil, die Produktionsverhältnisse selbst fordern die schöpferische Gestaltung ihrer selbst und der Produktion.)

Das heißt natürlich nicht, daß die Arbeitsinhalte, die Beschaffenheit der Technik und die Arbeitsplatzgestaltung keinen Einfluß auf den Grad des Schöpfertums hätten. Natürlich haben die Arbeitsinhalte, das heißt die konkret zu verrichtenden Arbeitsfunktionen, wesentlichen Einfluß auf das Niveau des Schöpfertums des Menschen. Das gegebene Niveau der materiell-technischen Basis setzt immer der Entfaltung des Schöpfertums der Werktätigen bestimmte Schranken. Aber gerade auf das ständige Hinausschieben dieser Schranken, das heißt auf die Veränderung und unablässige Vervollkommnung der materiell-technischen Basis und Erhöhung der Effektivität der Arbeit, ist ja gerade das Schöpfertum gerichtet.

Die Entwicklung der Produktionsverhältnisse und der Produktivkräfte bewirken ständig wachsende Anforderungen an das schöpferische Verhalten der Werktätigen im Arbeitsprozeß.

Es wäre eine Illusion anzunehmen, alle Werktätigen könnten gleichermaßen schöpferisch sein. Schöpfertum ist immer Verhalten des Menschen, welches von einer Vielzahl objektiver und subjektiver Faktoren beeinflußt und ideologisch vermittelt bzw. bedingt ist. Ein eine hohe fachliche Qualifikation besitzender Facharbeiter, der an modernen Anlagen arbeitet, braucht nicht deshalb schon ein hochgradig schöpferischer Arbeiter zu sein, und umgekehrt kann ein Angelernter, der eine monotone Arbeit auszuführen hat, durchaus zuverlässiger und qualitätsgerechter arbeiten und sich um die Vervollkommnung seiner Arbeit mühen, obwohl er natürlich über ungleich ungünstigere, das schöpferische Verändern beeinträchtigende Arbeitsbedingungen verfügt als der erstere.

Mit Recht orientiert daher die Partei der Arbeiterklasse auf die Erziehung zu sozialistischem Arbeitsverhalten und gleichzeitig auf die Gestaltung solcher Arbeitsinhalte, die die Entfaltung der Persönlichkeit und die Kollektivität der Werktätigen fördern, frei von gesundheitsschädigenden Einflüssen sind, mit einer Reduzierung schwerer körperlicher Arbeit einhergehen und ein höheres Maß der Kompliziertheit der Arbeit bedingen. Damit aber werden hohe Forderungen an die geistigen Potenzen der Werktätigen gestellt.

Das Schöpfertum des Menschen in der Arbeit äußert sich in ständiger produktiver Unrast und Kritik des Erreichten, im Bemühen, unablässig zu verändern, neu zu gestalten. Es verlangt hohe fachliche Kenntnisse, wachsende Beherrschung der Naturgesetze, wie auch Einsicht in die gesellschaftlichen Zusammenhänge, Erfordernisse und Gesetze und setzt einen unablässigen Wissensdrang, Persönlichkeitsentwicklung und Festigung der gesellschaftlichen Beziehungen voraus. Für den Sozialismus wird daher das kollektive Schöpfertum immer typischer und zugleich auch notwendiger.

Für die schöpferischen Werktätigen wird jedes bestimmte erreichte Niveau der Naturbeherrschung (bei gegebener Technik, Technologie, Arbeitsorganisation usw.) – das selbst Ergebnis seines schöpferischen Wirkens ist – immer wieder gewissermaßen zum „Nullpunkt", den es zu überwinden gilt, das heißt zu einer Ausgangsgröße, von der aus neue technische, material- und kostensparende, einfache, den Menschen weniger belastende Lösungen gesucht werden. Die formale Gegenüberstellung von Arbeit, die ein hohes Maß, und von Arbeiten, die ein geringes Maß an Schöpfertum gestatten, muß in der Konsequenz dazu führen, daß geistige Arbeit als schöpferisch schlechthin und körperliche Arbeit als nichtschöpferisch bezeichnet wird. Tatsächlich gibt es bei der einen wie bei der anderen erhebliche Unterschiede hinsichtlich der schöpferischen Möglichkeiten. Die formale Gegenüberstellung führt, ob gewollt oder nicht, sehr verdächtig in die Nähe bürgerlicher Elitetheorien mit ihrer Kehrseite, der „Masse", die lediglich ausführende Funktionen zu vollziehen habe. Für die bürgerlichen „Theoretiker" ist ein solches naturalistisch-technisches Bestimmen der Arbeit charakteristisch, geht es ihnen doch darum, den objektiv historisch begründeten Führungsanspruch der Arbeiterklasse zu „widerlegen". Deshalb untersuchen sie auch nicht die Arbeit als gesellschaftliche Kategorie, sondern den einzelnen Arbeiter und lösen ihn dabei aus den gesellschaftlichen Verhältnissen. Dabei gelangen sie zu der Auffassung, derzufolge ausschließlich der Technik revolutionierende Fähigkeiten zugeschrieben werden, um sich so die „theoretische" Begründung für die Leugnung der schöpferischen Rolle der Arbeiterklasse zu schaffen. (Wir finden solche Überlegungen in der Theorie der „Industriegesellschaft", der Theorie der „postindustriellen Gesellschaft", der „Konvergenztheorie" und anderen Theorien.) Aus all diesen Gründen ist die oft anzutreffende Gegenüberstellung von „schöpferischen" und „nichtschöpferischen" Arbeiten falsch und in der Praxis schädlich.

Bei der weiteren Gestaltung der entwickelten sozialistischen Gesellschaft geht es darum, sowohl die Produktionsverhältnisse, die Produktivkräfte als auch die ideologische Arbeit so zu entwickeln und zu gestalten, daß das Schöpfertum der Werktätigen umfassend entfaltet wird.

In diesem Zusammenhang sei eine kurze Bemerkung zu der oft geforderten „Ausgleichung der Arbeitsinhalte" sowie der „Anreicherung der Arbeiten mit schöpferischer Tätigkeit" gestattet. Meines Erachtens machen diese Forderungen nicht genügend deutlich, worum es tatsächlich geht. Abgesehen davon, daß es verschwommen ist, die Arbeit mit einer anderen Tätigkeit „anzureichern", liegt dieser Forderung offensichtlich die unbegründete Gegenüberstellung von schöpferischer und nichtschöpferischer Arbeit zugrunde.

Da der Arbeitsinhalt eine Erscheinung der konkreten Arbeit ist, ist auch die Forderung nach Ausgleichung oder Annäherung der Arbeitsinhalte nicht ganz zutreffend, denn tatsächlich geht es um die Überwindung der verhältnismäßig noch starken Unterschiede im Kompliziertheitsgrad der Arbeit.

So viele konkrete Arbeiter es gibt, so viele Arbeitsinhalte gibt es. Unter diesem Aspekt kann es also keine Angleichung der Annäherung der Arbeitsinhalte geben. Was es aber geben kann und unbedingt anzustreben ist, ist die Effektivität der verschiedenen konkreten Arbeiten (Arbeitsinhalte) einander anzunähern, was freilich auch *Veränderung* der Arbeitsinhalte bedeutet. Die Veränderung bezieht sich darauf, daß die zur Zeit bestehenden erheblichen Unterschiede im *Kompliziertheitsgrad* der verschiedenen konkreten Arbeit abgebaut werden. Das aber bedingt erstens, daß annähernd gleiche Forderungen hinsichtlich des Niveaus der Qualifikation, der Fähigkeiten und Fertigkeiten, der Verantwortung usw. der einzelnen Werktätigen gestellt werden, die jedoch immer ganz bestimmte Arbeiten ausüben und demzufolge gleichzeitig spezielle, von anderen unterschiedliche Qualifikationen, Fähigkeiten und Fertigkeiten besitzen müssen. Damit nähern sich Möglichkeiten schöpferischer Entfaltung in der Arbeit an. (Was aber nicht heißt, daß jeder alles kann.) Zweitens bedeutet das, daß Überwindung der Unterschiede im Kompliziertheitsgrad der Arbeit nur in der Richtung erfolgen kann, daß deren allgemeines Niveau steigt. Erhöhung des Kompliziertheitsgrades der Arbeit ist aber gleichzusetzen mit Steigerung der Arbeitsproduktivität, denn komplizierte Arbeit ist nichts anderes als potenzierte einfache Arbeit. Auf diese Tatsache machte Marx aufmerksam, als er schrieb: „Komplizierte Arbeit gilt nur als potenzierte oder vielmehr multiplizierte einfache Arbeit, so daß ein kleineres Quantum komplizierter Arbeit gleich einem größeren Quantum einfacher Arbeit.“[3]

Die Entwicklung der Arbeitsinhalte in ihrer Einheit als persönlichkeitsgestaltend und produktivitätssteigernd ist ein dringendes Erfordernis und zugleich Ausdruck der sozialistischen Intensivierung und der Verwirklichung des sozialpolitischen Programms der Partei.

Zwischen progressiver Veränderung der Arbeitsinhalte und Steigerung der Arbeitsproduktivität besteht also ein enger Zusammenhang. Da das eine sich jedoch auf die Qualität der Arbeit, ihrer konkreten Natur, das andere aber auf die Effektivität der Arbeit bezieht, kann zwischen beiden kein direkter linearer Zusammenhang bestehen. Trotzdem muß immer wieder die Notwendigkeit der Einheit von Gestaltung neuer Arbeitsinhalte und der Steigerung der Arbeitsproduktivität hervorgehoben werden. Noch mehr: neben der Entfaltung der Persönlichkeit ist die Erhöhung der Arbeitsproduktivität gleichermaßen Kriterium progressiv gestalteter Arbeitsinhalte.

Die progressive Gestaltung der Arbeitsinhalte hat weitreichende soziale Bedeutung. Die damit bewirkte Überwindung der starken Unterschiede hinsichtlich des Kompliziertheitsgrades ist die wichtigste Bedingung für die tatsächliche Überwindung der Überreste der alten gesellschaftlichen Arbeitsteilung, damit für die schrittweise Beseitigung größerer Unterschiede in den Einkünften, und somit letztlich der sozialen Differenziertheit. Selbstverständlich darf diese Seite nicht isoliert gesehen werden. Vielmehr spielt hierbei auch die Tatsache eine äußerst wichtige Rolle, daß mit Erhöhung des Kompliziertheitsgrades der Arbeit, eben weil sie den Menschen vielseitiger fordert und fördert, auch das Interesse an der Arbeit wächst und sie zunehmend zum Bedürfnis wird.

Anmerkungen

1 Vgl. W. I. Lenin, Vulgärsozialismus und Volkstümlerei, wiederbelebt durch die Sozialrevolutionäre, in: Werke, Bd. 6, Berlin 1971, S. 257.

2 K. Marx, Das Kapital, Erster Band, in: MEW, Bd. 23, Berlin 1962, S. 11/12.

3 Ebenda, S. 59.

W. Maiwald, M. Hentzschel

Probleme der planmäßigen Vergesellschaftung von Produktion und Arbeit

Die exakte und umfassende Bestimmung des Prozesses der Vergesellschaftung von Produktion und Arbeit als Grundrichtung zur weiteren Vervollkommnung der sozialistischen Produktionsverhältnisse erfordert, seiner qualitativen Analyse steigende Aufmerksamkeit zu widmen.

Das macht es notwendig, zum einen das sozialökonomische Wesen des Vergesellschaftungsprozesses der Produktion und Arbeit für die weitere Gestaltung des entwickelten Sozialismus deutlicher herauszuarbeiten, und zum anderen ist es bei Charakterisierung seiner einzelnen Seiten bzw. Aspekte erforderlich, deren inhaltlicher, qualitativer Bestimmung größeres Augenmerk zu schenken. Zu beiden Problemen sollen von uns einige Ausführungen gemacht werden.

I. Hauptaufgabe der weiteren Gestaltung der entwickelten sozialistischen Gesellschaft und Vergesellschaftung von Produktion und Arbeit

Als Merkmal der Wirtschaft des entwickelten Sozialismus und Hauptprozeß zur Vervollkommnung der sozialistischen Produktionsverhältnisse steht die Vergesellschaftung der Produktion und Arbeit mit beiden Seiten der Hauptaufgabe der entwickelten sozialistischen Gesellschaft, d. h. sowohl mit dem formulierten Ziel, als auch mit den zu seiner Realisierung bestimmten Mitteln in direkter Beziehung. In der Diskussion dieses Zusammenhanges wird vor allen Dingen stets die Wechselwirkung zur Intensivierung des volkswirtschaftlichen Reproduktionsprozesses gesehen. Dieser Standpunkt ist aber – trotz seiner großen Bedeutung – noch zu eng, da er nicht die gesamte Dialektik erfaßt. Das Ziel der sozialistischen Produktion „ist die immer vollständigere Befriedigung der wachsenden materiellen und geistigen Bedürfnisse der Menschen.“[1]

Ständig entstehen neue Bedürfnisse, wachsen die Anforderungen an Qualität, Gebrauchseigenschaften und Struktur der Erzeugnisse und Dienstleistungen. Das führt zur Vertiefung und Entwicklung der zwischenzweiglichen Arbeitsteilung als eine entscheidende Grundform der Vergesellschaftung der Produktion und Arbeit. Als Ausdruck dessen entstehen ebenso neue Zweige und Arten der Produktion, wie sich Industriezweiggruppen in traditionellen Zweigen verselbständigen bzw. einzelne Zweige sich in mehrere selbständige Zweige aufspalten. Diese Prozesse drücken sowohl die Tatsache aus, daß sich neue gesellschaftliche Bedürfnisse entwickeln, als auch die Tatsache, daß die Produktion selbst auf Basis von Spezialisierung und Kooperation, Konzentration und Kombination weiterentwickelt wird.

Veränderungen im Verhältnis einzelner Zweige zueinander, bezogen auf ihr Entwicklungs- und Wachstumstempo, hängen mit dem differenzierten Tempo in der Entwicklung der gesellschaftlichen Bedürfnisse zusammen. Dabei gilt allgemein: Je dynamischer und differenzierter die Bedürfnisentwicklung, um so größere Unterschiede im Wachstumstempo der Zweige können auftreten. Das bedeutet:

1. Die Kooperations-, Liefer- und Abnehmerbeziehungen und die Proportionen zwischen den Zweigen werden im Gefolge der Struktur-, Sortiments- und Qualitätsverschiebungen komplizierter und zugleich dynamischer. Die wachsende Vergesellschaftung der Produktion und Arbeit erfordert strenge und ausgewogene Material-, Ausrüstungs- und Finanzbilanzen. Werden Disproportionen, Bilanzlücken u. ä. zugelassen, so führt das immer zu volkswirtschaftlichen Verlusten, die mit steigendem Vergesellschaftungsgrad immer größer werden. Entstehen Widersprüche zwischen der Struktur der Bedürfniskomplexe und der Struktur der Volkswirtschaft, so geht ihre kurzfristige Lösung in der Regel zu Lasten der Qualität und des wissenschaftlich-technischen Niveaus der Erzeugnisse, und das hergestellte Sortiment veraltet.

2. Durch den wissenschaftlich-technischen Fortschritt erfährt die gesellschaftliche Arbeitsteilung starke Impulse, die sich vor allen Dingen in der Spezialisierung der Produktion widerspiegeln. Dadurch werden die Produktionsbeziehungen immer komplizierter. Jedes einzelne Erzeugnis enthält immer größere Teile vergangener, d. h. in anderen Zweigen aufgewandter Arbeit und ist das Ergebnis einer intensiven gesellschaftlichen Zirkulation. Es gibt sowjetische Erfahrungswerte, die besagen, die Anzahl dieser Beziehungen wächst proportional dem Quadrat der Zahl der daran teilnehmenden Produktions- und Wirtschaftseinheiten. Das erfordert aber, den tatsächlichen Endergebnissen der Produktion zur verbesserten Bedürfnisbefriedigung der Bevölkerung, des Staates und der Volkswirtschaft einen steigenden Stellenwert in der Leitung, Planung und ökonomischen Stimulierung einzuräumen.

3. Je näher die arbeitsteiligen Zweige dem Endverbraucher gegenüberstehen, um so größer wird ihre Sortimentsdynamik. Diese raschen Veränderungen in der Produktion und im Sortiment der hergestellten Erzeugnisse erfordern eine hohe Disponibilität dieser Betriebe und Kombinate und ein rasches Reagieren auf Veränderungen auf dem Markt. Die daraus zu ziehenden Konsequenzen für die Leitung und Planung betreffen sowohl Fragen der Disponibilität der Arbeitskräfte, schließen aber auch die Bereitstellung von Reservekapazitäten an Grundmitteln bzw. deren zeitweilig eingeschränkte Auslastung nicht aus.

Das ist notwendig, um rasch die Produktion umstellen zu können, und wirft zugleich die Frage nach den zweckmäßigsten Relationen zwischen Spezialisierung und Universalität der Grundfonds auf. Die Antwort darauf muß in jedem Industriezweig konkret gegeben werden.

Der Hauptweg zur immer besseren Befriedigung der materiellen und kulturellen Bedürfnisse der Werktätigen ist ein hohes Entwicklungstempo der Produktion, die Erhöhung ihrer Effektivität, des wissenschaftlich-technischen Fortschritts und des Wachstums der Arbeitsproduktivität. Mit der Heraushebung von Effektivität und Produktivität durch wissenschaftlich-technischen Fortschritt werden die qualitativ veränderten Reproduktionsbedingungen und besonders das hohe Niveau der Vergesellschaftung der Produktion, die erreichten Produktionsmaßstäbe, die Begrenzung extensiver Wachstumsquellen und die prinzipiell neuen Wachstumsquellen widergespiegelt.

Die Vergesellschaftung der Produktion nimmt folglich über ihre Grundformen auf die steigende Effektivität und Produktivität direkten Einfluß. Die „gesellschaftliche Kombination des Produktionsprozesses“ ist nach Karl Marx ein Faktor zur Steigerung der Arbeitsproduktivität. Insofern erfüllt die Vergesellschaftung der Produktion Produktivkraftfunktion, die um so größer ist, je mehr ihr Anwendungsmaßstab die Volkswirtschaft ist. Betrachtet man die Industrie der DDR unter diesem Aspekt, so ist festzustellen:

1. In den 70er Jahren vollzieht sich der Konzentrationsprozeß in der sozialistischen Industrie mit hohem Tempo. Betrug die Anzahl der ökonomisch und jutistisch selbständigen Betriebe 1971 noch 11 253, so sank sie bis Ende 1976 um 3 999 Betriebe auf 7 254 Betriebe, oder um 35,6 Prozent ab. In den einzelnen Jahren reduzierte sich die Anzahl der Betriebe wie folgt:[2]

1972 =	612	Betriebe
1973 =	441	„
1974 =	726	„
1975 =	997	„
1976 =	1223	„

Diese Entwicklung verdeutlicht, daß der Konzentrationsprozeß in der Industrie der DDR sich in hohem Tempo vollzieht und sich, daraus abgeleitet, große Fortschritte im Vergesellschaftungsprozeß der Produktion vollzogen haben.

Auf die Tatsache, daß die Verringerung der Anzahl der Betriebe ein Kennzeichen des Konzentrationsprozesses ist, machte bereits W. I. Lenin aufmerksam: „Wenn die Konzentration der Industrie stattfindet, so heißt dies, daß die großen Betriebe die kleinen verdrängen und die Zahl der letzteren, folglich auch die Zahl aller Betriebe, sinkt."[3]

2. Die Konzentration der Produktion basiert auf der Konzentration der Produktionsmittel und der Konzentration der Arbeitskräfte. W. I. Lenin verwies auf den interessanten Fakt, daß sich die Konzentration der Arbeitskräfte gesetzmäßig langsamer vollzieht als die Konzentration der Produktionsmittel. Er schreibt: „Aber die Konzentration der Produktion ist viel stärker als die Konzentration der Arbeiter, denn die Arbeit ist in den Großbetrieben viel produktiver. Darauf weisen die Daten über Dampfmaschinen und elektrische Motoren hin."[4]

Das heißt, die Ursache für das im Vergleich zu den Produktionsmitteln langsamere Wachstum des Konzentrationsgrades der Arbeitskräfte ist die mit dem Konzentrationsprozeß einhergehende Produktivitäts- und Effektivitätssteigerung. Wird folglich der erreichte Konzentrationsgrad in der Industrie der DDR nur anhand der Kennziffer „Arbeiter und Angestellte" ausgewiesen, so wird dieser Stand zu niedrig angezeigt. Das heißt, mit steigender Arbeitsproduktivität sinkt die Zahl der Arbeitskräfte, bezogen auf die eingesetzten Produktionsmittel, relativ ab, und folglich ist die Kennziffer „Arbeiter und Angestellte" als Einzelmerkmal des Konzentrationsgrades ungeeignet.

3. Das Ziel der Konzentration der Produktion besteht in der Erhöhung der Effektivität und Produktivität der gesellschaftlichen Arbeit. Denn es geht überhaupt nicht darum, mehr Großbetriebe zu schaffen, sondern es geht um die Realisierung einer höheren Effektivität und Produktivität in diesen Betriebsgrößen. Das Ziel einer Konzentrationsanalyse kann folglich auch nur darin bestehen, diesen Zusammenhang zwischen Konzentration, wissenschaftlich-technischem Fortschritt und Effektivität deutlich darzustellen. Notwendig ist dafür ein Komplex von Merkmalen, die über diesen Zusammenhang Aufschluß geben, die die Vergrößerung des Produktionsmaßstabes widerspiegeln.

Dazu zählen aber nicht nur die „Arbeiter und Angestellten" und die „industrielle Bruttoproduktion", sondern Angaben zur Struktur der Beschäftigten, der Struktur der Grundfonds, zum Mechanisierungs- und Automatisierungsgrad der Arbeit usw., also

Angaben, die sich aus den Hauptrichtungen der Intensivierung ergeben und damit die qualitativen Unterschiede zwischen den Betriebsgrößengruppen deutlich hervortreten lassen und Aussagen zur höheren Effektivität des Großbetriebes liefern. „Die ganze Frage, die ganze Schwierigkeit der Aufgabe", so formuliert W. I. Lenin diese Problematik, „besteht darin, diese Angaben so zusammenzufassen daß man eine präzise politisch-ökonomische Charakteristik der verschiedenen Wirtschaftsgruppen oder -typen als Ganzes erhält."[5] Auf diesem Gebiet ist offensichtlich in Gemeinschaftsarbeit mit den Wirtschaftsstatistikern noch sehr viel Arbeit zu leisten, um diesen Zusammenhang zwischen Konzentration, wissenschaftlich-technischem Fortschritt und höherer Effektivität tatsächlich auch nachzuweisen. Das aber ist eine entscheidende Bedingung, um von einer tatsächlichen Vergesellschaftung der Produktion zu sprechen.

4. Die Vergesellschaftung der Produktion und Arbeit führt über ihre Grundformen neben quantitativen Vergrößerungen vor allen Dingen zur Veränderung der qualitativen Zusammensetzung der einzelnen Produktionskollektive und damit der ökonomischen Beziehungen und Verhältnisse der Werktätigen im Produktionsprozeß. Diese Weiterentwicklung und Vervollkommnung der sozialistischen Produktionsverhältnisse in den Grundeinheiten der Industrie, die also vor allem eine sozialökonomische Entwicklung der Kollektive ist, zeigt sich besonders in folgenden Prozessen:

a) Die mit dem wissenschaftlich-technischen Fortschritt einhergehende immer breitere Einführung neuer Technik und Technologie, die Rationalisierung von ganzen Produktionsabschnitten in den Betrieben erfordert die Verbesserung der Arbeits- und Lebensbedingungen der Werktätigen, die Ausprägung des sozialistischen Charakters der Arbeit.

b) Die Herausbildung des Zyklus Wissenschaft–Technik–Produktion führt zur Erhöhung des kulturell-technischen Niveaus der Werktätigen, erfordert körperliche und geistige Arbeit rationeller miteinander zu verbinden. Damit festigen sich in der geistig-schöpferischen Tätigkeit freundschaftliche Beziehungen zwischen der Arbeiterklasse, besonders ihrem Kern, den Produktionsarbeitern, und der technischen Intelligenz.

c) Die Weiterentwicklung des Systems von Leitung, Planung und ökonomischer Stimulierung schafft neue Bedingungen für die breite Teilnahme der Produktionskollektive an der Leitung der Betriebe und Kombinate, der Entwicklung des sozialistischen Wettbewerbs, der Neuerer-, Rationalisatoren- und Gegenplanbewegung.

d) Durch die sich vertiefende Wissenschafts- und Industriekooperation, die Erzeugnis- und Baugruppenspezialisierung und die Prozesse der sozialistischen internationalen Arbeitsteilung erhalten die Verpflichtungen zur Erfüllung und Überbietung der Planaufgaben, besonders auf dem Gebiet der qualitativen Kennziffern, ein weitaus größeres Gewicht.

II. Zur Funktion und Stellung der bezirksgeleiteten Industrie im volkswirtschaftlichen Reproduktionsprozeß

Wir stimmen voll mit der These überein, daß für die Wirtschaft des entwickelten Sozialismus ein ausgewogenes Verhältnis von Groß-, Mittel- und Kleinbetrieben, bei Dominanz der Großbetriebe, typisch ist. Wir meinen jedoch zugleich, daß es notwendig ist, den Platz der Klein- und Mittelbetriebe im volkswirtschaftlichen Reproduktionsprozeß noch exakter zu bestimmen. Dabei spielt zweifellos die wachsende Differenziertheit der Nachfrage nach Konsumgütern und Dienstleistungen eine Rolle. Aber das reicht weder aus, um den Platz dieser Betriebe in der Volkswirtschaft zu ermitteln, noch kann daraus gar ihre steigende Bedeutung nachgewiesen werden. Das würde bedeuten, daß die Flexibilität, das Reaktionsvermögen der Betriebe auf Veränderungen auf dem Markt um so mehr abnimmt, je größer die Betriebe sind.

Die Klein- und Mittelbetriebe sind besonders in den Zweigen der Gruppe B der Industrie konzentriert, d. h. sie sind vorrangig Produzenten von Konsumgütern. Über 50 Prozent, so zeigen überschlägige Berechnungen der Konsumgüterproduktion, wird in kleineren und mittleren Wirtschaftseinheiten erbracht. Sie tragen folglich eine große Verantwortung für die Erfüllung der Hauptaufgabe, besonders was die Bereitstellung eines dem Bedarf der Bevölkerung entsprechenden Angebots von Konsumgütern nach Menge und Qualität angeht.

Ausgehend davon, tragen diese Betriebe auch eine erhebliche Verantwortung für den Export von Konsumgütern. Schließlich haben sie eine nicht zu unterschätzende Bedeutung für die Produktion von Sonderanfertigungen für große Betriebe und Kombinate der Volkswirtschaft. Deutlich zeigt sich, daß diese Betriebe bei rationeller Spezialisierung und Kooperation in der Lage sind, die Vorzüge der maschinellen Großproduktion umfassend zu nutzen. Dazu gehören:

1. Schnelles Realisieren der Investitionsobjekte und ihrer Amortisationen;
2. Ausnutzung von örtlichen Rohstoff- und Energiequellen;
3. volle Ausschöpfung territorialer Arbeitskräfteressourcen;
4. Sicherung einer großen Konsumtionsnähe;
5. Reduzierung der Transportaufwendungen.

Die Klein- und Mittelbetriebe stellen Produktionskollektive mit ganz spezifischen Fähigkeiten und Kenntnissen für eine bestimmte Qualitätsproduktion dar. Auf dieser Basis sind sie in den Vergesellschaftungsprozeß einzubeziehen. In der Direktive des IX. Parteitages der SED wird ausdrücklich festgestellt, daß dazu auch die „Aufgaben für die Ministerien, VVB und Wirtschaftsräte der Bezirke bei der Konzentration und Spezialisierung der Produktion über die Grenzen der Kombinate, Zweige bzw. Territorien hinaus (gehören). Auf dieser Grundlage sind die Betriebe der bezirksgeleiteten Industrie in den sich vertiefenden arbeitsteiligen Prozeß der Volkswirtschaft einzubeziehen sowie die Erzeugnisgruppenarbeit in allen Bereichen weiterzuentwickeln."[6]

Das Hauptproblem besteht darin, daß der Übergang zur intensiv erweiterten Reproduktion gerade in diesen Betrieben eine Reihe von Problemen aufwirft. Sie ergeben sich daraus, daß der wissenschaftlich-technische Fortschritt als Hauptquelle für Effektivität und Produktivität nicht konsequent umgesetzt werden kann. Wie Untersuchungen zeigen, existieren rd. 3 500 solcher Betriebe ohne jegliches wissenschaftlich-technisches Potential. Praktisch können diese Betriebe einen guten Teil der Aufgaben, Rechte und Pflichten, die ihnen durch die „Betriebs"verordnung übertragen wurden, nicht oder nur unvollständig wahrnehmen. Daraus kann aber keinesfalls der Schluß gezogen werden, daß sie für den künftigen Reproduktionsprozeß überflüssig werden.

Eine entscheidende Seite der planmäßigen Vergesellschaftung der Produktion und Arbeit besteht gerade darin, die Erzeugnisgruppenarbeit zügig zu entfalten. Dabei geht es, bestimmt durch die Hauptaufgabe, um die einheitliche Lösung von zwei Fragen, einmal die Deckung des Bedarfs nach Menge und Qualität und zum anderen und zu diesem Zweck um die Intensivierung des betrieblichen Reproduktionsprozesses. Erich Honecker sagte dazu auf der 2. Tagung des ZK der SED: „Wir sind dafür, daß die Erzeugnisgruppenarbeit im Interesse der einheitlichen Leitung der Zweige verstärkt wird. Aber das muß zu tatkräftiger Hilfe für die Rekonstruktion der Betriebe der bezirksgeleiteten Industrie führen. Es geht darum, diese Betriebe leistungsfähiger zu gestalten. So sollte eine bessere gemeinsame Arbeit von Bezirkswirtschaftsräten und Industrieministerien organisiert werden."[7]

Dies könnte solche Fragen erfassen, wie

- Bereitstellung von Forschungs- und Entwicklungskapazitäten der Industriezweige,
- Übergabe anwendbarer Forschungs- und Entwicklungsergebnisse, um rasch bedarfsgerecht zu produzieren,
- verstärkte Eigenproduktion von Rationalisierungsmitteln durch die VEB Rationalisierung bei den Bezirkswirtschaftsräten,
- planmäßige Umsetzung von Maschinen und Anlagen aus der zentralgeleiteten Industrie und deren mehrschichtige Auslastung,
- territoriale Konzentration und Spezialisierung der Betriebe der bezirksgeleiteten Industrie im Rahmen der Erzeugnisgruppen.

Die Analyse zeigt, daß sich die Konzentration und Spezialisierung der Produktion in den Erzeugnisgruppen auf verschiedenen Wegen entwickelt.

a) Herausbildung und Festigung von territorialen Produktionszentren, um über diese dann später zu leistungsfähigen Mittelbetrieben zu gelangen, die in Produktivität und Qualifikation das Niveau des Leitbetriebes erreichen.

b) Verstärkung der technologischen Spezialisierung in den Erzeugnisgruppen, um Fertigungstechnologien zu vereinheitlichen, Forschungs- und Entwicklungskapazitäten zu konzentrieren und Niveauunterschiede in der Produktivität und den Arbeits- und Lebensbedingungen abzubauen.

c) Schrittweiser Zusammenschluß von Klein- zu Mittelbetrieben bzw. schrittweise Angliederung von Kleinbetrieben an Großbetriebe und Sicherung eines konzentrierten Investitionseinsatzes.

Hauptinstrument, um den Vergesellschaftungsprozeß in den Erzeugnisgruppen weiter voranzutreiben, sind dabei die Intensivierungskonzeptionen der Industriezweige. Im Statut des Ministeriums für Bezirksgeleitete Industrie und Lebensmittelindustrie wird dazu ausdrücklich bemerkt: „Das Ministerium sichert auf der Grundlage der Intensivierungskonzeptionen der Industriezweige die weitere Spezialisierung und Kooperation sowie die Vorbereitung und Durchführung des Prozesses der Konzentration der Produktion der bezirksgeleiteten Industrie mit dem Ziel einer bedarfsgerechten Produktion und der Erhöhung der Effektivität entsprechend den volkswirtschaftlichen Erfordernissen."[8]

Im Vergleich zu den herkömmlichen, traditionellen Aufgaben verändern sich die Aufgaben der Erzeugnisgruppen. In den Mittelpunkt ihrer Arbeit rücken:

- die weitere Entwicklung der Organisation der Produktion durch Arbeitsteilung, Spezialisierung, Kooperation und Konzentration nach dem Erzeugnis- oder Territorialprinzip;
- Entwicklung der Produktion in Sortiment, Menge, Qualität und Abnehmerstruktur entsprechend dem zu erwartenden Bedarf. Konzipierung der hierfür nötigen Entwicklung der Sortimentsstruktur, Technik und Technologie;
- Erhöhung des Produktivitätsniveaus und Abbau der Unterschiede in den sozialen Bedingungen zwischen den einzelnen Betriebsgrößen und den Betrieben verschiedener Unterstellung;
- weitere Verbesserung der Einheit von Zweig- und Territorialprinzip in der Leitung, um die territorialen Ressourcen voll im Interesse der Hauptaufgabe auszunutzen;

- Weitere Entfaltung und Ausprägung der sozialistischen Produktionsverhältnisse durch Entfaltung der sozialistischen Demokratie in den Betrieben. Konsequente Durchsetzung des Prinzips des demokratischen Zentralismus und breite Entfaltung des sozialistischen Wettbewerbs.

III. Zunehmende Verflechtung des Reproduktionsprozesses der Betriebe, Kombinate und Zweige mit dem Reproduktionsprozeß der Territorien

Wir betrachten diese Problematik als eine grundlegende Entwicklungsrichtung des Vergesellschaftungsprozesses der Produktion und Arbeit im entwickelten Sozialismus.

Durch die planmäßige Gestaltung der Beziehungen zwischen den Zweigen und Betrieben und dem Territorium geht es einmal darum, durch eine optimale Standortverteilung der Produktivkräfte die ständige Erhöhung der Effektivität der Betriebe zu unterstützen, und zum anderen ist ein ständiger ökonomischer, sozialer und kultureller Fortschritt im Territorium zu sichern.

Der betriebliche Reproduktionsprozeß wird immer mehr von solchen Faktoren der Infrastruktur eines Territoriums, wie Verkehrswesen, Umweltbedingungen, Versorgung mit Konsumgütern und Dienstleistungen, Wohnungswesen, Freizeit- und Erholungswesen und der medizinischen Versorgung der Werktätigen geprägt. Zugleich gebührt der verstärkten Hilfe der Betriebe für das Territorium zur Sicherung der erweiterten Reproduktion der Arbeitskraft und einer sozialistischen Lebensweise der Werktätigen steigende Aufmerksamkeit. Seitens der Betriebe erfordert das stärker als in der Vergangenheit, Fonds und Bilanzteile für das Territorium in den verschiedenen Bereichen zur Verfügung zu stellen.

Das Hauptanliegen der territorialen Rationalisierung als Instrument zur Lösung dieser Aufgaben besteht darin, die territorialen Ressourcen zu erschließen und voll in den Dienst der Intensivierung des gesellschaftlichen Reproduktionsprozesses im Territorium einerseits und der Verbesserung der Arbeits- und Lebensbedingungen der Bevölkerung andererseits zu stellen. Es geht also bei ihr stets um eine optimale Kombination der natürlichen, infrastrukturellen und sonstigen Ressourcen des Territoriums mit den materiellen, personellen und finanziellen Ressourcen mehrerer Betriebe und Einrichtungen des Territoriums. Ziel dieser Maßnahmen muß es sein, einen zusätzlichen Nutzeffekt der im Territorium eingesetzten gesellschaftlichen Arbeit zu realisieren, der nur aus dem territorial organisierten gesellschaftlichen Reproduktionsprozeß als Ganzes erschlossen werden kann.

Die territoriale Rationalisierung ist folglich eine spezifische Erscheinungsform des Vergesellschaftungsprozesses der Produktion und Arbeit, die sich besonders in den letzten Jahren erfolgreich entwickelt hat und die zugleich noch bedeutende Reserven zur Erhöhung der Effektivität und der bedarfsgerechten Versorgung der Bevölkerung in sich birgt. Es geht darum, mit ihrer Hilfe alle Faktoren zur Intensivierung und Verbesserung der Arbeits- und Lebensbedingungen unter spezifisch territorialem Aspekt zu analysieren und besser zu nutzen. Sie steht also nicht neben oder außerhalb der Intensivierung, sondern ist eine sehr wichtige Seite dieses Prozesses selbst und gehört deshalb auch in die Intensivierungskonzeption der Betriebe und Kombinate ebenso hinein wie in die entsprechenden Pläne der Territorialorgane.

Anmerkungen

1 Verfassung (Grundgesetz) der Union der Sozialistischen Sowjetrepubliken, Artikel 15, in: Neues Deutschland vom 15./16. Oktober 1977, S. 9.

2 Errechnet nach dem Statistischen Jahrbuch der DDR der Jahre 1973, S. 118, 122; 1974, S. 118; 1975, S. 112; 1976, S. 107; 1977, S. 113.

3 W. I. Lenin, Zur Frage unserer Fabrik- und Werkstatistik, in: Werke, Bd. 4, Berlin 1955, S. 18.

4 W. I. Lenin, Der Imperialismus als höchstes Stadium des Kapitalismus, in: Werke, Bd. 22, Berlin 1960, S. 200.

5 W. I. Lenin, Das kapitalistische System der modernen Landwirtschaft, in: Werke, Bd. 16, Berlin 1962, S. 438.

6 Direktive des IX. Parteitages der SED zum Fünfjahrplan für die Entwicklung der Volkswirtschaft der DDR in den Jahren 1976–1980, Berlin 1976, S. 172/173.

7 E. Honecker, Zu aktuellen Fragen unserer Innen- und Außenpolitik nach dem IX. Parteitag, Berlin 1976, S. 34/35.

8 Statut des Ministeriums für Bezirksgeleitete Industrie und Lebensmittelindustrie, Beschluß des Ministerrates vom 12. Februar 1976, in: GBl. I, S. 146.

O. Kratsch

Planmäßigkeit und Planung der Entwicklung der sozialistischen Produktionsverhältnisse

Ich möchte in meinem Diskussionsbeitrag noch einmal auf den allgemeinen Zusammenhang der Problematik zurückkommen.

Das entscheidende neue Element der dialektischen Wechselbeziehungen zwischen den Produktivkräften und den Produktionsverhältnissen im Sozialismus ist die *Planmäßigkeit* des Entwicklungsprozesses. Mit dieser Fragestellung wird der Entwicklungsgedanke des Systems der Produktionsverhältnisse, das „Werden zur Totalität" im Marxschen Sinne, wieder stärker in den Vordergrund gerückt. Es entstehen dabei neue Fragen, und Probleme, die unter der mehr „kategorialen" Betrachtungsweise gelöst schien, bekommen mitunter einen neuen Aspekt. Die Planmäßigkeit der Entwicklung impliziert zugleich das Problem der *bewußten* Vervollkommnung der sozialistischen Produktionsverhältnisse.

Die Planmäßigkeit gesellschaftlicher Entwicklungsprozesse beinhaltet mehrere Momente. Einmal die allmähliche Zurückdrängung des spontanen Wirkens der Entwicklungsfaktoren und seine Ersetzung durch die bewußte Gestaltung dieses Prozesses in Übereinstimmung mit den objektiven Erfordernissen der Entwicklung. Zum anderen setzt die Planmäßigkeit das Wissen um diese objektiven Erfordernisse und die Ableitung wissenschaftlich begründeter Zielvorstellungen voraus. Schließlich ist ein wesentliches Moment der Planmäßigkeit die Methodologie und das Instrumentarium für die aktive Verwirklichung der Ziele der Gesellschaft.

Planmäßigkeit der gesellschaftlichen Entwicklung ist immer Ergebnis ihrer *Planung* durch Zielsetzung und Zielrealisierung durch die assoziierten Produzenten. Aus dieser Feststellung läßt sich der folgende Schluß ziehen: Da es keinen Zweifel gibt, daß die bisherige Entwicklung der sozialistischen Produktionsverhältnisse planmäßigen Charakter trug, dürfen wir voraussetzen, daß diese Entwicklung auch bislang schon geplant wurde, denn ohne Planung ist Planmäßigkeit nicht denkbar.

Es stellt sich somit gar nicht die Frage, *ob* man die Entwicklung der sozialistischen Produktionsverhältnisse bewußt planen kann und soll. Insofern sind auch die Zweifel, die hier und da gelegentlich geäußert werden, ob man die Produktionsverhältnisse über haupt planen könne, im Grunde genommen gegenstandslos. Die Aufgabe besteht vielmehr gegenwärtig darin, aufzuspüren und zu begründen, *wie* die Entwicklung der Produktionsverhältnisse geplant wird und wie ihre Planung zu vervollkommnen ist.

Das ist vor allem auch eine aktuelle Aufgabe für die politökonomische Forschung. Es ist eine Tatsache, daß die realen Entwicklungsprozesse auf diesem Gebiet noch nicht ihre adäquate Widerspiegelung in der Theorie gefunden haben. Die verschiedenen Seiten dieses Grundproblems, die teilweise unter anderen Gesichtspunkten ausgearbeitet worden waren, sind nicht zu einer wissenschaftlich begründeten Methodologie der planmäßigen Entwicklung der sozialistischen Produktionsverhältnisse zusammengefügt und in ihrem theoretischen Zusammenhang dargestellt worden. Diese methodologischen Grundlagen sind nunmehr auszuarbeiten.

V. Čerkovec, einer der Begründer der neuen Forschungsrichtung, schrieb: „Ausgangspunkt der Methodologie der Prognostizierung und Planung der Entwicklung der Produktionsverhältnisse sind erstens das herausgebildete System der Produktionsverhältnisse selbst und zweitens die objektiven Gesetzmäßigkeiten und Tendenzen ihrer Entwicklung." Und er fügte bezüglich der zweiten Seite hinzu: „Die Analyse dieser Gesetzmäßigkeiten – um sie zum Bestandteil der Methodologie der Prognostizierung und Planung werden zu lassen – muß zur Herausbildung der Logik des Prozesses führen, und das stützt sich wiederum auf die Klärung der Ursachen (Wechselwirkung Produktivkräfte – Produktionsverhältnisse), wozu die Politische Ökonomie erforderlich ist."[1]

Für die Erforschung und Darstellung des Zusammenhangs zwischen Planmäßigkeit und Planung der Entwicklung der sozialistischen Produktionsverhältnisse erlangen meines Erachtens drei Problemkreise besondere Bedeutung:

- der Systemcharakter und die Funktionsweise der sozialistischen Produktionsverhältnisse, um den Zusammenhang zwischen den verschiedenen Elementen und Seiten sowie zwischen den Zielen und den inneren Triebkräften des Systems der Produktionsverhältnisse im Prozeß seiner Entfaltung aufzudecken;
- die Analyse und Prognose der realen Entwicklungstendenzen der sozialistischen Produktionsverhältnisse als Voraussetzung ihrer Planung und
- die Ausarbeitung einer wissenschaftlich begründeten Methodologie für die Planung der Entwicklung der Produktionsverhältnisse, die die Ausarbeitung eines differenzierten Kennziffernsystems für die verschiedenen Planungsebenen und Zeithorizonte einschließt.

Ich möchte zu diesen drei Problemkreisen einige Bemerkungen machen.

1. Zu den Entwicklungstendenzen der sozialistischen Produktionsverhältnisse

Am Zentralinstitut für Wirschaftswissenschaften der Akademie der Wissenschaften der DDR haben wir 1974 die Untersuchungen zunächst mit dem zweitgenannten Problemkreis – mit der Analyse der konkreten Entwicklungstendenzen der Produktionsverhältnisse in der DDR – begonnen.[2]

Diese Untersuchungen warfen ein ganzes Bündel von Fragen auf, die sowohl für die Methodologie der Planung der Produktionsverhältnisse, aber auch für die Vertiefung der Theorie der sozialistischen Produktionsverhältnisse von Bedeutung sind. Ich möchte nur die folgenden herausgreifen.

Die *erste* Frage betrifft das System der Produktionsverhältnisse und seine Elemente. Eigentlich müßte man es kennen, bevor man mit der konkreten Analyse beginnt. Doch dieses System ist von der Politischen Ökonomie des Sozialismus noch nicht definiert worden. W. Schließer hat darauf hingewiesen.

Um uns nicht von vornherein in Begriffsbestimmungen, -abgrenzungen und -zuordnungen zu verlieren, haben wir zunächst jene Prozesse ausgewählt, von denen wir überzeugt sind, daß sie Elemente des Systems der Produktionsverhältnisse sind, wie die Entwicklung der Eigentumsverhältnisse, der weiteren Vergesellschaftung der Produktion, des gesellschaftlichen Charakters der Arbeit und der Verteilungs- und Konsumtionsverhältnisse. Als Einflußfaktoren bestimmten wir die Beschleunigung des wissenschaftlich-technischen Fortschritts, die Vertiefung der sozialistischen ökonomischen Integration, die weitere Vervollkommnung der Leitung, Planung und ökonomischen Stimulierung, den sozialistischen Wettbewerb, die Rückwirkung der wachsenden sozialistischen Lebensweise auf den Charakter der Arbeit und andere. Im Ergebnis erhielten wir eine Vielzahl konkreter Entwicklungstendenzen der Produktionsverhältnisse, die zugleich eine begründete Vorstellung darüber vermitteln, mit welchem Tempo sich die Veränderungsprozesse innerhalb eines gegebenen Zeitabschnitts vollziehen.

Die Analyse zeigt die ganze Vielfalt und Mannigfaltigkeit der konkreten Produktionsverhältnisse, die die Menschen im gesellschaftlichen Reproduktionsprozeß untereinander eingehen. Sie reichen von den konkreten Beziehungen im unmittelbaren Arbeitsprozeß im Betrieb über die Beziehungen zwischen den Betrieben bis zu den Beziehungen zwischen Betrieb und Gesellschaft sowie zwischen den großen Bereichen der Volkswirtschaft. Ein System der sozialistischen Produktionsverhältnisse, ausgearbeitet unter dem Aspekt der Planmäßigkeit seiner Entwicklung, muß diese Mannigfaltigkeit und Vielschichtigkeit berücksichtigen und wesentliche Verbindungen aufdecken. Es genügt hier nicht festzustellen, daß die Produktionsverhältnisse in allen Phasen des Reproduktionsprozesses wirken. Natürlich könnte man auf höchster Abstraktionsebene ein System der sozialistischen Produktionsverhältnisse definieren. Doch es würde den genannten Anforderungen nicht gerecht werden.

Ein *zweites* Problem ist mit der Verbindung von qualitativer und quantitativer Analyse verbunden. Die Forschungsergebnisse zeigen, daß es durchaus möglich ist, die Entwicklung der Produktionsverhältnisse zu quantifizieren, qualitative Prozesse auf das quantitative Maß zu bringen. Man sollte solche Versuche nicht abwerten, denn die Quantifizierung ist eine elementare Voraussetzung für die Planung der Produktionsverhältnisse. Andererseits soll die quantitative Analyse der Produktionsverhältnisse natürlich auch nicht verabsolutiert werden.

Zwei Aspekte sind wichtig. Was wir konkret analysieren, sind die Erscheinungsformen der Produktionsverhältnisse. W. Heinrichs berührte in seinem Diskussionsbeitrag die Wechselbeziehungen zwischen dem Wesen und den Erscheinungsformen. Was wir zunächst auf das quantitative Maß bringen, sind die Erscheinungsformen der Produktionsverhältnisse. Von diesen Erscheinungsformen schließen wir auf das Wesen der Produktionsverhältnisse, das in den Entwicklungstendenzen der sozialistischen Produktionsverhältnisse seinen Ausdruck findet. Es ist daher ein aktuelles Erfordernis, die Untersuchungen über die Beziehungen zwischen Wesen und Erscheinungsformen der Produktionsverhältnisse zu vertiefen.

Die Analyse der Produktionsverhältnisse könnte wesentlich an Aussagefähigkeit gewinnen, wenn ein reichhaltigeres statistisches Material zur Verfügung stünde. Ich denke dabei weniger an einmalige Erhebungen und spezielle Studien, sondern an die beständige Erfassung einer größeren Anzahl von Parametern der Entwicklung der Produktionsverhältnisse, die erst eine Beobachtung über längere Zeiträume ermöglicht.

Ein *dritter* Fragenkreis ergibt sich aus den perspektivischen Überlegungen. Wenn man die Frage aufwirft, wie sich die konkreten Entwicklungstendenzen der sozialistischen Produktionsverhältnisse in der Zukunft gestalten werden, ob sich die einzelnen Tendenzen verstärken oder abschwächen, ob neue Tendenzen aufkommen und anderes mehr, dann berührt das die methodologischen Grundlagen ihrer Prognose.

Es ist dabei von vornherein offenbar, daß der spezielle Gegenstand der Prognose die Anwendung extrapolativer Verfahren außerordentlich stark begrenzt. Doch woher nehmen wir die Kriterien, nach denen wir die künftigen Richtungen dieser Entwicklungstendenzen zu beurteilen vermögen? Diese Fragestellung lenkt uns auf den erstgenannten Problemkreis, den ich als „Funktionsweise" der sozialistischen Produktionsverhältnisse bezeichnen möchte.

2. Zum Systemcharakter und der Funktionsweise der sozialistischen Produktionsverhältnisse

Das System der sozialistischen Produktionsverhältnisse ist nichts Starres, das ein für allemal gegeben wäre, sondern es stellt ein Ensemble von Verhältnissen in der niederen Phase der kommunistischen Gesellschaftsformation dar, das seine volle Entfaltung als System erst in der höheren Phase der Formation findet. Die Veränderlichkeit in Richtung auf stetige Vervollkommnung im Sinne des „Werdens zur Totalität" ist daher wesentliches Charaktermerkmal des Systems der sozialistischen Produktionsverhältnisse. Dieses Attribut ist aber zugleich verbunden mit dem Merkmal der Planmäßigkeit der gesellschaftlichen Entwicklung.

Wenn man vom Entwicklungsaspekt des Systems der sozialistischen Produktionsverhältnisse ausgeht, dann rückt die Frage nach den inneren Zusammenhängen und Prozessen dieses Systems in den Vordergrund: Die Frage nach der spezifischen Art und Weise der Wechselbeziehungen zwischen den Produktivkräften und den Produktionsverhältnissen sowie zwischen den Produktionsverhältnissen und den übrigen gesellschaftlichen Verhältnissen, nach den Zielen, Faktoren und Triebkräften, die den Prozeß der stetigen Höherentwicklung bewirken und zugleich dafür sorgen, daß sich das System der sozialistischen Produktionsverhältnisse in seinem Grundtyp beständig reproduziert.

In diesem Zusammenhang gewinnen die folgenden Seiten und Momente des Entwicklungsprozesses der Produktionsverhältnisse besondere Bedeutung:

- Die dialektischen Wechselbeziehungen zwischen den Produktivkräften und Produktionsverhältnissen, die sowohl den Übergang von einer Gesellschaftsformation zur nächst höheren bewirken, als auch die Entwicklung des Systems der Produktionsverhältnisse innerhalb der gegebenen Gesellschaftsformation bestimmen;
- die Entwicklung der Eigentumsverhältnisse als des grundlegenden Produktionsverhältnisses der Formation, die alle anderen Produktionsverhältnisse durchdringen und dem gesamten System der Produktionsverhältnisse das sozialökonomische Gepräge geben;
- die ökonomischen Interessen der Werktätigen, aus denen die Ziele und Triebkräfte für die Entwicklung der Produktivkräfte und Entfaltung der Produktionsverhältnisse erwachsen, die „Aktivierung" der Vorzüge, die im System der Produktionsverhältnisse enthalten sind und zu ihrer allseitigen Vervollkommnung drängen;
- die Gestaltung der Vervollkommnung des Wirtschaftsmechanismus zur Realisierung der wissenschaftlich begründeten und von den objektiven Erfordernissen abgeleiteten Wirtschaftspolitik der Partei der Arbeiterklasse und des sozialistischen Staates als der wesentlichen Instrumente zur Verwirklichung der objektiv bedingten ökonomischen Gesetze sowie der Interessen der Werktätigen;
- die aktiven Wechselbeziehungen zwischen den Produktionsverhältnissen und den übrigen gesellschaftlichen Verhältnissen, die die konkrete Entwicklung der Arbeits- und Lebensbedingungen im Territorium sowie die Beziehungen zwischen Produktionsverhältnissen und sozialistischer Lebensweise einschließen.

Diese Momente des Entwicklungsprozesses der Produktionsverhältnisse stellen unseres Erachtens zugleich die wesentlichen Bestimmungskomponenten ihrer Funktionsweise dar.

Die Funktionsweise des Systems der Produktionsverhältnisse wird in ihrer grundsätzlichen Struktur und Entwicklung durch jene Elemente bestimmt, die ihrer materiellen Natur nach unabhängig vom Bewußtsein der Menschen existieren (Entwicklungsstand der Beziehungen zwischen Produktivkräften und Produktionsverhältnissen, der Eigentumsverhältnisse und der durch sie determinierten ökonomischen Interessen). Sie schließt aber auch den subjektiven Faktor – die Wirtschaftspolitik, den Wirtschaftsmechanismus und die Gestaltung der Wechselbeziehungen zwischen den Produktionsverhältnissen und den übrigen gesellschaftlichen Verhältnissen – ein. Die Analyse des Wirkens der Produktionsverhältnisse und des Wirkungsmechanismus der Gesetze gibt meines Erachtens eine Antwort auf die Frage, wie sich die objektiven ökonomischen Gesetze über das bewußte Handeln der Menschen im Sozialismus realisieren.

In der politischen Ökonomie des Sozialismus wird unterschieden zwischen dem Wirkungsmechanismus der ökonomischen Gesetze, der objektiven Charakter trägt, und dem Ausnutzungsmechanismus der Gesetze, der in dem konkreten System der Leitung, Planung und ökonomischen Stimulierung des gesellschaftlichen Reproduktionsprozesses zum Ausdruck kommt und sich mit den sich verändernden Wirkungsbedingungen der ökonomischen Gesetze vervollkommnet. Diese für die Bestimmung der materialistischen Grundposition der marxistisch-leninistischen politischen Ökonomie notwendige methodologische Unterscheidung wird durch diese Untersuchung der sozialistischen Produktionsverhältnisse nicht aufgegeben, vielmehr werden ihre konkreten Wechselbeziehungen analysiert, wobei immer davon auszugehen ist, daß die Planmäßigkeit der Handlungen der Werktätigen im Sozialismus letztlich durch die objektiven Bestimmungsgrundlagen der Produktionsverhältnisse determiniert ist, daß also „das gesellschaftliche Sein das Bewußtsein bestimmt" und nicht umgekehrt das gesellschaftliche Bewußtsein das Sein. Das System der ökonomischen Gesetze ist nicht identisch mit dem System der Produktionsverhältnisse.

Auf die Frage, worin dieser Unterschied besteht, möchte ich – ohne jetzt auf Einzelheiten eingehen zu wollen – darauf verweisen, daß das ökonomische Gesetz das Wesentliche, Dauernde und sich ständig Wiederholende der ökonomischen Prozesse zum Ausdruck bringt, das System der ökonomischen Gesetze selbst bleibt nach meiner Auffassung unveränderlich, während das System der Produktionsverhältnisse sich im Prozeß des „Werdens zur Totalität" beständig verändert, vervollkommnet. Diese Höherentwicklung ist ein gesetzmäßiger Prozeß. Die Analyse der Planmäßigkeit dieser Höherentwicklung des Systems der Produktionsverhältnisse verlangt eine andere Abstraktionsebene, als sie für die Darstellung des Systems der ökonomischen Gesetze erforderlich ist. Erinnert sei auch an die Worte von W. I. Lenin: „Das Bewußtsein der Menschen widerspiegelt nicht nur die objektive Welt, sondern schafft sie auch."[3]

Die Wirtschaftspolitik von Partei und Regierung ist durch das System der ökonomischen Gesetze des Sozialismus objektiv determiniert. Doch wenn die Aufgabe der Wirtschaftspolitik nur darin bestünde, das objektiv Notwendige in die Sprache der praktischen Ausführungen zu übersetzen, dann würde sich das ganze Problem nur auf die Frage nach der bestmöglichen Widerspiegelung der objektiven Erfordernisse reduzieren. Das wäre in der Tat eine unzulässige Vereinfachung der Entwicklungsdialektik.

Die ökonomischen Gesetze bringen die wesentlichen Seiten und strukturbestimmenden Komponenten zum Ausdruck. Ihre Realisierung erfolgt aber über zahlreiche konkrete

Erscheinungsformen. Die gründlichere Erforschung der Dialektik zwischen dem Wesen und den konkreten Erscheinungsformen der Entwicklungsprozesse ist für die Analyse der sozialistischen Produktionsverhältnisse von besonderer Bedeutung. Wir unterscheiden z. B. zwischen den allgemeinen Gesetzmäßigkeiten des Übergangs vom Kapitalismus zum Sozialismus, die für alle Länder gelten, und den spezifischen Besonderheiten, über die sich diese in den einzelnen Ländern realisieren. Ebenso muß man sicher unterscheiden zwischen den Kriterien und allgemeinen Gesetzmäßigkeiten der entwickelten sozialistischen Gesellschaft und den spezifischen Zügen derselben in den einzelnen Ländern. Diese spezifischen Züge sind einmal dem Umstand geschuldet, daß die konkreten Entwicklungsbedingungen in den verschiedenen sozialistischen Ländern unterschiedlich sind. Sie sind aber auch Ausdruck der Aktivität und Schöpferkraft der Werktätigen in den einzelnen Ländern, die jeweils nach den effektivsten Lösungen für die anstehenden Aufgaben streben und auf diese Weise den Bereich der konkreten Realisierungsformen der objektiven Gesetzmäßigkeiten erweitern. „Die Praxis ist höher als die (theoretische) Erkenntnis", sagte Lenin, „denn sie hat nicht nur die Würde des Allgemeinen, sondern auch der unmittelbaren Wirklichkeit."[4]

Mit dem wachsenden gesellschaftlichen Bewußtsein der Werktätigen und der Vertiefung der sozialistischen ökonomischen Integration zwischen den Ländern der sozialistischen Staatengemeinschaft erhöht sich demzufolge das Spektrum der Formen, in denen sich die Ausnutzung der ökonomischen Gesetze vollzieht. Um Mißverständnissen vorzubeugen, muß man aber sogleich darauf hinweisen, daß hier nicht von einem „Pluralismus" der Wege zum Sozialismus die Rede ist, sondern von den konkreten Erscheinungsformen zur Realisierung der für alle Länder gültigen allgemeinen Gesetzmäßigkeiten der entwickelten sozialistischen Gesellschaft. Die Mannigfaltigkeit der konkreten Erscheinungsformen ist ein wesentliches Entwicklungsmoment der Produktionsverhältnisse. Unter diesem Blickwinkel ist der Prozeß der Vervollkommnung des Wirtschaftsmechanismus in den einzelnen sozialistischen Ländern und im Rahmen des RGW zu sehen.

Die weitere Forschungsarbeit zu den Problemen dieses Abschnitts ist somit eine unerläßliche Voraussetzung für die Ausarbeitung und Vertiefung der methodologischen Grundlagen für die Planung der Entwicklung der Produktionsverhältnisse.

3. Zur Planung der Entwicklung der Produktionsverhältnisse

Aus dem wachsenden Einfluß des Systems der sozialistischen Produktionsverhältnisse geht hervor, daß sich die gesellschaftlichen Interessen der Werktätigen in Zielprogrammen fixieren müssen, um Handlungsgrundlagen für gemeinschaftliche Aktionen in Übereinstimmung mit den objektiven Erfordernissen der Gesetze des Sozialismus zu besitzen und damit entscheidende Triebkraft der gesellschaftlichen Entwicklung werden zu können.

Die planmäßige Entwicklung der sozialistischen Produktionsverhältnisse unterscheidet sich naturgemäß sehr wesentlich von der Planung der Produktion, sowohl, was den Gegenstand anbetrifft, als auch hinsichtlich des Planungszeitraumes. Die Planung der Volkswirtschaft konzentriert sich auf die Festlegung von konkreten Produktionsaufgaben für einen fest bestimmten Zeitraum, der nur in Ausnahmefällen bisher eine Fünfjahrplanperiode überschritt, und die in Jahresplänen präzisiert werden. Dabei sind allgemein die erforderlichen und gegebenen Ressourcen sowie die möglichen technologischen Verfahren für die Realisierung der Produktionsziele bekannt und meist auch eindeutig meßbar. Gegenstand der Planung der Produktionsverhältnisse sind Verhältnisse, die Beziehungen zwischen den Menschen im Reproduktionsprozeß, also die Entwicklung der Eigentumsverhältnisse und der von ihnen abgeleiteten Beziehungen der gesellschaftlichen Organisation der Produktion, Distributionsverhältnisse, Zirkulationsverhältnisse, Konsumtionsverhältnisse, Beziehungen im gesamtgesellschaftlichen Leitungsprozeß der Volkswirtschaft, Ware-Geld-Beziehungen u. a. Diese Beziehungen sind durch das gültige Kennziffernsystem der volkswirtschaftlichen Planung nicht oder nicht direkt erfaßbar, und ihre Veränderungen lassen sich nicht exakt in die Planperioden der Volkswirtschaftsplanung einordnen.

Methodologische Grundfragen der Prognose und langfristigen Planung der Entwicklung der sozialistischen Produktionsverhältnisse sind die Frage nach dem spezifischen Instrumentarium ihrer planmäßigen Gestaltung, die Wechselbeziehungen zwischen Planung der Produktionsverhältnisse und Planung der Volkswirtschaft, die Entwicklung eines Kennziffernsystems der Planung der Produktionsverhältnisse u. a.

Angesichts des komplexen Umfangs dieser Frage möchte ich hier nur auf ein wesentliches Moment der Planung der Produktionsverhältnisse eingehen, auf die programmatische Zielorientierung der Entwicklung der Produktionsverhältnisse durch die Partei der Arbeiterklasse.

Die entscheidende Ausgangsgrundlage für die planmäßige Entwicklung der sozialistischen Produktionsverhältnisse sind die strategischen Orientierungen, die von der Partei der Arbeiterklasse für einen bestimmten Entwicklungsabschnitt ausgearbeitet werden. In den Parteiprogrammen und Beschlüssen der Parteitage werden die Ziele und Wege der gesellschaftlichen Entwicklung wissenschaftlich begründet und als Handlungsdirektiven festgelegt. Sie sind Richtschnur für die Ausarbeitung der Volkswirtschaftspläne und für die Tätigkeit aller gesellschaftlicher Organisationen.

Der Aufruf des ZK der KPD vom 11. Juni 1945 und die auf dem Vereinigungsparteitag im April 1946 beschlossenen „Grundsätze und Ziele der Sozialistischen Einheitspartei Deutschlands“, in denen Gegenwartsforderungen und der Kampf um den Sozialismus festgelegt wurden, leiteten den Prozeß der planmäßigen Entwicklung des neuen Typs der Produktionsverhältnisse ein. Im Ergebnis dieser Entwicklung konnte die 2. Parteikonferenz der SED im Juli 1952 bereits den historischen Beschluß über den Aufbau der Grundlagen des Sozialismus in der DDR fassen, der auf ökonomischem Gebiet vorsah, das Gewicht des sozialistischen Sektors der Volkswirtschaft durch rasches ökonomisches Wachstum zu erhöhen und die materiell-technische Basis des Sozialismus zu schaffen sowie für die sozialistische Umgestaltung der Landwirtschaft die Bildung und Förderung von LPG empfahl. Von Anbeginn an vollzog sich somit die Herausbildung, Entfaltung und Vervollkommnung der sozialistischen Produktionsverhältnisse planmäßig auf der Grundlage der programmatisch-strategischen Orientierung durch die Partei der Arbeiterklasse. Die Aufgaben zur Höherentwicklung des Systems der Produktionsverhältnisse in der entwickelten sozialistischen Gesellschaft, die den planmäßigen Entwicklungsprozeß im nächsten Zeitabschnitt bestimmen, sind im Programm der SED festgelegt worden.

Die Planung der Entwicklung der sozialistischen Produktionsverhältnisse ist somit nicht identisch mit der Planung der Volkswirtschaft, sie ist umfassender und erstreckt sich in ihren Haupt-Entwicklungsrichtungen auf Zeiträume, die über die Jahres- und

Fünfjahrplanperioden hinausreichen. Aber es besteht ein sehr enger Zusammenhang zwischen der Planung der Produktionsverhältnisse und der Planung der Volkswirtschaft, weil die entscheidenden Maßnahmen zur Verwirklichung der strategischen Orientierung – vor allem die zielgerichtete Schaffung der entsprechenden materiellen Voraussetzungen – sich über den Volkswirtschaftsplan realisieren müssen. Die strategische Orientierung auf die weitere Annäherung zwischen Stadt und Land findet z. B. im Volkswirtschaftsplan ihren Niederschlag in einer Reihe von konkreten Maßnahmen, die auf die Förderung der industriellen Methoden in der landwirtschaftlichen Produktion und damit auf die weitere Abschwächung der Unterschiede zwischen industrieller und landwirtschaftlicher Arbeit gerichtet sind.

Die Partei läßt sich bei der Ausarbeitung der strategischen Orientierungen von den allgemeinen Zielen der kommunistischen Gesellschaft leiten und stützt sich auf die Analyse des erreichten Entwicklungsstandes der Produktivkräfte und Produktionsverhältnisse. Eine wesentliche Voraussetzung für die zuverlässige Prognose der künftigen Entwicklung ist die fundierte Analyse der Entwicklungstendenzen der Produktionsverhältnisse bis zur Gegenwart, denn „nur die Kenntnis der Entwicklungsgesetze der Gesellschaft und die Fähigkeit, gestützt auf diese Kenntnisse, die konkret-historische Situation zu analysieren und die Entwicklungstendenzen der Gesellschaft im allgemeinen und die einzelnen Prozesse und Erscheinungen zu ermitteln, können die dauerhafte wissenschaftliche Grundlage für die Vorhersage der Zukunft schaffen“.[5]

Anmerkungen

1 W. Tscherkowez, Die Vervollkommnung der Produktionsverhältnisse im entwickelten Sozialismus, in: Presse der Sowjetunion, 1/1976, S. 15.

2 Vgl. Autorenkollektiv, Zu Problemen der Entwicklungstendenzen der sozialistischen Produktionsverhältnisse in der DDR, Berlin 1977 (Forschungsberichte des Zentralinstituts für Wirtschaftswissenschaften der Akademie der Wissenschaften der DDR, Nr. 24).

3 W. I. Lenin, Konspekt zu Hegels „Wissenschaft der Logik“, in: Werke, Bd. 38, Berlin 1964, S. 203.

4 Ebenda, S. 204.

5 G. J. Gleserman, Probleme des sozialen Determinismus, in: Die Gesetzmäßigkeit der sozialen Entwicklung, Berlin 1975, S. 23.

G. Tietze

Zu einigen Anforderungen an die Arbeits- und Lebensbedingungen berufstätiger Frauen und Mütter im Prozeß der weiteren Vervollkommnung sozialistischer Produktionsverhältnisse

Die planmäßige Vervollkommnung der sozialistischen Produktionsverhältnisse schließt die immer bessere Ausgestaltung der Arbeits- und Lebensbedingungen der Werktätigen ein. Es geht darum, bereits bis zum Jahre 1980 – so führte der Vorsitzende des Bundesvorstandes des FDGB, Harry Tisch, auf dem 9. FDGB-Kongreß aus – „die Arbeits- und Lebensbedingungen der Bevölkerung auf vielen Gebieten so zu gestalten, daß sie bereits weitgehend den Maßstäben der entwickelten sozialistischen Gesellschaft gerecht werden".[1] Im Programm der SED werden Arbeitsbedingungen gefordert, die „Arbeitsfreude, Einsatzbereitschaft und Schöpfertum sowie das Streben der Werktätigen nach Ordnung, Sicherheit und Disziplin fördern".[2]

Es ist ein Charakteristikum der einheitlichen Wirtschafts- und Sozialpolitik, daß sie jenen Maßnahmen den Vorrang gibt, die für die Menschen am wichtigsten sind. Sie berücksichtigt dabei die spezifischen Bedürfnisse der verschiedenen sozialen Gruppen von Werktätigen und hilft, sie in einer solchen Weise zu verwirklichen, die ihrer weiteren Perspektive bei der Vervollkommnung der sozialistischen Produktionsverhältnisse entspricht. Eine bedeutsame soziale Gruppe sind die berufstätigen Frauen und Mütter. Im Programm der SED wird ausdrücklich auf die vorrangige Verbesserung ihrer Arbeits- und Lebensbedingungen orientiert.[3] In der DDR sind 49,6 Prozent der Berufstätigen (ohne Lehrlinge) Frauen, 86,8 Prozent aller arbeitsfähigen Frauen sind berufstätig, und mehr als 90 Prozent von ihnen gehören der Arbeiterklasse an. Für diese soziale Gruppe stellen sich insbesondere folgende Komplexe von Anforderungen an die weitere Vervollkommnung der Arbeits- und Lebensbedingungen:

1. Es gilt, im Prozeß der weiteren Vervollkommnung sozialistischer Produktionsverhältnisse mit Hilfe des wissenschaftlich-technischen Fortschritts für die Einbeziehung der Frau „in gesellschaftlich produktive Arbeit"[4] weitere Tätigkeitsgebiete zu erschließen und die Frau immer besser zur Beherrschung der modernen Technik und der neuen Arbeitsinhalte zu befähigen. Es braucht nicht betont zu werden, wie bedeutsam für die Frau ihre Berufstätigkeit in der sozialistischen Gesellschaft ist. In zunehmendem Maße erschließt der wissenschaftlich-technische Fortschritt den Frauen Produktionszweige und -tätigkeiten, die bisher nur den Männern vorbehalten waren. So stieg in der DDR die Zahl der weiblichen Beschäftigten in den Zweigen der Metallurgie, Baumaterialienindustrie, chemischen Industrie und im Maschinenbau in den letzten Jahren um vieles schneller als in anderen Zweigen. In den Thesen wird gefordert, daß die künftige Produktionstechnik fortschrittliche Arbeitsbedingungen gewährleistet und sodann ausgeführt: „Mit der technischen Entwicklung erhält die Veränderung des Charakters der Arbeit beständig neue Impulse, die aber partiell gegenteilige Wirkungen wie Einseitigkeit in der Belastung und Monotonie nicht nur vermindern, sondern manchmal auch neu hervorrufen kann, besonders bei automatisierten oder im Fließbandverfahren ablaufenden Produk-

tionsprozessen." Dies ist in der Tat ein in der Praxis immer wieder anzutreffendes Problem. Es besteht der Widerspruch zwischen der Einführung einer modernen Technik mit einem im wesentlichen positiven Arbeitsinhalt und zugleich noch vorhandenen Erschwernissen der Arbeit sowie Elementen niedriger geistig-schöpferischer Arbeitsinhalte. Dazu gehören beispielsweise die an teilautomatisierten Anlagen anzutreffenden, oft von Frauen ausgeübten einfachen Bedientätigkeiten, sowie die manuellen Tätigkeiten an den Übergängen von zwangsverketteter Technologie zu manueller Bearbeitung, die ebenfalls oft von Frauen ausgeführt werden.

Hier sind zwei Anforderungen zu stellen:

Einmal darf nicht geduldet werden, daß bestimmte Mängel der Leitungstätigkeit mit objektiven Schwierigkeiten gleichgesetzt werden. So hätte z. B. in einem von uns untersuchten Textilreinigungsbetrieb die manuelle Entnahme der Wäsche aus dem Waschautomaten und die Eingabe auf das Förderband nicht unbedingt mit einem beträchtlichen Höhenunterschied und damit unphysiologischer Körperhaltung verbunden sein müssen. Die Untersuchungen zeigten auch, daß viel zu wenig für die Lösung solcher Fragen die Neuerertätigkeit genutzt wird, denn bekanntlich beträgt der Anteil von Neuerervorschlägen im Gesundheits- und Arbeitsschutz nur rund 8 Prozent.

Zum anderen muß an die produktionsvorbereitenden Bereiche noch stärker die Forderung gerichtet werden, alle Möglichkeiten einer sicheren und erschwernisfreien Technik und der arbeitsorganisatorischen Kombination arbeitsteiliger Prozesse zu erschließen.

Ein anderes Problem besteht darin, daß in einigen Betrieben keine ausreichenden Initiativen ergriffen werden, um mit Hilfe der Kleinmechanisierung in älteren Betriebsteilen notwendige Verbesserungen der Arbeitsbedingungen durchzuführen. Das geschieht oftmals mit dem Hinweis auf bevorstehende grundlegende Rationalisierungsvorhaben, mit denen veraltete Technik und ungünstige räumliche Bedingungen überwunden werden sollen.

Dadurch bildet sich ein Widerspruch zwischen dem allgemein wirksamen wissenschaftlich-technischen Fortschritt, der auch an den in den älteren Betriebsteilen Arbeitenden nicht vorüber geht, und ihren zurückbleibenden Arbeitsbedingungen. Hier sollte der Hinweis des 9. FDGB-Kongresses bedacht werden, daß wohl „nicht alle noch vorhandenen Arbeitserschwernisse von heute auf morgen restlos zu beseitigen sind", jedoch über die im Fünfjahrplan vorgesehenen Maßnahmen hinaus „jeder Betrieb seine Möglichkeiten voll ausschöpfen (sollte), damit möglichst schnell weitere Arbeitserleichterungen wirksam werden". Dabei wurde gerade auf die materiellen Arbeitsbedingungen für die berufstätigen Frauen verwiesen.[5]

Eine wesentliche Seite der Vervollkommnung sozialistischer Produktionsverhältnisse widerspiegelt sich in der mit dem wissenschaftlich-technischen Fortschritt verbundenen wachsenden Bildung und Qualifizierung der Frauen. Trotzdem gibt es Probleme in der Qualifizierung von Produktionsfacharbeiterinnen. Es wird oft – wie Untersuchungen zeigen – aus dem gegenwärtig vorhandenen Widerspruch zwischen der Forderung nach Qualifizierung und dem zur Zeit vorhandenen Inhalt der Arbeit geschlossen, daß eine arbeitsplatzbezogene Qualifizierung ausreiche. Es wird nur der gegenwärtige Stand der Technik gesehen und nicht der Prozeß langfristiger Veränderungen sowie der persönlichkeitsbildende Aspekt der Qualifizierung. Dies ist auch nicht selten der nicht vorhandenen Kenntnis der künftigen wissenschaftlich-technischen Entwicklung im Betrieb geschuldet. Das unterstreicht die Forderungen nach einer langfristigen und komplexen Planung der wissenschaftlich-technischen und sozialen Entwicklung in den Betrieben.

Besonders wichtig ist auch, den qualifikationsgerechten Einsatz der Frauen zu sichern. Das ist eine wesentliche Voraussetzung, daß der wachsende Bildungs- und Qualifikationsgrad der Frauen tatsächlich ein Element vervollkommneter Produktionsverhältnisse wird – erst damit wird eine konkrete Seite der Gleichstellung von Mann und Frau im Berufsleben gewährleistet.

2. Die Arbeitsbedingungen berufstätiger Frauen und Mütter den Maßstäben der entwickelten sozialistischen Gesellschaft gemäß zu gestalten, ist mit der Anforderung verbunden, die Arbeitsbedingungen den physischen und physiologischen Besonderheiten der Frau anzupassen. Generelle Forderungen sind insbesondere im Arbeitsgesetzbuch gegeben. Sie entsprechen dem Hinweis Lenins, daß die Gleichstellung der Frau nicht heißt, sie in bezug „auf den Arbeitsumfang, die Arbeitsdauer, die Arbeitsbedingungen usw. gleichzustellen“.[6] Die gleiche Möglichkeit der beruflichen Tätigkeit erfordert im Gegenteil besondere Gestaltung der Arbeitsbedingungen. Einmal erweist sich für alle Werktätigen schwere körperliche und gesundheitsschädigende Arbeit als ein Hindernis auf dem Wege, die Arbeit immer mehr als ein Lebensbedürfnis zu empfinden. Für die berufstätige Frau und Mutter ist aber die Vervollkommnung sozialistischer Produktionsverhältnisse gerade an dieser sorgfältigen, gewissenhaften Beachtung ihrer besonderen Belange meßbar. Gerade hier wird für sie sichtbar, ob sie nur als Produktivkraft oder als Persönlichkeit und in ihrer verantwortungsvollen Rolle als Mutter geschätzt wird. Deshalb ist die bis heute noch anzutreffende Nichteinhaltung der Gesetze auf diesem Gebiet, die sich auf Überschreitung der zulässigen Hebe- und Tragenormen, Überschreitung des zulässigen Lärms bei Schwangeren und in Fragen der Klimabedingungen konzentriert, mit allen Mitteln zu unterbinden. Dies ist nicht nur ein juristisches Erfordernis, sondern von größter Bedeutung für den Prozeß der Vervollkommnung der Produktionsverhältnisse.

3. Für die berufstätige Frau und Mutter verwirklicht sich der neue, sozialistische Inhalt ihrer Arbeitstätigkeit nur dann in vollem Maße, wenn zugleich alle Erfordernisse realisiert werden, die sich aus der Vereinbarkeit ihrer Berufstätigkeit mit den Aufgaben als Mutter und in der Familie ergeben.

Es gilt hier viele Anforderungen zu erfüllen, wie die Unterbringung der Kinder bei Schichtarbeit der Mutter; die Regelung der Arbeitszeit in Abhängigkeit von den Erfordernissen der Kinderbetreuung; die Bedingungen des Einkaufs, der Dienstleistungen usw.; die Möglichkeiten der Inanspruchnahme von Urlaub und Kuren; die Überwindung überholter Anschauungen zur Berufstätigkeit der Frau und Mutter sowie zur Arbeitsteilung in der Familie, was mit großen Aufgaben der ideologischen Arbeit verbunden ist.

Von diesen und anderen Fragen sozialer Bedingungen hängt wesentlich ab, inwieweit für die berufstätige Frau und Mutter der sozialistische Charakter ihrer Arbeit im Betrieb überhaupt voll wirksam und bewußt empfunden wird.

Die genannten Anforderungen sind auch insoweit bedeutsam, als es gilt, bei der weiteren Vervollkommnung der sozialistischen Produktionsverhältnisse die Höherentwicklung der Arbeiterklasse als Ganzes zu gewährleisten. Dazu gehört, daß die in der Verfassung garantierte Gleichstellung von Mann und Frau in allen Fragen der Arbeits- und Lebensbedingungen voll realisiert wird.

Abschließend sei noch darauf verwiesen, daß die planmäßige, bewußte Durchsetzung dieser Anforderungen immer besser möglich wird im Zusammenhang mit der weiteren Ausgestaltung der Übereinstimmung von ökonomischer, wissenschaftlich-technischer und sozialer Leitung und Planung in den Betrieben und Kombinaten. In den Thesen wird auf die notwendige Wechselwirkung von Vervollkommnung der Produktionsverhältnisse und Wirtschaftsleitung verwiesen; es erhöht sich die Rolle des subjektiven Faktors in der Wirtschaft. Gerade die qualifiziertere Planung der Arbeits- und Lebensbedingungen und die immer bessere Beherrschung ihrer Integration in den einheitlichen Plan ist für die richtige Ableitung von Rang- und Reihenfolge der Verwirklichung höherer Anforderungen an die Arbeits- und Lebensbedingungen unerläßlich. Sie ist auch eine wichtige Seite dafür, die weitere Vervollkommnung der sozialistischen Produktionsverhältnisse den Werktätigen exakt nachweisbar, informativ und somit bewußtseinsformend erkennbar zu machen, ihnen im Sinne der Worte des Genossen Honecker vor Augen zu führen, wie jeder Zuwachs an Wirtschaftskraft, jede wissenchaftlich-technische Leistung und jedes Prozent Steigerung der Arbeitsproduktivität seinen Umschlag findet in höherer sozialer Lebensqualität.[7]

Zusammenfassend ergibt sich:

Die weitere Vervollkommnung sozialistischer Produktionsverhältnisse schließt die planvolle, den Maßstäben des entwickelten Sozialismus entsprechende Ausgestaltung der Arbeits- und Lebensbedingungen ein. Dazu ist auch erforderlich, die Anforderungen an die Verbesserung der Arbeits- und Lebensbedingungen der verschiedenen sozialen Gruppen entsprechend ihren spezifischen Erfordernissen und Bedürfnissen exakt zu bestimmen. Für die berufstätige Frau und Mutter sind es Anforderungen an die Nutzung des wissenschaftlich-technischen Fortschritts für die Erschließung von Arbeitsplätzen unter Beachtung physischer und physiologischer Erfordernisse sowie Anforderungen an die Vereinbarkeit von Berufstätigkeit und Aufgaben als Mutter und in der Familie.

Anmerkungen

1 H. Tisch, Bericht des Bundesvorstandes des FDGB an den 9. FDGB-Kongreß, in: Dokumente 9. FDGB-Kongreß, Berlin 1977, S. 29.
2 Programm der Sozialistischen Einheitspartei Deutschlands, Berlin 1976, S. 24.
3 Vgl. ebenda, S. 39/40.
4 Vgl. W. I. Lenin, Zum Internationalen Frauentag, in: Werke, Bd. 30, Berlin 1961, S. 401.
5 H. Tisch, Bericht des Bundesvorstandes des FDGB an den 9. FDGB-Kongreß, in: Dokumente 9. FDGB-Kongreß, a. a. O., S. 39.
6 W. I. Lenin, Über die Aufgaben der proletarischen Frauenbewegung, in: Werke, Bd. 30, Berlin 1961, S. 26.
7 Vgl. E. Honecker, Die sozialistische Revolution in der DDR und ihre Perspektiven, Berlin 1977, S. 16.

G. Manz

Zur Einheit von Wirtschafts- und Sozialpolitik

Die ständige Entwicklung der sozialistischen Produktionsverhältnisse und der sozialistischen Staatsmacht sind entscheidend für die weitere Gestaltung der Einheit von Wirtschafts- und Sozialpolitik. Prinzipiell bedeutet dies die immer effektivere Verbindung des gesellschaftlichen Ziels der weiteren Gestaltung der sozialistischen Lebensweise und der Persönlichkeitsentwicklung mit dem spezifischen Ziel der Volkswirtschaft, vor allem der Produktion und der dienstleistenden Bereiche, das Lebensniveau der Bevölkerung ständig zu erhöhen.

Die vom VIII. und IX. Parteitag der SED beschlossene Hauptaufgabe stellt diese weitere Erhöhung des Lebensniveaus der Bevölkerung in den Mittelpunkt der volkswirtschaftlichen Gesamtentwicklung. Diese Verbesserung des Lebensniveaus ist mit der Schaffung von Voraussetzungen verbunden, die der Gestaltung der sozialistischen Lebensweise und der Formierung der sozialistischen Persönlichkeit des Menschen dienen. Mit dieser Zielstellung wird das ökonomische Grundgesetz des Sozialismus in der konkreten Etappe der weiteren Gestaltung der entwickelten sozialistischen Gesellschaft verwirklicht. Die Ziel-Mittel-Dialektik der Hauptaufgabe ist Ausdruck der Einheit von Wirtschafts- und Sozialpolitik. Das Ziel der Produktion ist eindeutig auf ein höheres Lebensniveau und noch bessere Voraussetzungen für die weitere Gestaltung der sozialistischen Lebensweise gerichtet. Die Gestaltung der sozialistischen Lebensweise schließt die Erhöhung des Lebensniveaus ein. Dies gilt für die Art und Weise der Bedürfnisbefriedigung, soweit es sich um die Befriedigung der Bedürfnisse an Konsumtionsgütern und Dienstleistungen handelt sowie um die Gestaltung der Arbeits- und Umweltbedingungen in ihrer Wirkung auf den Menschen und den Zusammenhang zwischen Arbeitszeit, arbeitsfreier Zeit und Freizeit. Die Erhöhung des Lebensniveaus in Umfang und Qualität ist Ausdruck der eigenen schöpferischen gesellschaftlichen Arbeit der Werktätigen und der unmittelbaren Beteiligung an den Ergebnissen dieser Tätigkeiten. Eine bedarfsgerechte Versorgung, eine gute soziale und kulturelle Betreuung, gute Arbeits- und Wohnbedingungen, eine sinnvolle Nutzung der Freizeit wirken unmittelbar auf das Verhalten, das Denken, die Tätigkeiten und Gewohnheiten der Werktätigen ein. Sie sind somit wichtige Voraussetzung für die weitere Gestaltung der Lebensweise. Die Einheit von Wirtschafts- und Sozialpolitik kann nicht so vereinfacht werden, daß die Unterschiede zwischen den Kategorien Lebensweise und Lebensniveau, die auf dem Charakter zwar verbundener, aber auch unterschiedlicher Prozesse beruhen, nicht beachtet werden.

Grundsätze der Verflechtung von Wirtschafts- und Sozialpolitik in der entwickelten sozialistischen Gesellschaft

Die Richtung der wirtschaftlichen Entwicklung wird entsprechend den objektiven Erfordernissen des ökonomischen Grundgesetzes des Sozialismus durch die Wirtschaftspolitik des sozialistischen Staates bestimmt. Wirtschaftspolitik bedeutet stets sozialökonomische Politik, weil sie die Wechselbeziehungen zwischen Produktivkräften und Produktionsverhältnissen, die Verteilung des Nationaleinkommens auf Klassen und Schichten und die Beziehungen zur sozialistischen Staatengemeinschaft betrifft. Die konkreten, mit spezifischer Zielrichtung vorgesehenen sozialökonomischen Aufgaben werden durch die Wirtschafts- und Sozialpolitik vorgegeben und durchgeführt. Daraus lassen sich folgende Grundsätze der Einheit oder Verflechtung von Wirtschafts- und Sozialpolitik ableiten:[1]

1. Die volkswirtschaftliche Gesamtentwicklung ist die Voraussetzung für den sozialen Fortschritt.

Eine begründete sozialpolitische Zielstellung hängt immer vom erreichten ökonomischen Niveau und den wirtschaftlichen Potenzen (einschließlich Ressourcen) ab. Eine stabile Wirtschaftsentwicklung schafft die Basis für die Befriedigung der individuellen und unmittelbar gesellschaftlichen Bedürfnisse und damit für Maßnahmen, die zur planmäßigen Bedürfnisentwicklung führen. Eine hohe Effektivität der gesellschaftlichen Produktion wird immer mehr zur Hauptbasis bei der Lösung sozialer Aufgaben.

2. Die soziale Entwicklung ist in der Zielsetzung der Produktion eingeschlossen.

Die Produktion in der sozialistischen Gesellschaft erzeugt unmittelbar die Mittel zur Erhöhung des Lebensniveaus und im wesentlichen Maße für die Gestaltung der sozialistischen Lebensweise. Sie ist kein Selbstzweck, sondern dient der Befriedigung materieller und geistig-kultureller Bedürfnisse für eine erweiterte Reproduktion der Volkswirtschaft. Die sozialistischen Produktionsverhältnisse und die Verteilungsverhältnisse, die aus den Produktionsverhältnissen entspringen und diesen zugehören, münden stets in soziale Verhältnisse, in das Dasein der in Klassen, Schichten und in sozialen Gruppen organisierter Menschen. Die Planung muß von vornherein die Steigerung der Produktion mit der sozialökonomischen Entwicklung verbinden.

3. Der soziale Fortschritt wirkt aktiv auf die wirtschaftliche Entwicklung und den Leistungswillen.

Die Erhöhung des Lebensniveaus, insbesondere die Verbesserung der Arbeitsbedingungen und die Verbesserung der individuellen Konsumtion, gewinnen wachsende Bedeutung als Produktivitätsfaktor. Die Leistungsbereitschaft, die Freude an der Arbeit wächst, höhere produktiv-schöpferische Initiativen werden geweckt. Das gesellschaftliche Arbeitsvermögen kann besser genutzt werden. Die Bereitschaft zur weiteren Qualifizierung steigt an, Arbeitsunfälle und Arbeitsinvalidität verringern sich. Das wachsende Bewußtsein der Werktätigen als Ausdruck befriedigter Bedürfnisse führt zu höherer Effektivität und Rationalität in allen Bereichen der Volkswirtschaft. Dazu gehören auch die sozial-kulturellen Bereiche, deren Tätigkeit besonders eng mit den Maßnahmen der Sozialpolitik verbunden ist. Auch die sozialpolitischen Ziele müssen mit geringstem Aufwand und höchstem Nutzen realisiert werden. Dies betrifft in starkem Maße die territoriale und betriebliche Planung der Arbeits- und Lebensbedingungen.

4. Die wirtschafts- und sozialpolitische Entwicklung der nationalen Volkswirtschaften dient dem Integrationsprozeß im RGW.

In den Ländern des RGW wurde auf den Parteitagen ihrer kommunistischen und Arbeiterparteien eine weitere Erhöhung des Volkswohlstandes beschlossen. Generell ist in allen Staaten der sozialistischen Gemeinschaft die Hauptaufgabe gestellt, eine Erhöhung des Lebensniveaus durch höhere Effektivität der Produktion zu erreichen. Durch konkrete sozialpolitische Maßnahmen wird dem sozialen Fortschritt, der Annäherung zwischen den Klassen und Schichten, zwischen Stadt und Land und der allseitigen Persönlichkeitsentwicklung Rechnung getragen. Dadurch wird objektiv der Prozeß des Angleichens im Lebensniveau bei aller Differenziertheit auf einzelnen Gebieten zwischen den sozialistischen Staaten gefördert.

5. Die wissenschaftlich-technische Entwicklung steht im Sozialismus mit der sozialen Entwicklung in Übereinstimmung.

Die Entwicklung und Anwendung von Wissenschaft und Technik in der Produktion und in dienstleistenden Bereichen hat ökonomische und soziale Konsequenzen. In der sozialistischen Gesellschaft gilt die Forderung, den wissenschaftlich-technischen Fortschritt organisch mit den Vorzügen des Sozialismus zu verbinden. Die Anwendung und Ausnutzung moderner Technik dient der Erzeugung von mehr und besseren Konsumgütern und Dienstleistungen und damit einem höheren Konsumtionsniveau. Sie schafft gleichzeitig bessere Arbeitsbedingungen und verwandelt die Produktionsstätten in „saubere, helle, menschenwürdige Laboratorien".[2] Während im Kapitalismus die Anwendung der Technik zur weiteren Entfremdung von der Arbeit führt, zu Arbeitslosigkeit, zu höherer Ausbeutung, zu verstärkter Manipulierung der Werktätigen, schafft die Technik im Sozialismus Voraussetzungen für die schrittweise Überwindung der wesentlichen Unterschiede zwischen körperlicher und geistiger Arbeit, fördert die schöpferischen Fähigkeiten der Werktätigen, schafft günstigere Möglichkeiten für mehr Freizeit und die Verkürzung der Arbeitszeit.

Stellung der Ziele der Sozialpolitik

Die Gesellschafts- oder Gesamtpolitik des sozialistischen Staates unter Führung der Partei der Arbeiterklasse zielt strategisch auf die Errichtung der kommunistischen Gesellschaft. Im Verlauf der verschiedenen Etappen auf diesem Wege konzentriert sich die SED entsprechend ihrem auf dem IX. Parteitag im Jahre 1976 angenommenen Programm auf die weitere Gestaltung der entwickelten sozialistischen Gesellschaft und so auf die Schaffung grundlegender Voraussetzungen für den allmählichen Übergang zum Kommunismus. Die Sozialpolitik ist Bestandteil der Gesellschaftspolitik und vor allem von der Wirtschaftspolitik durchdrungen. Sie wird nur wirksam im Wechselverhältnis mit anderen Teilbereichen des gesellschaftlichen Lebens und den diesen entsprechenden Teilbereichen der Politik. Diese Verflechtung besteht nicht nur mit der Wirtschaftspolitik, sondern auch unter dem Aspekt der Kultur- und Bildungspolitik, der Einkommens- und Versorgungspolitik, der Familien- und Jugendpolitik u. a. m.

Die Sozialpolitik zeigt sich in der Gesamtheit der Maßnahmen, Mittel, Methoden und Aktivitäten, die der sozialen Entwicklung im Rahmen der Gesamtpolitik des sozialistischen Staates dienen.

Die sozialistische Sozialpolitik ist demnach Bestandteil der umfassenden Gesellschaftspolitik, indem sie wesentliche Seiten der sozialen Entwicklung bestimmt und fördert. Sie ist untrennbar mit der Wirtschaftspolitik verbunden, indem jede ökonomische Zielsetzung und Maßnahme in ihren sozialökonomischen Auswirkungen untersucht und gestaltet wird und sozialpolitische Ziele mittels wirtschaftspolitischer Maßnahmen durchgesetzt werden. Die sozialistische Sozialpolitik ist die Politik gesellschaftlicher Teilbereiche, die vom Standpunkt ihrer sozialen Auswirkungen durchdrungen wird, wobei wesentliche soziale Anforderungen in diese Teilbereiche hineingetragen werden. Die sozialistische Sozialpolitik geht damit über eine enge Politik der „Unterstützung“ bestimmter Gruppen, wie dies für den Kapitalismus typisch ist, weit hinaus. Grundsätzliche Ziele der sozialistischen Sozialpolitik sind: die Einwirkung auf die sozialen Beziehungen und die Förderung der Bevölkerungsentwicklung; die Förderung der sozialistischen Lebensweise und der Persönlichkeitsentwicklung; die Mitwirkung an der Überwindung noch vorhandener wesentlicher sozialer Unterschiede; die Gewährleistung der sozialen Sicherheit; die sozial differenzierte Hebung des Lebensniveaus, die weitere Verbesserung der Wohnbedingungen, die Gestaltung der territorialen und betrieblichen Arbeits- und Lebensbedingungen und konkrete Maßnahmen der weiteren Erhöhung des Lebensniveaus insbesondere durch Konsumgüter und Dienstleistungen und Gewinn von Freizeit.

Die sozialistische Sozialpolitik ist also darauf gerichtet, die Entwicklung der sozialen Beziehungen der Klassen, Schichten und Bevölkerungsgruppen zugunsten der sozialen Homogenität der Gesellschaft und der weiteren Gestaltung der sozialistischen Lebensweise zu fördern. Sie zielt auf die Überwindung wesentlicher sozialer Unterschiede bei der weiteren Gestaltung der entwickelten sozialistischen Gesellschaft und der Schaffung grundlegender Voraussetzungen für den allmählichen Übergang zum Kommunismus. Sie richtet sich ferner darauf, die sozialen Grundrechte, insbesondere die soziale Sicherheit und soziale Entwicklung aller Bürger als Ausdruck einer Politik zum Wohle aller durchzusetzen, die weitere Ausprägung des sozialistischen Charakters der Arbeit und die Vervollkommnung der sozialistischen Verteilungsverhältnisse zu beeinflussen. Die Sozialpolitik stimuliert eine dem Sozialismus adäquate Bevölkerungsentwicklung. Sie ist schließlich darauf gerichtet, das Lebensniveau der Bevölkerung, differenziert nach den verschiedenen sozialen Gruppen bei Wahrung der führende Rolle der Arbeiterklasse, weiter zu erhöhen.

Die konkreten Zielsetzungen für die Sozialpolitik in der DDR ergeben sich aus den Beschlüssen des IX. Parteitages der SED und dem darauf beruhenden sozialpolitischen Programm bis 1980. Mit diesen Programmen wurde seit dem VIII. Parteitag der SED im Jahre 1971 eine neue Etappe auf dem Gebiet der Sozialpolitik eingeleitet. Sie stellen die untrennbare Verbindung zwischen Produktion, Bedürfnisbefriedigung und Herausbildung der sozialistischen Lebensweise her. Im Mittelpunkt – auch als Kernstück bezeichnet – steht das umfassende Wohnungsbauprogramm bis 1990. Es ist darauf gerichtet, das Wohnungsproblem als soziale Frage in der DDR zu lösen. Durch den Neubau von Wohnungen und die Modernisierung von Altbausubstanz werden eine hohe Wohnkultur, bessere Bedingungen für eine sinnvolle Freizeitgestaltung, eine Verringerung und Erleichterung der Hausarbeit sowie eine rationelle Gestaltung der Wohngebiete angestrebt.

Durch konkrete sozialpolitische Maßnahmen wird der sozialistische Charakter der Arbeit als der wichtigsten Sphäre des gesellschaftlichen Lebens weiter ausgeprägt. Das betrifft sowohl die weitere Verkürzung der Arbeitszeit als auch die ständige Verbesserung der materiellen Arbeitsbedingungen. Durch ihre zweckmäßige Gestaltung und die weitere Umgestaltung von Arbeitsplätzen, an denen noch unter erschwerten Bedingungen gearbeitet wird, werden Arbeitsfreude, Arbeitsdisziplin, Schöpfertum und Sicherheit gefördert. Im engen Zusammenhang damit steht die ständige Verbesserung der gesundheitlichen, sozialen und geistig-kulturellen Betreuung der Werktätigen und die weitere Erhöhung des Niveaus der Arbeiterversorgung, insbesondere der Schichtarbeiter.

Eine wichtige Aufgabe der sozialistischen Sozialpolitik ist das konsequente Durchsetzen des Leistungsprinzips als Grundprinzip der sozialistischen Verteilung. Auch in Zukunft werden die Arbeitseinkommen die wichtigste Einkommensquelle der Werktätigen bilden. Durch eine leistungsorientierte Lohnpolitik wird die schöpferische Initiative der Werktätigen stimuliert und die Leistungsbereitschaft gefördert.

Von zunehmender Bedeutung sind die gesellschaftlichen Fonds. Sie sollen schneller als die Lohnfonds wachsen. Damit untrennbar verbunden ist eine höhere Leistungsfähigkeit der sozial-kulturellen Bereiche (Gesundheitswesen, Bildungswesen, Kultur, Sport, Erholungswesen). Durch den rationellen Einsatz der gesellschaftlichen Fonds werden die sozial-kulturellen Bereiche erhöhte Leistungen für die Bevölkerung erbringen und somit unmittelbar an der Erhöhung des Lebensniveaus teilhaben. Aus den gesellschaftlichen Fonds sind außerdem höhere Geldzuwendungen für die Förderung der Familie und die Rentner vorgesehen.

Auch der Schutz der Umwelt und ihre Gestaltung im Interesse der Erholungssuchenden ist ein wichtiges Anliegen der Sozialpolitik.

Bei der weiteren Vervollkommnung der sozialen Grundrechte der sozialistischen Gesellschaft im Sinne der Gestaltung der entwickelten sozialistischen Gesellschaft handelt es sich vor allem um das Recht auf Arbeit, das Recht auf Teilnahme an der Leitung und Planung, das Recht auf Bildung, das Recht auf Entlohnung nach der geleisteten Arbeit entsprechend dem sozialistischen Leistungsprinzip, das Recht auf soziale Betreuung, das Recht auf Schutz der Arbeitskraft und der Gesundheit, das Recht auf Freizeit und Erholung, das Recht auf Betreuung und Versorgung, Fürsorge und Unterstützung bei Krankheit, Unfall, Invalidität, Alter, Mutterschaft und für Hinterbliebene, das Recht auf Wohnraum, die Gleichberechtigung von Mann und Frau in allen Lebensbereichen, die Förderung der Frau und der Jugendlichen in ihrer gesellschaftlichen und beruflichen Entwicklung.

Diese Grundrechte sind in der Verfassung festgelegt. Die gesamte Zielsetzung der einheitlichen Wirtschafts- und Sozialpolitik ist für die sozialistischen Produktionsverhältnisse sowohl Ausdruck als auch Teil ihrer Vervollkommnung.

Anmerkungen

1 Vgl. auch „Marxistisch-leninistische Sozialpolitik", Berlin 1975, Abschn. 1.2.2. und 1.2.3.
2 W. I. Lenin, Ein großer Sieg der Technik, in: Werke, Bd. 19, Berlin 1962, S. 43.

I. Marten

Zur Entwicklung des Arbeitsinhaltes bei Handelsprozessen und sein Einfluß auf die weitere Ausprägung des sozialistischen Charakters der Arbeit

Als erstes möchte ich über Charakter und Inhalt der Arbeit in ihren Beziehungen zur Entwicklung der sozialistischen Produktionsverhältnisse sprechen. Der sozialistische Charakter der Arbeit ist ein wichtiges Element der sozialistischen Produktionsverhältnisse, das sich in dialektischer Wechselbeziehung mit den verschiedenen Elementen der sozialistischen Produktionsverhältnisse entwickelt und entscheidend durch das sozialistische Eigentum als bestimmendes Produktionsverhältnis beeinflußt wird.

Während der sozialistische Charakter der Arbeit zunächst unmittelbar und vollständig von den sozialistischen Produktionsverhältnissen *bestimmt* wird, ist für die immer stärkere Ausprägung seiner wesentlichen Merkmale die Dialektik von Produktivkräften und Produktionsverhältnissen wirksam zu machen. Der Einfluß der Produktivkräfte und des dialektischen Wechselverhältnisses von Produktivkräften und Produktionsverhältnissen auf den Charakter der Arbeit und damit wiederum auf die weitere Entwicklung der sozialistischen Produktionsverhältnisse vollzieht sich wesentlich über die Entwicklung der Arbeitsbedingungen und der Arbeitsinhalte. Die Gestaltung der Arbeit, die ständige Vervollkommnung ihrer Bedingungen und der Beziehungen im Arbeitsprozeß einschließlich der Herausbildung progressiver Arbeitsinhalte bewirken, daß sich die Merkmale des sozialistischen Charakters der Arbeit stärker ausprägen.

In dem Maße wie es gelingt, die Vorzüge der sozialistischen Produktionsverhältnisse und die Möglichkeiten der Produktivkraftentwicklung, speziell des wissenschaftlich-technischen Fortschrittes voll zu nutzen, um schwere und gesundheitsschädigende Arbeit, einseitige und wenig qualifizierte Tätigkeit schrittweise zugunsten wachsender Komponenten geistiger, interessanter und anspruchsvoller Arbeit zu reduzieren, vollzieht sich der dialektische Prozeß von zunehmend besserer Bedürfnisbefriedigung der Werktätigen im Arbeitsprozeß und der Entwicklung des Bedürfnisses nach gewissenhafter, ehrlicher, gesellschaftlich nützlicher Arbeit.[1]

Die weitere Ausprägung des sozialistischen Charakters der Arbeit als Element der sozialistischen Produktionsverhältnisse gehört demnach zu den grundlegenden Aufgabenstellungen bei der weiteren Gestaltung der entwickelten sozialistischen Gesellschaft und der Schaffung von Voraussetzungen für den allmählichen Übergang zum Kommunismus. „Die Sozialistische Einheitspartei Deutschlands geht davon aus, daß die Arbeit die wichtigste Sphäre des gesellschaftlichen Lebens ist. Sie setzt sich dafür ein, daß der sozialistische Charakter der Arbeit allseitig ausgeprägt wird. Die Arbeitsbedingungen sind planmäßig so zu gestalten, daß sie Arbeitsfreude, Einsatzbereitschaft und Schöpfertum sowie das Streben der Werktätigen nach Ordnung, Sicherheit und Disziplin fördern.“[2]

Da vom Arbeitsinhalt Arbeitsfreude, Einsatzbereitschaft und Schöpfertum in besonders hohem Maße beeinflußt werden, steht für alle Bereiche der Volkswirtschaft die

Aufgabe, zielgerichtet leistungs- und persönlichkeitsfördernde Arbeitsinhalte herauszubilden.

Unter den Merkmalen, die einen progressiven Arbeitsinhalt kennzeichnen, sind der zunehmende Anteil der geistig-schöpferischen Tätigkeit in Verbindung mit steigender Kooperation und Verantwortung hervorzuheben, die besonders aus der Vereinigung von vorbereitenden, durchführenden, organisierenden und leitenden Elementen in der Arbeitstätigkeit resultieren.

Diese Veränderungen im Arbeitsinhalt prägen solche spezifischen Merkmale des sozialistischen Charakters der Arbeit weiter aus wie schöpferische Arbeit, kollektive Arbeit und führen zur schrittweisen Verminderung von wesentlichen Unterschieden zwischen köperlicher und geistiger Arbeit.

Hieran wird zunächst aus theoretischer Sicht deutlich, daß ausgelöst durch die Entwicklung der Produktivkräfte, speziell der materiell-technischen Basis, durch die Veränderung der Arbeitsbedingungen über den Arbeitsinhalt zur weiteren Entwicklung der sozialistischen Produktionsverhältnisse beigetragen wird. Gleichzeitig wird in diesem Prozeß der Veränderung der Arbeit, ihrer Bedingungen und ihres Inhalts, der Mensch – die Hauptproduktivkraft selbst – entwickelt. Es werden die qualitativen Merkmale der Arbeit zum entscheidenden Faktor der Beschleunigung des wissenschaftlich-technischen Fortschritts und der Produktivkraftentwicklung.

Charakteristisch für die qualitative Entwicklung des Arbeitsvermögens ist die untrennbar damit verbundene Persönlichkeitsentwicklung der Werktätigen im Arbeitsprozeß durch steigendes Qualifikations- und Bewußtseinsniveau in Übereinstimmung mit höheren Arbeitsanforderungen aus bewußt gestalteten Arbeitsaufgaben. Die Schlüsselfrage hierbei ist die Entwicklung des Arbeitsinhalts der Werktätigen.

Was kennzeichnet die Veränderung des Arbeitsinhaltes der Werktätigen in Handelsprozessen? Der praktische Prozeß, in welchem sich die Veränderungen im Arbeitsinhalt sowie die daraus resultierenden ökonomischen und sozialen Wirkungen besonders deutlich äußern, ist der Einsatz der Werktätigen im Betrieb. Positive soziale Wirkungen sind in den Handelsprozessen vor allem durch zielgerichtete Maßnahmen zur Minderung der Arbeitsschwere, zur inhaltlichen Anreicherung der Arbeit und Entwicklung der Kollektivbeziehungen hervorzurufen.

Um diesen Prozeß bewußt zu beeinflussen, ist von der Spezifik der Arbeit in den handelstypischen Arbeitsprozessen auszugehen. Gegenüber industriellen Prozessen entstehen komplizierte Fragen daraus, daß die sich in der Zirkulationsphase vollziehenden Arbeitsprozesse durch einen relativ niedrigen Mechanisierungsgrad gekennzeichnet sind und über ein weitverzweigtes Handelsnetz in einer großen Zahl z. T. kleiner Handelseinrichtungen durchgeführt werden.

Andererseits bestehen gegenüber vielen industriellen Prozessen jedoch auch günstigere Voraussetzungen zur Herausbildung progressiver Arbeitsinhalte für die Werktätigen. Durch die weniger tiefe Arbeitsteilung sind die Arbeitsanforderungen in den typischen und am häufigsten vertretenen Berufen und Beschäftigtenkategorien des sozialistischen Binnenhandels, wie Verkäuferinnen, Facharbeiter für Warenbewegung und Kellner in der Regel vielgestaltig. Der Arbeitsumfang ist relativ groß. Es besteht oftmals keine enge räumliche Bindung an einen eng begrenzten Arbeitsplatz. Die Werktätigen können einen bestimmten Grad an Selbständigkeit, insbesondere bei individueller Organisation ihrer Arbeitstätigkeit realisieren. Diese durch die Spezifik der Handelsprozesse gegebenen Vorzüge sind ausdrücklich hervorzuheben, weil hierdurch bereits heute größere Möglichkeiten bestehen, Struktur und Niveau der Arbeitsanforderungen an die Werktätigen zu verbessern und die Arbeitsaufgaben inhaltsreicher zu gestalten, als sie mitunter genutzt werden.

Praktische Untersuchungen ergaben, daß im Einzelhandelsprozeß im allgemeinen die graduell höchsten Anforderungen aus der unmittelbaren Ein- und Verkaufstätigkeit sowie aus der Beschaffenheit der Arbeitsgegenstände (Ware und Sortiment) resultieren, währenddem Anforderungen aus Leitung, Planung und Gestaltung des Warenumschlagsprozesses oder aus der ökonomischen Beherrschung des Prozesses und ähnlichem noch differenziert und gemessen an den Möglichkeiten und den Erfordernissen noch geringfügig auftreten.

Im Großhandelsprozeß resultieren die graduell höchsten Anforderungen aus der Bedienung und Überwachung der Arbeitsmittel, wobei diese entsprechend den Unterschieden in der materiell-technischen Basis noch stark differenziert sind. Als Problem zeigt sich, daß die Veränderungen in den Arbeitsanforderungen vielfach noch zu einseitig aus den materiell-technischen Veränderungen abgeleitet werden und somit Erscheinungen einer zu engen Spezialisierung auftreten. Insgesamt wird vor allem den neuen Möglichkeiten und Erfordernissen aus den zunehmend umfangreicheren qualitativen und quantitativen Versorgungsaufgaben zur besseren Befriedigung der Bedürfnisse der Bevölkerung sowie aus der notwendigen Beschleunigung und ökonomisch effektiveren Durchführung des Warenumschlagsprozesses noch zu wenig bei Übertragung von Arbeitsaufgaben entsprochen.

Diese Erfahrungen bestätigen zugleich die wichtige theoretische Erkenntnis, daß der wissenschaftlich-technische Fortschritt nicht automatisch zu progressiven Arbeitsinhalten führt. Die Weiterentwicklung der sozialistischen Produktionsverhältnisse erfordert vielmehr, diesen Prozeß bewußt zu beeinflussen. Die stärkere Konzentration und Spezialisierung, die Veränderungen in den materiell-technischen Bedingungen, die neuen technologischen und organisatorischen Lösungen für einen effektiven Warenumschlag im Groß- und Einzelhandel bieten neue qualitative Möglichkeiten. Es zeigt sich, daß in modernen größeren Handelseinrichtungen mit steigendem Mechanisierungsgrad der Anteil körperlich schwerer Arbeit bedeutend abnimmt. Die Arbeitsprozesse werden in Verbindung mit dem Einsatz moderner Arbeitsmittel und mit der Einführung von progressiven technologischen und Arbeitsverfahren stärker intellektualisiert. Die Dialektik der wachsenden Komplexität und Spezialisierung der Prozesse erhöht die Verantwortung der Werktätigen für den Gesamtprozeß. Das höhere Niveau der Organisation des komplexen betrieblichen Reproduktionsprozesses erfordert ein enges, koordiniertes Zusammenwirken. Auf dieser Grundlage verstärken sich objektiv die Kommunikationsbeziehungen als Basis zur Vertiefung der sozialistischen Gemeinschaftsarbeit und zur Kollektiventwicklung. Darüber hinaus führt die engere Zusammenarbeit zwischen Produktion, Groß- und Einzelhandel, einschließlich des Handelstransports mit dem Ziel der Verkürzung der Warenwege, der Beschleunigung des Warenumschlags und der Senkung der Handelskosten zugleich zu tiefgreifenden Veränderungen bis hin zu neuen Arbeitsanforderungen und zur Entwicklung der Arbeitsinhalte.

Diese neuen aus den Kooperationsbeziehungen innerhalb des gesamten gesellschaftlichen Reproduktionsprozesses und insbesondere in der Warenzirkulation zwischen den Handelsstufen resultierenden Veränderungen sind Erscheinungsformen der zunehmenden Vergesellschaftung der sozialistischen Arbeit. Sie sind für die weitere Ausprägung der Merkmale des sozialistischen Charakters der Arbeit auf Grundlage der Veränderung der Arbeitsinhalte besonders wichtig. Auf folgende deutlich sichtbare Erscheinungsformen sei hingewiesen:

1. Mit der Veränderung in den Warenbewegungsformen entstehen neue Arbeitsanforderungen und neue Möglichkeiten zur Entwicklung kombinierter, inhaltsreicher Arbeitsaufgaben (zwischen den Handelsstufen werden Funktionen verlagert, einfache manuelle Arbeitsverrichtungen entfallen, neue Arbeitsfunktionen entstehen, traditionelle Arbeitsfunktionen verändern sich).

2. Bei einem hohen Anteil palettierter Ware und verbesserten Anlieferungsbedingungen bestehen reale Möglichkeiten, die Arbeit wie z. B. den Verkaufsprozeß inhaltsreicher zu gestalten. Anstelle unnötiger manueller Arbeitsverrichtungen zur Warenbewegung können spezifische Arbeitsverrichtungen zur Warenpflege, zur Wartung und Pflege der Arbeitsmittel, zur Bedarfsermittlung, zur Verkaufsvorbereitung, zur Erhöhung der Bedienungskultur, zur Arbeitsorganisation usw. übertragen werden. Es wird möglich, die Arbeitsaufgaben komplexer und vielgestaltiger festzulegen.

3. Außerdem werden durch die verstärkte Mechanisierung bei durchgängiger Warenbewegung weitere materielle Grundlagen für die progressive Veränderung der Arbeitsinhalte geschaffen.

Vorrangig ist dabei, die körperlich schwere Arbeit, elementare, manuelle und einseitige Arbeit zu reduzieren. Ebenso wie in industriellen Prozessen haben insbesondere technisch-technologische Veränderungen sowie die innerbetriebliche Teilung, Kooperation und Kombination der Arbeit maßgeblichen Einfluß auf den Arbeitsinhalt. Allerdings wird die innerbetriebliche Arbeitsteilung bei objektiv immer engerer wechselseitiger Verflechung der Produktion, Distribution, Zirkulation und Konsumtion und bei speziell durch moderne, durchgängige Formen der Warenbewegung beschleunigtem Warenumschlag wesentlich durch die außerbetriebliche Arbeitsteilung und Kooperation beeinflußt. Außerdem wird der Arbeitsinhalt der Werktätigen in den hauptsächlichen Handelsprozessen bedeutend durch Anforderungen aus der Beherrschung des effektiven Arbeitsprozesses sowie seiner spezifischen Aufgaben- und Zielstellung bestimmt. Somit bestehen in der Veränderung von Technik und Technologie, den ständig steigenden und komplizierteren Aufgaben in bezug auf Versorgung und Ökonomie der Handelstätigkeit und in den Veränderungen in der Arbeitsteilung, Kooperation und Kombination bei Handelsprozessen die Haupteinflußfaktoren für die progressive Entwicklung der Arbeitsinhalte der Werktätigen.

4. Die schöpferischen Elemente in der Arbeit sind stark von dem durch Arbeitsteilung und Kooperation gegebenen Spielraum abhängig. Vordringlich sind demzufolge in den Handelsprozessen konkret umsetzbare Gestaltungslösungen für den Arbeitswechsel und die Bildung komplexer Arbeitsaufgaben zu entwickeln. Hierbei ist davon auszugehen, daß die Verbindung von Vorbereitung, Durchführung und Kontrolle in der Arbeitstätigkeit des Werktätigen ein Erfordernis der weiteren Entwicklung der sozialistischen Produktionsverhältnisse ist und ihrem Wesen entspricht. Für Handelsprozesse bedeutet das insbesondere eine sinnvolle Kombination von planenden, organisierenden, disponierenden, analysierenden und ausführenden Arbeitsverrichtungen vorzunehmen.

In Übereinstimmung mit dem derzeit erreichten Stand und den realen Möglichkeiten geht es hierbei[3] um die

- volle Ausschöpfung der bereits gegebenen Möglichkeiten, indem der Widerspruch zwischen vorgegebenen und tatsächlich ausgeführten Arbeitsaufgaben überwunden wird;

- zusätzliche Übertragung einer oder mehrerer Teilaufgaben bei einzelnen Beschäftigungsgruppen, wobei möglichst verschiedenartige Aufgaben – jedoch mit einem relativ ausgewogenem Anforderungsniveau – kombiniert werden sollten;
- Neugestaltung von Arbeitsaufgaben mehrerer Beschäftigtengruppen in Verbindung mit technischen Veränderungen und grundlegenden Veränderungen der Arbeitsablauforganisation;
- Ausführung verschiedener Arbeitsaufgaben, die vordem getrennt ausgeführt wurden, im Wechsel durch disponiblen Arbeitskräfteeinsatz.

Verallgemeinernd läßt sich schlußfolgern, daß tendenziell die Arbeitsaufgaben erweitert, die Kollektivarbeit und die Entwicklung der Kollektivbeziehungen gefördert sowie der Anteil einseitig belastender, insbesondere körperlich schwerer Arbeit vermindert werden.

Bei der Gestaltung der Arbeitsaufgaben ist zu beachten, daß gerade die von den Produktionsverhältnissen ausgehenden Wirkungen es ermöglichen, auch bei relativ niedrigem Entwicklungsstand der materiell-technischen Basis negative Wirkungen zu kompensieren. Eine hervorragende Rolle haben hierbei Arbeitsteilung und Kooperation, denn sie bestimmen letztlich, wer in welcher Kombination die verschiedenen notwendigen Arbeitsverrichtungen ausführt.

Auf die Entwicklung des Arbeitsinhaltes wirken *alle* Bedingungen im Arbeitsprozeß, besonders technisch-technologische Faktoren sowie wesentliche Faktoren der gesellschaftlichen Bedingungen – speziell die Stellung des Werktätigen im sozialistischen Betrieb – ein. Da jedoch der Arbeitsinhalt am unmittelbarsten durch die Arbeitsaufgabe bestimmt wird, stehen die organisatorischen Arbeitsbedingungen, speziell innerbetriebliche Arbeitsteilung und Kooperation, im Vordergrund der zu treffenden Maßnahmen. Die qualitative Entwicklung des betrieblichen Arbeitsvermögens beruht somit maßgeblich auf der Organisation der Arbeitsprozesse entsprechend den Prinzipien sozialistischer Arbeitsteilung und Kooperation. Arbeitsteilung und Kooperation bestimmen neben der Funktion als Eigentümer die Stellung und Funktionen der Werktätigen im Arbeitsprozeß am stärksten.

Die Gestaltung der innerbetrieblichen Arbeitsteilung und Kooperation muß sichern, daß die Arbeit mit hohem Nutzeffekt auszuführen ist, daß sie interessant ist, daß sie den Werktätigen ermöglicht, unmittelbar Einfluß auf Leitung und Kontrolle des Arbeitsprozesses zu nehmen, und daß sie günstige Voraussetzungen schafft, damit sich zwischen den Einzelnen und Kollektiven sozialistische Kooperationsbeziehungen herausbilden.

Die durchgeführten theoretischen und praktischen Untersuchungen bestätigen die Erkenntnis, daß der Arbeitsinhalt entscheidend vom Stand der Produktivkräfte geprägt wird; seine progressive Entwicklung jedoch verlangt, das Wechselverhältnis von Produktivkräften und Produktionsverhältnissen wirksam zu machen. Deshalb sind die gesellschaftlichen Bedingungen und Beziehungen, unter denen die Arbeitsfunktionen ausgeführt werden, in die Bestimmung des Arbeitsinhaltes einzubeziehen. Gerade die Entwicklung des Arbeitsinhaltes durch Anreicherung der Arbeit mit geistig-schöpferischen Elementen ist in erster Linie auf Basis der sozialistischen Produktionsverhältnisse – speziell der sozialistischen Eigentumsverhältnisse – realisierbar. Hiermit hängt zusammen, daß relativ gleichartige technisch-organisatorische und andere Lösungen je nach den gesellschaftlichen Bedingungen eine sehr unterschiedliche Wirkung haben. Unsere Aufgabe ist es, die Möglichkeiten und Vorzüge des Sozialismus im Interesse der Werktätigen im Handel voll zur Wirkung zu bringen.

Für das planmäßige qualitative Wachstum des Arbeitsvermögens und die Persönlichkeitsentwicklung der Werktätigen tritt ein wichtiges Problem in den Vordergrund. Die Arbeitsaufgaben müssen in Übereinstimmung mit dem wachsenden Anforderungs- und Anspruchsniveau der Werktätigen, insbesondere der jüngeren Facharbeiter an ihre Arbeit unter dem Aspekt ihrer inhaltsreichen Gestaltung weiterentwickelt werden, um Hemmnisse in der qualitativen Weiterentwicklung des Arbeitsvermögens und negative soziale Folgen von vornherein zu vermeiden. Diese bedeutende Reserve zur Erhöhung der Effektivität des Arbeitsvermögens und der Weiterentwicklung der sozialistischen Produktionsverhältnisse gilt es immer besser wirksam zu machen. Oft wird noch übersehen, daß die inhaltliche Bereicherung der Arbeit zugleich eine bessere Nutzung des Arbeitsvermögens bewirkt.

In der systematischen Reduzierung einseitig belastender und körperlich schwerer Arbeit zugunsten der Anreicherung der Arbeit mit geistig schöpferischen Elementen und in der Entwicklung vielgestaltiger, interessanter Arbeitsaufgaben bestehen vor allem langfristig bedeutende Möglichkeiten, das Arbeitsvermögen effektiver zu nutzen und seine Wirksamkeit zu erhöhen. Zur Zeit besteht in dieser Hinsicht im Handel noch ein beträchtliches Niveaugefälle. Dies wird hervorgerufen einmal durch die unterschiedliche Nutzung der derzeitigen Möglichkeiten und zum anderen durch die objektiv differenzierten Bedingungen beispielsweise zwischen modernen, durchgängig mechanisierten bzw. automatisierten Transport-, Umschlag- und Lagerprozessen in neuen Großhandelsbetrieben und den vornehmlich erst gering mechanisierten Lagerprozessen im übrigen Großhandel. Generell bestehen auch Unterschiede zwischen der materiell-technischen Basis der Arbeitsprozesse in der Zirkulation und der in der Produktionssphäre.

Wenngleich die Entwicklungsbedingungen und spezifischen Möglichkeiten für die Herausbildung progressiver Arbeitsinhalte derzeit erst unterschiedlich ausgeprägt und genutzt sind, so wird jedoch an den vielfältigen Erscheinungsformen sichtbar, daß die Entwicklung der Arbeitsinhalte der Dialektik des ökonomischen Grundgesetzes entspricht und sich über die weitere Ausprägung des sozialistischen Charakters der Arbeit als Moment zur Vervollkommnung der sozialistischen Produktionsverhältnisse realisiert. Hiermit hängt zusammen, daß die Gestaltung progressiver Arbeitsinhalte mit solch grundlegenden gesellschaftlichen Veränderungen, wie einer stärkeren sozialen Homogenität und qualitativem Wachstum der Arbeiterklasse im Handel, verbunden ist. Diese tiefgreifenden sozialen Grundprozesse haben eine wesentliche materielle Grundlage in den qualitativen Veränderungen des Arbeitsinhaltes, die durch die allgemeine Erhöhung des Anforderungsniveaus und die tendenzielle Annäherung in den Anforderungsstrukturen auf Basis des wissenschaftlich-technischen Fortschrittes und der Entwicklung der Prozesse der Warenzirkulation bewirkt werden.

Die sozialen Wirkungen aus veränderten Arbeitsinhalten zur Vervollkommnung der sozialistischen Produktionsverhältnisse betreffen besonders die Festigung der sozialistischen Arbeitsdisziplin, die Teilnahme an der Leitung und Planung der Prozesse, die Reduzierung einseitiger und körperlich schwerer Arbeit, die stärkere Ausprägung der schöpferischen Elemente in der Arbeit sowie die Erhöhung der Qualifikation.

Diese Wirkungen sind durch Planung und Realisierung zielgerichteter Maßnahmen – vor allem der wissenschaftlichen Arbeitsorganisation – bewußt herbeizuführen und in zentralen volkswirtschaftlichen wie betrieblichen Plandokumenten anhand von Kennzahlen in quantifizierter und abrechenbarer Form auszudrücken. Damit wird eine wichtige Ausgangsbasis geschaffen, um die weitere Entwicklung der sozialistischen Produktionsverhältnisse *planmäßig* vorzunehmen. Allerdings werden meines Erachtens damit nicht die Produktionsverhältnisse selbst unmittelbarer Planungsgegenstand, sondern diese werden indirekt über die sinnvolle Verbindung von Maßnahmen- und Kennzahlenplanung ihrer Entwicklungs- und Wirkungsbedingungen geplant.

Anmerkungen

1 Vgl. Programm der Sozialistischen Einheitspartei Deutschlands, Berlin 1976, S. 54.
2 Ebenda, S. 23.
3 Vgl. R. Roßdorf, Veränderungen im Inhalt der Arbeitsaufgaben sowie der Arbeitsanforderungen und Folgerungen für die Gestaltung inhaltsreicher Arbeitsaufgaben, Dissertation, Handelshochschule Leipzig 1977, S. 191.

E. Faude

Zur internationalen Entfaltung der sozialistischen Produktionsverhältnisse im Prozeß der ökonomischen Integration der Mitgliedsländer des RGW

Mit der weiteren Gestaltung der entwickelten sozialistischen Gesellschaft und der damit verbundenen Schaffung grundlegender Voraussetzungen für den allmählichen Übergang zum Kommunismus wächst das Bedürfnis nach konkreterer Kenntnis von Ziel und Perspektive der gesellschaftlichen Entwicklung. Das betrifft sowohl die Entwicklung der Produktivkräfte als auch der Produktionsverhältnisse und des Überbaus.

Während hinsichtlich der langfristigen Prognose und Planung der Vervollkommnung der materiell-technischen Basis des Sozialismus z. B. in Gestalt der Ausarbeitung langfristiger Zielprogramme des RGW, langfristiger bilateraler Programme für die Zusammenarbeit der RGW-Länder in Wissenschaft, Technik und Produktion sowie langfristiger Programme und Pläne im Rahmen der einzelnen Volkswirtschaften bereits bedeutsame praktische Maßnahmen in Angriff genommen wurden, befinden wir uns jedoch in bezug auf die konkrete, zeitlich fixierte Prognose und Planung der sozialistischen Produktionsverhältnisse noch am Anfang. Um so verdienstvoller sind die in den vorliegenden Thesen zusammengefaßten Forschungsergebnisse zu theoretischen Grundproblemen der planmäßigen Entwicklung der sozialistischen Produktionsverhältnisse bei der weiteren Gestaltung des entwickelten Sozialismus in der DDR.

Ich stimme den in den Thesen enthaltenen Grundpositionen voll zu, möchte jedoch einige Gedanken zu dem sehr knapp gehaltenen Problem der internationalen Entfaltung der sozialistischen Produktionsverhältnisse unter den Bedingungen der sozialistischen ökonomischen Integration äußern. Insbesondere möchte ich zu folgenden zwei Fragen Stellung nehmen:

1. Worin besteht das Wesen der internationalen Entfaltung der sozialistischen Produktionsverhältnisse und was ist speziell der Inhalt der sich in den Beziehungen zwischen den sozialistischen Ländern entwickelnden Produktionsverhältnisse?
2. Welches sind die wesentlichen Richtungen bei der Vervollkommnung der sozialistischen Produktionsverhältnisse im Prozeß der sozialistischen ökonomischen Integration?

Zur internationalen Entfaltung der sozialistischen Produktionsverhältnisse

Die sozialistischen Produktionsverhältnisse entwickeln sich im Innern der einzelnen sozialistischen Volkswirtschaft und entfalten sich zugleich international. Als internationale Entfaltung der sozialistischen Produktionsverhältnisse verstehe ich in diesem Zusammenhang folgende mehr oder weniger miteinander verbundene Prozesse:

a) Die Herausbildung und Vervollkommnung sozialistischer Produktionsverhältnisse in einer wachsenden Zahl von Ländern im Prozeß des revolutionären Übergangs vom Kapitalismus zum Sozialismus im Weltmaßstab.

b) Die Herausbildung und ständige Weiterentwicklung sozialistischer Produktionsverhältnisse in den Beziehungen zwischen den sozialistischen Ländern.

c) Die Einwirkung der internationalen ökonomischen Zusammenarbeit der sozialistischen Länder auf die Entfaltung der Produktionsverhältnisse im Innern der sozialistischen Länder.

Der erste Aspekt – die territoriale Erweiterung der Herrschaft sozialistischer Produktionsverhältnisse – ist Resultat der inneren revolutionären Entwicklung der einzelnen Länder und daher nicht als Prozeß der planmäßigen Entwicklung sozialistischer Produktionsverhältnisse faßbar.[1]

Anders dagegen die beiden anderen genannten Prozesse, die sich bereits auf dem Boden der Herrschaft sozialistischer Produktionsverhältnisse vollziehen. Wenn von der planmäßigen Entwicklung der sozialistischen Produktionsverhältnisse die Rede ist, so muß auch die Entwicklung der Produktionsverhältnisse in den Beziehungen zwischen den sozialistischen Volkswirtschaften sowie deren Wechselverhältnis zur Vervollkommnung der Produktionsverhältnisse im Innern der einzelnen sozialistischen Länder prognostiziert und geplant werden.

Dies ist jedoch schon nicht mehr nur im Rahmen der einzelnen Volkswirtschaft allein möglich, sondern erfordert eine gemeinsame Prognose- und Planungstätigkeit der sozialistischen Bruderländer (einschließlich internationaler Konsultationen über Grundrichtungen der Vervollkommnung der sozialistischen Produktionsverhältnisse im Innern der Länder).

Zum Wesen der Produktionsverhältnisse in den Beziehungen zwischen den sozialistischen Volkswirtschaften

Die sozialistischen Produktionsverhältnisse in den Beziehungen zwischen den sozialistischen Ländern, die in der Literatur auch vielfach als internationale sozialistische Produktionsverhältnisse bezeichnet werden, sind in ihrem Wesen gleich den Produktionsverhältnissen innerhalb der sozialistischen Staaten. Sie haben einen gleichartigen Charakter, der sich aus der Tatsache ergibt, daß es sich um Beziehungen der Menschen in der Produktion ihres materiellen Lebens handelt, die sich auf gesellschaftliches Eigentum an den Produktionsmitteln stützen und somit von Ausbeutung freie Beziehungen der kameradschaftlichen Zusammenarbeit, Beziehungen der Planmäßigkeit sowie Beziehungen der Zusammenarbeit zwischen befreundeten Klassen (bzw. zwischen verschiedenen nationalen Abteilungen der die politische Macht ausübenden Arbeiterklasse und deren Verbündete) sind. Die Produktionsverhältnisse in den sozialistischen Ländern und in den Beziehungen zwischen ihnen sind somit wechselseitig miteinander verbunden und bilden ein einheitliches System. Gleichzeitig weisen die sozialistischen Produktionsverhältnisse zwischen den Ländern im Vergleich zu denen innerhalb der Volkswirtschaften spezifische Züge auf:

- Sie entfalten sich grundsätzlich auf der Basis staatlichen Eigentums an den Produktionsmitteln und nicht auf der Basis eines überstaatlichen – das staatliche Eigentum aufhebenden – internationalen Eigentums;
- sie werden unmittelbar durch die Staaten (bzw. die damit beauftragten Organe) auf der Basis des staatlichen Monopols auf dem Gebiet der Außenwirtschaft geplant und geleitet. Es existiert weder eine überstaatliche (supranationale) Leitung und

Planung noch eine außerhalb der staatlichen Interessen und Maßnahmen sich entwickelnde autonome außenwirtschaftliche Aktivität der Wirtschaftsorganisationen;

- die Verteilungsverhältnisse in den Beziehungen zwischen den Ländern beruhen prinzipiell auf Äquivalenz und Leistungsprinzip. International bestehen meines Erachtens nicht die Voraussetzungen für eine Umverteilung von Fonds nach dem Gesichtspunkt sozialer Bedürftigkeit[2], sondern es geht hier um die schrittweise Angleichung des ökonomischen Entwicklungsniveaus der sozialistischen Länder durch umfassende Nutzung der eigenen Ressourcen und der Vorzüge der sozialistischen internationalen Arbeitsteilung und Kooperation.

Die Spezifik der Produktionsverhältnisse in den Beziehungen zwischen den sozialistischen Ländern wird also letztlich dadurch bestimmt, daß die Hauptfrage der sozialistischen Revolution die Frage der staatlichen Macht ist, daß es ... „ohne die sozialistische Staatlichkeit oder an ihr vorbei keine Wege zum Sozialismus gab und gibt"[3] und daß das staatlich organisierte sozialistische Eigentum die ökonomische Grundlage der sozialistischen Gesellschaft ist. Das staatlich organisierte sozialistische Eigentum bietet für die überschaubare Entwicklungsperiode der sozialistischen Staatengemeinschaft ausreichend Raum für eine immer breitere wirtschaftliche und wissenschaftlich-technische Zusammenarbeit der RGW-Länder sowie deren wachsende Wirksamkeit im Sinne der Entwicklung der Produktivkräfte und der Realisierung der sozialpolitischen Ziele in den einzelnen sozialistischen Ländern. Das auf einzelnen Gebieten vor sich gehende Entstehen gemeinsamen Eigentums mehrerer sozialistischer Staaten (Anteilseigentum der Staaten im Rahmen gemeinsamer Betriebe und internationaler Organisationen) bedeutet keine Aufhebung des staatlichen Eigentums, sondern lediglich eine neue Entfaltungsstufe des staatlichen sozialistischen Eigentums. Diese neue Entfaltungsstufe des staatlich organisierten sozialistischen Eigentums ist Ausdruck einer besonders intensiven internationalen Vergesellschaftung der Produktion (internationale Konzentration und Vereinigung von Ressourcen; Ausstattung zwischenstaatlicher Kooperation mit Zügen einer innerbetrieblichen Kooperation in gemeinsamen Betrieben; schrittweise Gestaltung internationaler Produktions- und Wirtschaftskomplexe).

Hinsichtlich der Beziehungen zwischen den sozialistischen Produktionsverhältnissen innerhalb der Länder und denen zwischen ihnen gibt es in der wissenschaftlichen Diskussion unterschiedliche Standpunkte. Verschiedene Ökonomen[4] sehen in der Tatsache, daß das staatlich-sozialistische Eigentum in den RGW-Ländern Grundlage der Wirtschaftszusammenarbeit zwischen den RGW-Ländern ist und daß sich historisch die sozialistischen Produktionsverhältnisse zunächst innerhalb der Länder entwickeln, die Begründung dafür, daß die Produktionsverhältnisse zwischen den sozialistischen Ländern abgeleitete, sekundäre Produktionsverhältnisse sind.

Andere Ökonomen negieren das Primat der innerstaatlich organisierten Produktionsverhältnisse und sprechen teilweise sogar davon, daß viele Produktionsverhältnisse erst in der internationalen Sphäre ihre universelle Entwicklung erfahren und ihren Inhalt voll entfalten.[5]

Meines Erachtens ist prinzipiell davon auszugehen, daß die innerstaatliche und zwischenstaatliche Entfaltung der Produktionsverhältnisse eine Einheit bilden und die Frage nach dem Primat einer der beiden Seiten keinen praktischen Erkenntnisgewinn bringt. So ist zwar historisch die Herausbildung von zwischenstaatlichen Produktionsverhältnissen erst zu einem Zeitpunkt möglich, wo bereits mehrere sozialistische Staaten existieren und die sozialistischen Produktionsverhältnisse in den Ländern einen bestimmten Reifegrad haben, aber im langfristig historischen Entwicklungsprozeß geht die Tendenz in Richtung der Herausbildung einheitlicher allumfassender kommunistischer Produktionsverhältnisse im Rahmen einer kommunistischen Weltwirtschaft. Richtig ist zwar, daß die Beziehungen zwischen den Ländern durch die in den Ländern herrschenden Produktionsverhältnisse bestimmt werden. Aber ebenso muß berücksichtigt werden, daß die Beziehungen zwischen den sozialistischen Ländern zunehmend auch die Beziehungen der Werktätigen im Produktionsprozeß innerhalb der Länder bestimmen.

Unbestritten ist schließlich auch, daß der Reproduktionsprozeß sich auf volkswirtschaftlicher Stufenleiter vollzieht und in erster Linie von seinem Niveau die Entwicklung des jeweiligen Landes abhängt. Aber ebenso wichtig ist, daß unter den gegenwärtigen Bedingungen die Entwicklung des Sozialismus in den einzelnen Ländern in ausschlaggebendem Maße von der festen Verankerung in der Staatengemeinschaft und insbesondere von dem festen Bündnis mit der UdSSR abhängt. Die Zusammenarbeit mit der UdSSR und den anderen sozialistischen Ländern im Prozeß der sozialistischen ökonomischen Integration wird z. B. im Programm der SED als entscheidende Bedingung für die stabile ökonomische und soziale Entwicklung der DDR hervorgehoben. Wichtig ist insgesamt, bei Betonung der Einheit von innerstaatlichen und zwischenstaatlichen sozialistischen Produktionsverhältnissen, zu jedem Zeitpunkt die konkreten Reifestufen und Wechselbeziehungen beider Aspekte zu analysieren und in der praktischen Politik zu berücksichtigen.

Zu den Hauptrichtungen der Vervollkommnung der Produktionsverhältnisse in den Beziehungen zwischen den sozialistischen Volkswirtschaften

Die Hauptrichtung der weiteren Vervollkommnung der sozialistischen Produktionsverhältnisse in ihrer Entfaltung – sowohl auf staatlicher als auch auf zwischenstaatlicher Ebene – ist die planmäßige weitere Vergesellschaftung von Produktion und Arbeit. Für die planmäßige Entwicklung der Produktionsverhältnisse in den Beziehungen zwischen den sozialistischen Ländern spielt die sozialitsische ökonomische Integration der Mitgliedsländer des RGW die entscheidende Rolle. Die Wirtschaftsintegration beeinflußt aber darüber hinaus in wachsendem Maße auch die Vervollkommnung der Produktionsverhältnisse innerhalb der beteiligten Volkswirtschaften.

Die Entfaltung der Produktionsverhältnisse zwischen den RGW-Ländern als Prozeß der Vertiefung der sozialistischen internationalen Vergesellschaftung von Produktion und Arbeit bringt vielfältige neue Formen der Beziehungen zwischen den Werktätigen der RGW-Länder und neue Interessen – vor allem im Hinblick auf die Festigung der RGW-Gemeinschaft und ihrer internationalen Positionen – hervor. Es verstärkt sich die Multilateralität der Zusammenarbeit, die Direktbeziehungen der wirtschaftsleitenden Organe und Betriebe vertiefen sich, gemeinsame Programme und Pläne spielen eine wachsende Rolle, in der Zusammenarbeit wachsen die Komplexität und der langfristig-strategische Aspekt, die Beachtung von Nutzeffektskriterien aus der Sicht der ganzen Gemeinschaft bleibt nicht mehr nur eine Frage der theoretischen Erörterung.

Auch die Verteilungs- und Zirkulationsverhältnisse in den Beziehungen zwischen den RGW-Ländern erfahren in diesem Zusammenhang eine qualitative Weiterentwicklung. Die wachsende Rolle der eigenen Reproduktionsbedingungen der RGW-Gemeinschaft bei der Bestimmung der Wertgrundlagen des internationalen Warenaustausches schafft schrittweise qualitativ neue Bedingungen bei der Verwirklichung des Äquivalenzprinzips und des Prinzips des gegenseitigen Vorteils. Die Erweiterung des Anwendungsbereiches der kollektiven Währung fördert die wirtschaftliche und wissenschaftlich-technische Zusammenarbeit. Bei zunehmender Vorherbestimmtheit des Handelsaustausches durch Forschungs-, Produktions- und Investitionszusammenarbeit verstärkt sich die Langfristigkeit und mehrseitige Abstimmung dieser Austauschbeziehungen. Ebenso wie im Innern der Volkswirtschaft entwickeln sich somit die sozialistischen Produktionsverhältnisse auch in den zwischenstaatlichen Beziehungen immer mehr in Richtung eines organischen Ganzen – als Unterordnung und Durchdringung aller Seiten der gesellschaftlichen Beziehungen.

Die quantitative Seite der Entfaltung der Produktionsverhältnisse in den Beziehungen zwischen den sozialistischen Volkswirtschaften ist durch den Grad der Teilnahme der einzelnen sozialistischen Länder an der sozialistischen internationalen Arbeitsteilung bestimmt. Die qualitative Seite kommt in der Vervollkommnung der Formen und Methoden, in der Ausschöpfung des Systemcharakters der sozialistischen internationalen Arbeitsteilung zum Ausdruck.

Für die künftige notwendige Vertiefung der sozialistischen internationalen Arbeitsteilung im Prozeß der sozialistischen ökonomischen Integration sind meines Erachtens vor allem folgende Gesichtspunkte bestimmend:

1. Die qualitativen und quantitativen Maßstäbe der Bedarfsentwicklung von Wirtschaft und Bevölkerung und die hieraus resultierenden hohen Anforderungen an ein stabiles und dynamisches Produktionswachstum – vorrangig auf dem Wege der Intensivierung der Produktion – wachsen. Bedarfsgerechte Proportionen und die Intensivierung der Produktion werden zum entscheidenden unmittelbaren Zielpunkt aller Integrationsmaßnahmen.

2. Die objektiv notwendige bedeutende Erhöhung der Effektivität der Produktions-, Forschungs- und Investitionstätigkeit erfordert vor allem eine konsequente Konzentration der entsprechenden Ressourcen. Die sozialistische ökonomische Integration muß daher verstärkt zu spürbaren Konzentrationseffekten in den Produktionsstrukturen, Produktionsmaßstäben und im Ressourceneinsatz – sowohl im volkswirtschaftlichen Rahmen als auch im Rahmen der Staatengemeinschaft – beitragen.

3. Die Rolle gemeinsamer Maßnahmen (beginnend bei der wissenschaftlich-technischen, Produktions- und Investitionszusammenarbeit bis hin zu gemeinsamen Maßnahmen im Außenhandel) zur Bewältigung der wachsenden Aufgaben bei der Rohstoff-, Brennstoff- und Energieversorgung nimmt zu.

4. Die intensive Erneuerung und Modernisierung des Produktionsapparates entsprechend den Erfordernissen des wissenschaftlich-technischen Fortschritts wird notwendig. Die abgestimmte bzw. arbeitsteilig-kooperative Entwicklung und Produktion moderner Maschinen, Ausrüstungen, Geräte, Bauelemente, kompletter Anlagen usw. sowie die Zusammenarbeit bei der Erweiterung, Rekonstruktion und Rationalisierung der materiell-technischen Basis werden mehr denn je Hauptkettenglieder der Wirtschaftszusammenarbeit der RGW-Länder.

Im Zusammenhang damit muß sich auch der Mechanismus der Wirtschaftszusammenarbeit der RGW-Länder weiter vervollkommnen. Im Mittelpunkt steht hierbei der weitere Ausbau der gemeinsamen Planungstätigkeit. Als besonders augenfällige Kriterien für die ständige Höherentwicklung der Produktionsverhältnisse zwischen den sozialistischen Ländern sehe ich in diesem Zusammenhang das zunehmend gemeinsame Vorgehen der RGW-Länder bei der Lösung ihrer Entwicklungsprobleme sowie die immer stärkere Berücksichtigung der Gesamtinteressen der Staatengemeinschaft bei allen Maßnahmen der wirtschaftlichen und wissenschaftlich-technischen Zusammenarbeit an.

Genosse Erich Honecker stellte in seiner Rede auf der Festveranstaltung zum 60. Jahrestag der Großen Sozialistischen Oktoberrevolution in Berlin fest: „Zunehmend werden die Hauptfragen der gesellschaftlichen Entwicklung gemeinsam gelöst. Dabei kommt der sozialistischen ökonomischen Integration besondere Bedeutung zu. Sie bringt allen beteiligten Ländern bedeutenden ökonomischen Gewinn und fördert wesentlich die Annäherung unserer Völker und Staaten."[6]

In der aus gleichem Anlaß in Moskau gehaltenen Festrede des Generalsekretärs der KPdSU, Genossen Breshnew, heißt es ebenfalls:

„Wir haben Kurs auf die gemeinsame Lösung von Rohstoff-, Brennstoff-, Energie-, Nahrungsgüter- und Transportproblemen genommen. Wir vertiefen die Spezialisierung und Kooperation besonders im Maschinenbau, und zwar auf der Grundlage der neuesten Errungenschaften von Wissenschaft und Technik. Wir werden diese Aufgaben zuverlässig, wirtschaftlich vorteilhaft und langfristig lösen. Wir werden sie lösen unter Berücksichtigung der Interessen und Erfordernisse jedes Bruderlandes und der ganzen Staatengemeinschaft."[7]

In den vorliegenden Thesen wird herausgearbeitet, daß die sozialistische ökonomische Integration immer größeren Einfluß auf die qualitativen und quantitativen Veränderungen der ökonomischen Beziehungen innerhalb und zwischen den Ebenen der Volkswirtschaft ausübt. Diese Feststellung möchte ich nachdrücklich unterstreichen. Mir scheint, daß in diesem Zusammenhang zwei Gesichtspunkte zu berücksichtigen sind:

Erstens ermöglicht die Entwicklung und Vervollkommnung der Produktionsverhältnisse zwischen den sozialistischen Ländern innerhalb der einzelnen Volkswirtschaften eine bessere Nutzung der Vorzüge und Triebkräfte des Sozialismus und insbesondere eine Erhöhung der Effektivität des Reproduktionsprozesses.

Zweitens erfordert dies aber zugleich qualitativ neue arbeitsteilige Beziehungen und neue Leitungs- und Planungsbeziehungen in der Volkswirtschaft. Es geht dabei darum, den wachsenden Anforderungen an die Leistungsfähigkeit der Volkswirtschaft als Integrationspartner der anderen Länder der sozialistischen Gemeinschaft gerecht zu werden und das System der Leitung und Planung der Volkswirtschaft auf die Förderung und effektive Realisierung der Integrationsprozesse auszurichten.

Abschließend möchte ich, über das eigentliche Anliegen meines Diskussionsbeitrages hinausgehend, noch auf zwei Formulierungen in den Thesen hinweisen, die nach meiner Meinung nicht exakt bzw. unvollständig sind.

In These 2 wird festgestellt, daß die Entstehung, Entfaltung und Lösung der ökonomischen Widersprüche im Interesse der Arbeiterklasse und aller Werktätigen liege. Meines Erachtens muß davon ausgegangen werden, daß auch im Sozialismus die dialektischen Widersprüche den Erscheinungen der objektiven Realität eigen sind. Sie werden auf der Basis der marxistisch-leninistischen Theorie richtig erkannt und unter Führung der Arbeiterklasse und ihrer Partei durch das planmäßige Handeln der Gesellschaft gelöst. Falsch ist es meines Erachtens jedoch, jegliches Entstehen von Widersprüchen als im Interesse der Werktätigen liegend zu bezeichnen. Bestimmte Widersprüche innerhalb der sozialistischen Gesellschaft entstehen beispielsweise durch die Existenz und die Einwirkung des imperialistischen Systems. Andere Widersprüche können durch Mängel in der Leitung und Planung entstehen. Es wäre meines Erachtens nicht richtig, solcherart entstandene Widersprüche in den Rang einer planmäßigen Bewegung der Widersprüche im Sozialismus zu heben.

Im Thesenentwurf (These 5) heißt es, daß sich das Entwicklungsniveau der Produktionsverhältnisse im Leistungsniveau der Volkswirtschaft widerspiegelt. Ob die Produktionsverhältnisse den Produktivkräften ungehinderten Raum bieten, schlage sich letztlich im Produktivitäts- und Effektivitätsniveau nieder. Vor allem im Hinblick auf den Systemvergleich mit dem Kapitalismus muß dieser Gedanke zumindest um den Aspekt erweitert werden, worin das Kriterium der Effektivität (bzw. der Effizienz) im Sozialismus zu sehen ist. Es geht mir dabei darum, daß der soziale Inhalt des Begriffs Effektivität stärker betont werden muß und daß die Effektivität daran zu messen ist, inwieweit das Wirtschaftssystem, also das Niveau der Produktionsverhältnisse der jeweiligen Gesellschaft, in der Lage ist, den Lebensinteressen der Menschen – ihrem Streben nach sozialer Sicherheit,Wohlstand, Frieden, Entfaltung der Persönlichkeit – zu entsprechen.

Anmerkungen

1 Dennoch muß auch hier, ausgehend von der gewaltigen Bedeutung des internationalen Kräfteverhältnisses zwischen Sozialismus und Kapitalismus sowie der Tendenzen des revolutionären Weltprozesses für die innere Entwicklung in den sozialistischen Ländern bei der planmäßigen Vervollkommnung der sozialistischen Produktionsverhältnisse, die gesamte Weltentwicklung sorgfältig berücksichtigt werden. Von besonderer Bedeutung sind hierbei die Bedingungen und Tendenzen in den Beziehungen zwischen den beiden entgegengesetzten Weltsystemen sowie die Entwicklungsprozesse in den Ländern der sogenannten dritten Welt.

2 Das steht jedoch konkret vereinbarten Maßnahmen der gegenseitigen solidarischen Hilfe und Unterstützung – darunter auch der Durchführung unentgeltlicher Hilfeleistungen zwischen den sozialistischen Ländern – keineswegs entgegen.

3 L. I. Breshnew, Die Große Oktoberrevolution und der Fortschritt der Menschheit, in: Neues Deutschland vom 3. 11. 1977, S. 3/4.

4 Vgl. Autorenkollektiv, Sozialistische ökonomische Integration, Grundlagen und Aufgaben, Ber-

5 Vgl. O. T. Bogomolow, Das sozialistische Weltwirtschaftssystem als Kategorie der politischen

lin 1977, S. 95 ff.

Ökonomie, in: Sowjetwissenschaft, Gesellschaftswissenschaftliche Beiträge, 4/1977, S. 372 ff.

6 Neues Deutschland vom 7. 11. 1977, S. 3.

7 Neues Deutschland vom 3. 11. 1977, S. 4.

E. Maier

Zur Internationalisierung der sozialistischen Produktionsverhältnisse unter den Bedingungen der sozialistischen ökonomischen Integration

Einer der Prozesse, der die Entwicklung der sozialistischen Produktionsverhältnisse – den Prozeß ihres Reifens also – entscheidend beeinflußt, ist zweifellos die sozialistische ökonomische Integration der Volkswirtschaften der Mitgliedsländer des RGW.

Gegenwärtig vollzieht sich eine Tendenz der internationalen Entfaltung der sozialistischen Produktionsverhältnisse (oder auch der sozialistischen Internationalisierung), die in allen Bereichen der sozialistischen Wirtschaft, allen Zweigen, Betrieben und Kombinaten, allen Territorien der Mitgliedsländer des RGW in zunehmendem Maße spürbar wird.

Unter diesem Aspekt möchte ich zu zwei Fragen einige Überlegungen zur Diskussion stellen:

Erstens: Ist die Tendenz der internationalen Entfaltung in der gegenwärtigen Entwicklungsetappe der RGW-Staaten schon wesensbestimmend für die sozialistischen Produktionsverhältnisse und damit für Wirken und Ausnutzung der ökonomischen Gesetze des Sozialismus?

Zweitens: Welche qualitativen und quantitativen Veränderungen ergeben sich aus der internationalen Entfaltung für Wesen und Struktur der sozialistischen Produktionsverhältnisse und damit ebenfalls für Wirken und Ausnutzung der ökonomischen Gesetze des Sozialismus?

Das Kriterium für die Beantwortung der ersten Frage muß sicher im entscheidenden Bereich der sozialistischen Produktionsverhältnisse – in der Phase der materiellen Produktion – gesucht werden, denn „Eine bestimmte Produktion bestimmt also bestimmte Konsumtion, Distribution, Austausch, die *bestimmten Verhältnisse dieser verschiednen Momente zueinander*."[1]

Da eine exakte Quantifizierung des Grades der Internationalisierung praktisch nicht möglich ist, muß man eine Reihe Kennziffern als Hilfsmittel heranziehen, die einen annähernden Eindruck von der internationalen Entfaltung der Produktion (hier am Beispiel der DDR-Wirtschaft) vermitteln:

- Anteil des Außenhandels mit RGW-Ländern am gesellschaftlichen Gesamtprodukt 13 %
- Anteil langfristiger Spezialisierungs- und Kooperationsvorhaben am Außenhandel mit RGW-Ländern 20 %
- Anteil abgestimmter Staatsplanpositionen am Plan Wissenschaft und Technik im Fünfjahrplan 1976/80 80 %
- Anteil der Investitionsbeteiligungen an den produktiven Nettoinvestitionen im Fünfjahrplan 1976/80 8 %

Auf einigen Gebieten – insbesondere denen, die die Effektivität und Dynamik der Volkswirtschaft der DDR besonders bestimmen – liegen die Anteile bereits heute weitaus höher: So beträgt der Anteil des Imports am Gesamtaufkommen bei Steinkohle 90 Prozent, bei Eisenerz 97 Prozent, bei Erdöl 100 Prozent, der Anteil des Exports an der Inlandsproduktion bei Reisezugwagen 66 Prozent, bei Ausrüstungen der Wälzlagerindustrie 66 Prozent, bei Baggern 50 Prozent, bei Motorrädern 50 Prozent.[2]

Interessante vergleichbare Angaben über die sowjetische Wirtschaft machte dazu O. Bogomolov in einem Artikel in der Pravda[3], wonach die UdSSR im Jahre 1975 z. B. 35 Prozent ihrer produzierten Walzausrüstungen, 30 Prozent ihrer Baumwollproduktion, 25 Prozent ihrer PKW-Produktion in die RGW-Länder exportierte und in den Jahren 1976 bis 1980 bis zu 40 Prozent ihres Bedarfs an Schiffen und Ladegeräten, bis zu 35 Prozent der Reisezugwagen, etwa 33 Prozent der Walzwerkausrüstungen aus den RGW-Ländern importieren wird.

Es ist zu beachten, daß die Zahlenangaben ausschließlich die unmittelbaren ökonomischen Beziehungen zwischen den Volkswirtschaften der Mitgliedsländer des RGW erfassen, die zum großen Teil durch den Außenhandel vermittelt werden. Hinter ihnen verbergen sich jedoch vielfältige mittelbare (indirekte) ökonomische Beziehungen, die quantitativ nicht faßbar sind. Für den Schiffsbau z. B. produzieren eine Vielzahl von Zulieferern, die u. a. die Hydraulik, die Kühlanlagen, Dieselmotoren, Stahlbleche usw. herstellen. Seriengröße, Selbstkosten, wissenschaftlich-technisches Niveau in diesen Betrieben werden durch die internationale Arbeitsteilung beeinflußt und der Grad der Vergesellschaftung der Produktion auf diesem Wege entscheidend mitbestimmt. Auch die Werktätigen dieser Betriebe unterhalten so im Produktionsprozeß ökonomische Beziehungen – wenn auch mittelbar – zu den Werktätigen anderer sozialistischer Länder.

Seriengröße, Kosten, wissenschaftlich-technisches Niveau der Produktion und damit der Charakter der Arbeit werden in diesen Betrieben entscheidend durch die internationale Arbeitsteilung beeinflußt. In noch größerem Maße trifft das auf den ganzen Prozeß der Nutzung importierter Ausrüstungen, auf die Verarbeitung der Roh- und Brennstoffe zu.

Die 88 Mio t Erdöl, die die DDR im Fünfjahrplanzeitraum aus der UdSSR bezieht, machen weniger als 1 % des gesellschaftlichen Gesamtprodukts der DDR im gleichen Zeitraum aus. Sie beeinflussen aber die ökonomischen Verhältnisse in großen Bereichen der Volkswirtschaft, angefangen von der Erdölverarbeitung über den Maschinenbau, die Düngemittelproduktion, die Landwirtschaft, den größten Teil der chemischen Industrie bis hin zur Bekleidungs- und Möbelindustrie.

Versucht man auf Grundlage der genannten Zahlen und Fakten (bei gleichzeitiger Beachtung der nichtausweisbaren, aber zweifellos beachtlichen mittelbaren Beziehungen zwischen den sozialistischen Volkswirtschaften) den in der gegenwärtigen Entwicklungsperiode erreichten Grad der internationalen Entfaltung der ökonomischen Verhältnisse der Menschen der RGW-Staaten zu bestimmen, so zeigt sich zweierlei:

1. Die ökonomischen Verhältnisse der Menschen in der materiellen Produktion haben sich auf der Grundlage des staatlich-sozialistischen Eigentums im Verlaufe der bisherigen Entwicklung bereits *in solch hohem Maße internationalisiert, daß der Charakter der sozialistischen Produktionsverhältnisse und damit die Wirkung der ökonomischen Gesetze hiervon unmittelbar und wesentlich beeinflußt wird.*

Bei den ökonomischen Entscheidungen der sozialistischen Staaten – dem Prozeß der bewußten Ausnutzung der ökonomischen Gesetze – muß folglich die Abstimmung mit den Interessen und Bedürfnissen der Bruderstaaten erfolgen, um eine planmäßige Entwicklung der eigenen Volkswirtschaft zu ermöglichen. Geschieht das nicht, oder nicht in notwendigem Maße bzw. nicht zum richtigen Zeitpunkt, so können die Gesetze des Sozialismus nicht planmäßig wirken, weil Elemente der sozialistischen Produktionsverhältnisse nicht planmäßig realisiert werden.

2. Im Vergleich zu den vor den RGW-Ländern liegenden Aufgaben und Möglichkeiten zur *Internationalisierung der sozialistischen Produktionsverhältnisse stehen die RGW-Länder meines Erachtens noch am Anfang.* Für die quantitative Ausdehnung bestehen noch große Möglichkeiten, die Herausbildung gemeinsamer Wirtschaftskomplexe hat praktisch – von ersten Schritten bei Energie und Brennstoffen abgesehen – erst begonnen. Die Verflechtung der Strukturen wird eine sehr lange Entwicklungsperiode einnehmen, die langfristige und stabile Produktions- und Wirtschaftskooperation enthält bedeutende Möglichkeiten, die Bildung und Tätigkeit von gemeinsamen Wirtschaftsorganisationen ebenso.

Da die Produktionsverhältnisse innerhalb dieser durch die Internationalisierung bereits geprägten Entwicklungsstufe noch wesentlichen Entwicklungsprozessen unterliegen, gilt, daß sich die Wirkungsbedingungen der ökonomischen Gesetze erst schrittweise allseitig herausbilden und die Möglichkeiten zur vollen Beherrschung dieser Gesetze noch im Werden begriffen sind. Es ist verständlich, daß die RGW-Länder dabei schwerpunktmäßig vorgehen müssen (nämlich den tempo- und effektivitätsbestimmenden Aufgaben den Vorrang geben) und sich deshalb zunächst auf die selektive Beherrschung ausgewählter wesentlicher Aufgaben konzentrieren, wie das die Arbeit an den Zielprogrammen bereits andeutet.

Zur Frage, welche qualitativen und quantitativen Veränderungen sich aus der internationalen Entfaltung der sozialistischen Produktionsverhältnisse für Wesen und Struktur dieser Verhältnisse und damit für Wirken und Ausnutzung der ökonomischen Gesetze des Sozialismus ergeben, habe ich folgenden Standpunkt. Diese Veränderungen sind vielfältig und berühren die Qualität des Gesamtsystems der sozialistischen Produktionsverhältnisse. Durch die Internationalisierung, als eine Entwicklungsrichtung der Vergesellschaftung von Produktion und Arbeit, dehnen sich die Produktionsverhältnisse aus, *wird die Dimension der Beziehungen der Menschen in der Produktion beträchtlich vergrößert.* Während in den ersten Entwicklungsetappen der sozialistischen Gesellschaft die ökonomischen Beziehungen innerhalb der sozialistischen Volkswirtschaften mehr oder weniger lediglich durch die Beziehungen zu anderen sozialistischen Staaten ergänzt wurden, nehmen diese zwischenstaatlichen Beziehungen an Umfang zu und entwickeln sich zu einer relativ eigenen Sphäre innerhalb der einheitlichen sozialistischen Produktionsverhältnisse. Dabei ist charakteristisch, daß im Prozeß der sozialistischen ökonomischen Integration die Beziehungen im unmittelbaren Produktionsprozeß – die Beziehungen der internationalen Spezialisierung und Kooperation – zu den bestimmenden ökonomischen Beziehungen innerhalb der zwischenstaatlichen ökonomischen Verhältnisse werden. Beziehungen der Zirkulation, die in den vorangegangenen Etappen die quantitativ am weitesten entwickelten und für die Gesamtheit der Beziehungen zwischen sozialistischen Staaten auch bestimmenden ökonomischen Verhältnisse darstellen, werden mehr und mehr durch die langfristige und stabile Arbeitsteilung in der Produktion bestimmt.

Das gleiche gilt für Distributionsbeziehungen (Investitionsbeteiligung, Kreditgewährung) sowie für die Beziehungen in der Konsumtion.

Die Spezifik dieser zwischenstaatlichen sozialistischen Produktonsverhältnisse gegenüber allen anderen Produktionsverhältnissen besteht vor allem darin, daß es sich hierbei um Verhältnisse zwischen Werktätigen verschiedener sozialistischer Staaten handelt, die in den Beziehungen als unterschiedliche sozialistische Eigentümerkollektive (auf der Basis des staatlich-sozialistischen Eigentums) miteinander in Beziehung treten. Diese Spezifik wird im Prozeß der sozialistischen ökonomischen Integration bekanntlich nicht überwunden oder abgebaut, sondern ist vielmehr eines der charakteristischen Merkmale, das bestimmend für die internationale Entfaltung der sozialistischen Produktionsverhältnisse ist.

Aus dieser Spezifik ergibt sich auch zwingend eine Spezifik im Wirken der ökonomischen Gesetze des Sozialismus, die bei der Wirtschaftspolitik der Mitgliedsländer des RGW große Aufmerksamkeit finden muß. Die Art und Weise der Entscheidungsfindung, die Planausarbeitung auf der Basis der Abstimmung volkswirtschaftlicher Vorstellungen, die Anwendung des Leistungsprinzips usw. entsprechen den Erfordernissen dieser Spezifik der Produktionsverhältnisse zwischen den Werktätigen verschiedener sozialistischer Staaten.

Wenn in der Literatur auf die Einheitlichkeit und Unteilbarkeit der sozialistischen Produktionsverhältnisse verwiesen wird und ganz eindringlich vor einer Trennung oder gar Gegenüberstellung der ökonomischen Verhältnisse innerhalb der Volkswirtschaften und zwischen diesen gewarnt wird, so ist dem voll zuzustimmen. Gleichzeitig aber ist es notwendig, innerhalb dieser unlösbaren Einheit der sozialistischen Produktionsverhältnisse die Differenziertheit hervorzuheben. Das Problem ist vielleicht vergleichbar mit der Unterscheidung nach Verhältnissen der Produktion, der Distribution, der Zirkulation und Konsumtion, die in der Tat nur in ihrer Einheit existieren können, dennoch aber innerhalb dieser Einheit *relativ* selbständige Sphären repräsentieren und jeweils auch ganz spezifische Aspekte für das Wirken und die Ausnutzung der ökonomischen Gesetze – und hier sogar spezifische Gesetze (Distributionsgesetze, Zirkulationsgesetze) hervorbringen. Besonders dringlich wird die Notwendigkeit der Anerkennung der *relativen* Selbständigkeit dadurch, weil gerade auf diesem Wege die Existenz einer spezifischen Wirkungssphäre innerhalb der einheitlichen Wirkungssphäre der ökonomischen Gesetze und die Besonderheiten bei der Ausnutzung dieser Gesetze in der Zusammenarbeit der RGW-Staaten bewiesen wird.

Ein zweiter Aspekt – und dies ist vielleicht der entscheidende für die qualitativen Veränderungen der sozialistischen Produktionsverhältnisse im Prozeß ihrer internationalen Entfaltung – besteht in der *Vervollkommnung des Gesamtsystems der sozialistischen Produktionsverhältnisse.*

Innerhalb der sozialistischen Produktionsverhältnisse nimmt das zwischenstaatliche bzw. internationale Element zu. Die ökonomischen Beziehungen der Menschen in der sozialistischen Gesellschaft werden in wachsendem Maße durch die Dialektik von Nationalem und Internationalem geprägt.

Was verstehen wir darunter? Das zwischenstaatliche bzw. internationale Moment erfaßt und durchdringt alle ökonomischen Beziehungen der Menschen in der sozialistischen Produktion.

Ausgehend von den unmittelbaren ökonomischen Beziehungen – den Kooperationspartnern im Maschinenbau, den Rohstoffproduzenten und den Verarbeitungsbetrieben –, werden diese zum wesentlichen Bestandteil der ökonomischen Beziehungen der Menschen aller Bereiche und Zweige der Wirtschaft, zum Bestandteil der Verhältnisse in der Produktion, der Distribution, Zirkulation und Konsumtion. Sie prägen den kollektiven Charakter der sozialistischen Arbeit mit, der sich als Kollektivität über die Ländergrenzen hinaus realisiert. Ebenso wie die Unterschiede zwischen geistiger und körperlicher Arbeit, zwischen Stadt und Land verbleiben in der sozialistischen Phase noch Unterschiede zwischen der Arbeit in einzelnen sozialistischen Ländern, die gemeinsam mit den anderen Unterschieden allmählich überwunden werden.

Wollte man die zwischenstaatlichen ökonomischen Beziehungen innerhalb der sozialistischen Produktionsverhältnisse erfassen, so ist das nur insofern möglich, als es sich um die unmittelbaren, direkten Beziehungen handelt. Die vielfältigen zwischenstaatlichen Elemente innerhalb der sozialistischen Produktionsverhältnisse sind unlösbarer Bestandteil und Wesensmerkmal der sozialistischen Produktionsverhältnisse und als selbständige Sphäre nicht faßbar.

Im Prozeß der sozialistischen ökonomischen Integration werden jedoch die Produktionsverhältnisse nicht nur dadurch bereichert, daß sich die Dimension der Beziehungen ausdehnt und zwischen beiden Sphären ein wechselseitiger Zusammenhang besteht. Vielmehr erlangen die sozialistischen ökonomischen Verhältnisse auf diese Weise qualitativ neue Merkmale: Es entstehen und entwickeln sich gemeinsame Elemente in den ökonomischen Verhältnissen der Werktätigen verschiedener sozialistischer Staaten.

Bei der Entwicklung einer integrierten Brennstoff- und Energiewirtschaft, von der im Programm unserer Partei gesprochen wird, entwickeln sich im Prozeß der sozialistischen ökonomischen Integration wesensbestimmende Gemeinsamkeiten. Die Deckung des Bedarfs, die Förderung des wissenschaftlich-technischen Fortschritts, die Erschließung der Ressourcen, die Vereinigung der Anstrengungen sind durch zunehmende Gemeinsamkeit geprägt, und die Dialektik von Produktion und Konsumtion in jedem sozialistischen Land wird mehr und mehr durch die Realisierung der Potenzen der ganzen Gemeinschaft beeinflußt.

Dabei gilt, daß sich dieses Element innerhalb der sozialistischen Produktionsverhältnisse schrittweise und differenziert entfaltet – insbesondere in Abhängigkeit von den Erfordernissen der Produktivkräfte.

Einfluß auf Tempo und Richtung der internationalen Entfaltung der sozialistischen Produktionsverhältnisse haben aber auch die realen Möglichkeiten der Mitgliedsländer des RGW, die herangereiften Aufgaben tatsächlich zu lösen. Da die Investitionsmittel z. B. ganz objektiv begrenzt sind, müssen sich die Länder also auf eine Rangfolge einigen, welche Vorhaben vorrangig die Vereinigung der Anstrengungen erfordern.

Für die Wirkung und Ausnutzung der ökonomischen Gesetze des Sozialismus hat diese qualitative und quantitative Entfaltung der Produktionsverhältnisse unter den Bedingungen der sozialistischen ökonomischen Integration weitreichende Konsequenzen:

- Hauptsphäre der Zusammenarbeit der sozialistischen Staaten sind die unmittelbaren zwischenstaatlichen ökonomischen Beziehungen – dort erfolgt die Abstimmung der Spezialisierung, der Warenlieferung, der Investbeteiligungen usw. Sie nimmt an Bedeutung ständig zu.
- Die zunehmende Gemeinsamkeit innerhalb der sozialistischen Produktionsverhältnisse verlangt von den RGW-Staaten in wachsendem Maße eine abgestimmte langfristige komplexe Entscheidungsvorbereitung und ökonomische Berechnungen, ausgehend von den Bedürfnissen und Ressourcen aller interessierten Länder. So können die Potenzen der ganzen Gemeinschaft, die ganz objektiv größer sind als die Summe aller Länder, immer besser wirksam gemacht werden und im Interesse der Stärkung der Wirtschaftskraft jeder Volkswirtschaft genutzt werden.
- In jeder Wirtschaftseinheit, in jeder Sphäre des gesellschaftlichen Reproduktions-

prozesses wird die Wirkung der ökonomischen Gesetze durch die Dialektik von Nationalem und Internationalem geprägt. Das verlangt bei der Entscheidung über perspektivische Aufgaben der Zweige oder Kombinate, sowohl die Bedingungen als auch die Erfordernisse der anderen RGW-Länder, – der Gemeinschaft der RGW-Länder insgesamt – in Rechnung zu stellen und andererseits die eingegangenen Verpflichtungen bis zum einzelnen Betrieb hin im System der Leitung, Planung und ökonomischen Stimulierung durchzusetzen. Die weitere Erforschung der Theorie der sozialistischen Produktionsverhältnisse kann gerade auf diesem Gebiet dazu beitragen, theoretischen Vorlauf für die Richtung und die Prinzipien der Vervollkommnung der Leitung, Planung und ökonomischen Stimulierung der Integration zu schaffen.

Die hier entwickelten Gedanken liegen zweifellos noch im Vorfeld für diese konkrete Aufgabenstellung; aber die Verständigung über diese Probleme ist eine notwendige Bedingung für konstruktive Beiträge der Politischen Ökonomie des Sozialismus.

Anmerkungen

1 K. Marx, Einleitung zur Kritik der Politischen Ökonomie, in: MEW, Bd. 13, Berlin 1961, S. 631.

2 Die Angaben beziehen sich auf den gesamten Außenhandel, da ein warenmäßiger Ausweis nach Wirtschaftsgebieten nicht vorliegt.

3 O. Bogomolov, Krepnet materialnaja osnova bratskogo sudružestva, in: Pravda vom 12. März 1977, S. 4.

4. Schlußwort

H. Koziolek

Zu einigen aktuellen Fragen des Beratungsgegenstandes

Zum Verlauf und den Ergebnissen der heutigen Ratstagung kann ich abschließend feststellen, daß es gelungen ist, einen weiteren Beitrag zur Vertiefung der theoretischen Arbeit auf dem Gebiet der Entwicklung der sozialistischen Produktionsverhältnisse unter den Bedingungen der weiteren Gestaltung der entwickelten sozialistischen Gesellschaft zu leisten.

Ich möchte auch am Schluß unserer Tagung nochmals hervorheben, daß eine bedeutende Voraussetzung für diesen schöpferischen Meinungsaustausch die Ergebnisse der sowjetischen Wirtschaftswissenschaft und der Verallgemeinerung der nunmehr 60jährigen erfolgreichen Entwicklung seit der Großen Sozialistischen Oktoberrevolution in der Sowjetunion sind. In der neuen Verfassung der Union der Sozialistischen Sowjetrepubliken finden wir – wie das auch in der Dikussion mehrfach unterstrichen wurde – einen reichen Erfahrungsschatz, der uns Veranlassung gibt, die weitere theoretische Arbeit gerade zum heutigen Beratungsgegenstand darauf aufbauend weiterzuführen. Die Pionierrolle der Sowjetunion zeigt sich in den theoretischen und praktischen Leistungen bei der planmäßigen Entwicklung der sozialistischen Produktionsverhältnisse. Die Erkenntnisse und historischen Erfahrungen der Sowjetunion, die die entwickelte sozialistische Gesellschaft als erste errichtet hat und den größten Beitrag für die schöpferische Bereicherung der marxistisch-leninistischen politischen Ökonomie leistet, sind den Wirtschaftswissenschaftlern der DDR eine unentbehrliche Hilfe. Das gilt auch für die immer engere Zusammenarbeit mit den sowjetischen Wirtschaftswissenschaftlern, insbesondere in der Gemeinsamen Kommission der Ökonomen der UdSSR und der DDR, in weiteren Kommissionen sowie in den vielfältigsten Direktbeziehungen zwischen den wirtschaftswissenschaftlichen Einrichtungen beider Länder. In diesem Sinne, denke ich, sollten die programmatischen Aufgaben in der sowjetischen Verfassung und die im Programm der SED enthaltenen Ziele und Aufgaben den einheitlichen Kernpunkt unserer weiteren wissenschaftlichen Forschungsarbeit bilden.

Der erfolgreiche Verlauf der Tagung hat deutlich gezeigt, daß die aufgeworfenen theoretischen Fragen – unter Berücksichtigung des unterschiedlichen gesellschaftlichen Entwicklungsstandes – den gleichen Problemkreisen zuzuordnen sind, die auch von sowjetischen Gesellschaftswissenschaftlern disuktiert werden. Eine besondere Verpflichtung besteht daher für uns darin, aktiv an dieser Diskussion durch die Bereitstellung neuer Erkenntnisse aus unserer Forschungsarbeit in der DDR teilzunehmen und zugleich unmittelbar zur Lösung der in unserem Lande auftretenden Probleme bei der weiteren Gestaltung der entwickelten sozialistischen Gesellschaft beizutragen. Hier stehen die Fragen der Erhöhung der Effektivität und Qualität der gesellschaftlichen Produktion an erster Stelle, weil sie wesentlich die weitere Reife der sozialistischen Gesellschaft beeinflussen. In diesem Zusammenhang möchte ich betonen, daß die Grundaufgabe, das dialektische Wechselverhältnis zwischen Produktivkräften und Produktionsverhältnissen weiter zu erforschen, ein generelles Anliegen der wirtschaftswissenschaftlichen Forschung ist, auf das wir uns in nächster Zeit besonders konzentrieren müssen. Dabei sind viele Fragen auch methodologischer Art.

Eine wichtige Problematik, die sowohl einer theoretisch ausgereiften Konzeption als auch einer gründlichen Analyse des praktischen Verlaufs der Reproduktion bedarf, ist hierbei die Herausarbeitung des Systems der sozialistischen Produktionsverhältnisse. Hier ist es in methodologischer Hinsicht notwendig, entsprechend dem Herangehen von Karl Marx im „Kapital", vom Folgeverlauf der Reproduktion auszugehen und die verschiedenen Elemente des Systems tiefgehender zu untersuchen. Marx hat bekanntlich die Kategorien Lohnarbeit, Kapital, Eigentum, Mehrwert u. a. in ihrer Bewegung unter dem Aspekt der fortschreitenden Vergesellschaftung von Produktion und Arbeit analysiert. Er kam damit zu der wichtigen Erkenntnis, daß von den Beziehungen der Menschen in der Produktion, das heißt von den materiellen Bedingungen für das Zusammenleben der Menschen, die Gesamtheit der Produktionsverhältnisse bestimmt wird. Dabei stellt meines Erachtens jede ökonomische Kategorie ein Produktionsverhältnis dar. Zugleich ist die Entwicklung der Produktionsverhältnisse – im Zusammenwirken der verschiedenen ökonomischen Kategorien – Ausdruck der ökonomischen Struktur der Gesellschaft. Hinsichtlich der Herausbildung und Entwicklung der sozialistischen Produktionsverhältnisse ist unbedingt zu unterstreichen, daß sie sich im gesamten gesellschaftlichen Reproduktionsprozeß vollzieht: in der unmittelbaren Produktion materieller Güter, beim Austausch, bei der Verteilung und in der Konsumtion. Die Bestimmung des Systems der sozialistischen Produktionsverhältnisse setzt dementsprechend die Analyse des Bewegungsverlaufs der Gesamtheit der einzelnen ökonomischen Kategorien voraus. Das erfordert, den gesamten dialektischen Wechselprozeß zwischen Produktivkräften und Produktionsverhältnissen zu erfassen, das heißt ihr Werden zur Totalität, wie das in der Diskussion zum Ausdruck kam.

Unmittelbar mit der Charakterisierung des Systems der sozialistischen Produktionsverhältnisse verbunden ist das Problem der Wirkung der ökonomischen Gesetze des Sozialismus. Es besteht Einigkeit darüber, daß die tiefere Erforschung der objektiven Gesetzmäßigkeiten der ökonomischen und sozialpolitischen Prozesse bei der weiteren Gestaltung der entwickelten sozialistischen Gesellschaft von prinzipieller Bedeutung ist. Das wurde auch auf der Konferenz der Gesellschaftswissenschaftler der DDR im November 1976 vom Genossen Kurt Hager betont, indem er hervorhob, daß die weitere Gestaltung der entwickelten sozialistischen Gesellschaft, die immer vollkommenere Ausprägung ihrer Merkmale und Eigenschaften, grundlegende Voraussetzungen für den allmählichen Übergang zum Kommunismus schafft. Meines Erachtens ist es notwendig, den objektiven Charakter der ökonomischen Gesetze des Sozialismus immer wieder zu betonen, da es Angriffe auf die politische Ökonomie des Sozialismus als Wissenschaft gibt, die sich nicht nur gegen den gesetzmäßigen Charakter der sozialistischen Ökonomie richten, sondern auch gegen den objektiven Charakter der Gesetze ihrer Entwicklung. Sie gehen von der Vorstellung aus, daß die ökonomischen Gesetze vom Willen der Menschen abhängig seien. Diese subjektivistische Entstellung ignoriert die historische Erfahrung und die von Marx, Engels und Lenin getroffenen theoretischen Verallgemeinerungen, die sich auf das bekannte Marx-Vorwort zur „Kritik der politischen Ökonomie" vereinen lassen. Dort heißt es: „In der gesellschaftlichen Produktion ihres Lebens gehen die Menschen bestimmte, notwendige, von ihrem Willen unabhängige Verhältnisse ein, Produktionsverhältnisse, die einer bestimmten Entwicklungsstufe ihrer materiellen Produktivkräfte entsprechen."[1] Es sei hier nur ergänzend bemerkt, daß die Gesetze der gesellschaftlichen Entwicklung im Unterschied zu den Naturgesetzen durch die Tätigkeit der Menschen verwirklicht werden, aber sie sind ihrem Wesen nach objektiv und wirken ebenso unabhängig vom Willen oder Wollen der Menschen wie die Naturgesetze. Was die gesellschaftlichen Gesetze in ihrer Wirkung beeinflußt, sind die sich verändernden Wirkungsbedingungen, die vor allem mit dem Prozeß der gesellschaftlichen Entwicklung, insbesondere dem Entwicklungsstand der Produktivkräfte, zusammenhängen.

Davon ausgehend, ist für die Fortführung der theoretischen Arbeit die Frage des Wesens und der Erscheinung ökonomischer Prozesse von beträchtlicher Bedeutung. Man kann meines Erachtens Übereinstimmung darin feststellen, daß wir bei den verschiedenen Prozessen der weiteren Gestaltung der entwickelten sozialistischen Gesellschaft nicht direkt auf das Wesen der sozialistischen Produktionsverhältnisse Einfluß nehmen, sondern wir wirken indirekt über materielle Prozesse auf das Wesen ein. Deshalb kann man – wie das mitunter geschieht – das Wesen des Sozialismus nicht nur an Hand der Erscheinungsform dieser oder jener Kategorie, wie z. B. der Verteilung nach der Arbeitsleistung oder der Ware-Geld-Beziehungen, bestimmen. Die Entwicklung der sozialistischen Gesellschaft vollzieht sich – entsprechend den gemeinsamen Erkenntnissen der kommunistischen und Arbeiterparteien der sozialistischen Länder – in erster Linie über solche materiellen Prozesse, wie Vervollkommnung der materiell-technischen Basis des Sozialismus, Vervollkommnung der sozialistischen Produktionsverhältnisse und des Wirtschaftsmechanismus, Überwindung wesentlicher Unterschiede zwischen Stadt und Land sowie zwischen körperlicher und geistiger Arbeit, sozialistische ökonomische Integration als materielle Grundlage der Gemeinschaft der Bruderländer und andere. Wesentlich ist hierbei die Frage nach dem fortschreitenden Grad der Vergesellschaftung von Produktion und Arbeit, die weitgehend alle materiellen Prozesse durchdringt.

Aus dieser Sicht ist auch die mit der Bildung und weiteren Entwicklung der Kombinate verbundene Konzentration und Spezialisierung der Produktion in der sozialistischen Industrie – einschließlich der notwendigen Stärkung der Rolle der Stammbetriebe – zu sehen. Die Kombinate sind eine wesentliche Form der Höherentwicklung der sozialistischen Produktionsverhältnisse, sie bringen das sozialistische Eigentum an den Produktionsmitteln, die damit verbundenen konzentrierten sachlichen Fonds, aber vor allem auch die kooperativen Beziehungen der Arbeit – insbesondere in Form der Kombination –, auf höherer Stufe zur Geltung. Natürlich ist dieses kein Selbstzweck, sondern es geht um einen höheren Beitrag zum Nationaleinkommen durch die Entwicklung der Produktivkräfte, die immer bessere Versorgung der Bevölkerung mit Konsumgütern, höhere Ergebnisse beim Export und um die weitere Stärkung der materiell-technischen Basis unserer Volkswirtschaft durch die Produktion von Rohstoffen und Halbfabrikaten sowie von hochproduktiven Ausrüstungen.

Der Prozeß der weiteren Vergesellschaftung von Produktion und Arbeit ist in der Diskussion auch anschaulich am Beispiel der Entwicklung der sozialistischen Landwirtschaft dargestellt worden. Hierzu ist zu unterstreichen, daß die weitere Entwicklung der materiell-technischen Grundlagen der landwirtschaftlichen Produktion notwendig zur Entstehung neuer Formen der Kooperation von Produktion und Arbeit geführt haben und auf diesem Wege auch die Veränderung des Charakters und Inhalts der sozialistischen Arbeit vollzogen wurde und wird. Das wurde in der Diskussion u. a. am Beispiel der Einführung neuer Mähdrescher gezeigt. Zu bemerken ist dazu noch, daß die Veränderung des Charakters der Arbeit erst durch ihre Funktion als materiell-technisches Element der menschlichen Arbeit erfolgt, also die Inbesitznahme durch unsere Traktoristen, Kombinefahrer und andere Werktätige in der landwirtschaftlichen Produktion.

Ein solches Herangehen an die Charakterisierung der Produktionsverhältnisse auf der Grundlage materieller Prozesse bewahrt vor dogmatischen und subjektivistischen Betrachtungen der Entwicklungsprozesse. Aufgabe der Wissenschaft ist es, sich auf die wesentlichen Prozesse zu konzentrieren, sie zu analysieren und entsprechende Verallgemeinerungen zu treffen.

Was die Frage der Existenz und Weiterentwicklung der Ware-Geld-Beziehungen betrifft, ist es meines Erachtens nicht ausreichend, sie lediglich als wesentliches Produktionsverhältnis zu definieren, das für die erste Phase der kommunistischen Gesellschaftsformation typisch ist. Ich möchte hervorheben, warum uns die planmäßigen Ware-Geld-Beziehungen interessieren, und hierbei auf zumindest drei Gründe verweisen: Erstens bedeutet eine Ignorierung der Ware-Geld-Beziehungen in der sozialistischen Planwirtschaft im Grunde genommen eine Ignorierung des Leistungsprinzips als entscheidende Triebkraft des Sozialismus. Die Ware-Geld-Beziehungen in ihrer gesamten Vielfalt, wie sie sich auf der Grundlage der Warenproduktion entwickeln, sind jedoch eine entscheidende Verkehrsform für die Durchsetzung des Leistungsprinzips. Natürlich gilt hier, was die Klassiker über das Leistungsprinzip sagten, daß im Sozialismus noch eine gewisse Ungleichheit infolge vorhandener Unterschiede in der Familie und in den individuellen Fähigkeiten der Werktätigen bestehen. Zweitens erfolgt über die Ware-Geld-Beziehungen die Art der Erlangung und die Größe des Anteils der Werktätigen am gesellschaftlichen Reichtum. Drittens ist die bewußte Nutzung der Ware-Geld-Beziehungen notwendiger Bestandteil der Messung im gesellschaftlichen Reproduktionsprozeß. Das berührt nicht nur die Kategorien Wert oder Preis. Wir nutzen sie vor allem auch für die weitere Vervollkommnung der wirtschaftlichen Rechnungsführung überhaupt, einschließlich solcher Kategorien wie Selbstkosten, Gewinn, Finanzen u. a., und wirken durch sie aktiv auf die Erhöhung der Effektivität ein. Die Einheit von Gebrauchswert und Wert ist also von außerordentlich großer Bedeutung für die effektive Gestaltung der Volkswirtschaft. Ohne sie ist das Wesen der Produktionsverhältnisse in der entwickelten sozialistischen Gesellschaft nicht voll zu verstehen. Dabei geht es aber immer um die bestmögliche Befriedigung der konsumtiven und produktiven Bedürfnisse, wie sie die Politik der Hauptaufgabe erfordert.

Es geht auch bei den Ware-Geld-Beziehungen um das richtige Herangehen und die weitere Erforschung der objektiven Bedingungen, die materiellen Grundlagen der Entwicklung der Warenproduktion im Sozialismus – eingebaut im System der volkswirtschaftlichen Reproduktion. Die Notwendigkeit der weiteren Vertiefung wissenschaftlicher Erkenntnisse auf diesem Gebiet ist eindeutig aus der Aufgabenstellung im Programm der SED abzuleiten, wonach bei der weiteren Vervollkommnung der Leitung, Planung und ökonomischen Stimulierung die bewußte Ausnutzung der Ware-Geld-Beziehungen eine große Rolle spielt und für die effektive Produktion und die rationelle Verteilung und Verwendung des gesellschaftlichen Produkts und des Nationaleinkommens die Bedeutung des Staatshaushaltes, des Geld- und Kreditwesens sowie des Preissystems zunimmt. In der theoretischen Diskussion zu diesen Problemen haben wir noch einen beträchtlichen Nachholebedarf.

In der Diskussion zum heutigen Beratungsgegenstand spielten auch die Fragen von objektiven und subjektiven Faktoren, wie sie sich im Zusammenhang von ökonomischer Theorie, Wirtschaftspolitik und Wirtschaftspraxis zeigen, eine wichtige Rolle. Ich möchte in diesem Zusammenhang noch einmal ausdrücklich auf unsere Thesen zu dieser Problematik auf der 2. Tagung unseres Rates verweisen. Natürlich besteht zwischen Theorie und Politik keine Trennung, aber sie sind auch nicht identisch. Daher ist es die Aufgabe der Wirtschaftswissenschaft, durch analytische Untersuchungen und wissenschaftliche Verallgemeinerungen die zuständigen zentralen staatlichen Organe sowie die Kombinate und Betriebe immer wirksamer zu unterstützen. Dabei muß unser besonderes Augenmerk – auch im Hinblick auf unsere inhaltliche Vorbereitung der Wirtschaftswissenschaftlichen Konferenz – der weiteren Untersuchung der Interessen- und Triebkraftproblematik gewidmet werden. Dazu gehören Fragen der Rolle der Arbeiterklasse, des Leistungsprinzips und – auf dieser Basis – der Hauptwege zur Steigerung der Arbeitsproduktivität. In diesem Zusammenhang muß auch aus der Sicht der Triebkräfte die Verallgemeinerung neuer Formen der Wettbewerbsbewegung intensiver fortgeführt werden. Hierbei sollten die Erfahrungen aus den Initiativen zu Ehren des 60. Jahrestages der Großen Sozialistischen Oktoberrevolution und ihrer Fortführung in Vorbereitung auf den 30. Jahrestag der Gründung der DDR genutzt werden. Der Kampf um immer höhere Ziele zur Schaffung, effektiven Nutzung und Erhaltung des Reichtums der Gesellschaft beschränkt sich nicht auf die materielle Produktion, sondern schließt auch den nichtproduzierenden Bereich ein. Vor uns stehen in der theoretischen Arbeit daher auch weitere Untersuchungen solcher komplexer Fragen wie der Wechselbeziehungen zwischen materiellem und nichtproduzierendem Bereich der Volkswirtschaft, der Verteilungsprobleme im Sozialismus und des Klassenbündnisses zwischen Arbeiterklasse und Genossenschaftsbauern im Prozeß der weiteren Entwicklung der sozialistischen Landwirtschaft.

Grundsätzlich möchte ich bemerken, daß die weitere Vertiefung der theoretischen Arbeit auf dem gesamten Gebiet der politischen Ökonomie des Sozialismus weiterhin eine enge Zusammenarbeit mit der Sowjetunion und den anderen sozialistischen Ländern erfordert. Die vorgelegten Ergebnisse dieser Ratstagung bringen die Früchte der Zusammenarbeit mit den Wirtschaftswissenschaftlern der Sowjetunion zum Ausdruck.

Abschließend kann ich feststellen, daß auch unsere heutige Ratstagung vielfältige Ansatzpunkte zur weiteren theoretischen Diskussion gegeben hat. Ich danke den Autoren der Thesen, insbesondere Prof. Dr. Gerhard Schulz, und allen Diskussionsrednern für ihre Beiträge.

Anmerkungen

1 K. Marx, Zur Kritik der Politischen Ökonomie, in: MEW, Bd. 13, Berlin 1961, S. 8.

ABHANDLUNGEN DER AKADEMIE DER WISSENSCHAFTEN DER DDR
Abteilung Veröffentlichungen der Wissenschaftlichen Räte

Tagungen des Wissenschaftlichen Rates
für die wirtschaftswissenschaftliche Forschung

Zuletzt erschienen:

16. Tagung vom 17. 2. 1976 Nr. W 3/1976
Probleme der Beschleunigung des wissenschaftlich-technischen Fortschritts

17. Tagung vom 13. 4. 1976 Nr. W 4/1976
Materialökonomie, Energie- und Rohstoffwirtschaft

19. Tagung vom 7. 12. 1976 Nr. W 2/1977
Theoretische Fragen der weiteren Vertiefung der sozialistischen ökonomischen Integration

20. Tagung vom 25. 3. 1977 Nr. W 5/1977
Probleme der sozialistischen Lebensweise

2. Tagung der Gemeinsamen Kommission der Ökonomen der UdSSR und der DDR
Nr. W 6/1977
Probleme der Intensivierung der sozialistischen erweiterten Reproduktion

22. Tagung vom 10. 6. 1977 Nr. W 1/1978
Probleme der Leitung in der Wirtschaft

23. Tagung vom 1. 11. 1977 Nr. W 3/1978
Zur planmäßigen Entwicklung der sozialistischen Produktionsverhältnisse

In Vorbereitung:

3. Tagung der Gemeinsamen Kommission der Ökonomen der UdSSR und der DDR
Nr. W 6/1978
Ökonomische und soziale Probleme des wissenschaftlich-technischen Fortschritts

Wirtschaftswissenschaftliche Konferenz der DDR vom 21./22. 4. 1978 (24. Tagung)
Nr. W 8/1978
Hauptwege zur Steigerung der Arbeitsproduktivität

Kolibri 360 GmbH
Ferdinand-Jühlke-Straße 7
99095 Erfurt, Deutschland
produktsicherheit@kolibri360.de